시작하세요!
빠르크의 유튜브 영상 편집
with 프리미어 프로

시작하세요!
빠르크의 유튜브 영상 편집
with 프리미어 프로

지은이 박경인

펴낸이 박찬규   엮은이 윤가희, 전이주   디자인 북누리   표지디자인 아로와 & 아로와나

펴낸곳 위키북스   전화 031-955-3658, 3659   팩스 031-955-3660
주소 경기도 파주시 문발로 115 세종출판벤처타운 311호

가격 24,000   페이지 440   책규격 188 x 240mm

초판 발행 2021년 06월 15일
ISBN 979-11-5839-260-4 (13000)

등록번호 제406-2006-000036호   등록일자 2006년 05월 19일
홈페이지 wikibook.co.kr   전자우편 wikibook@wikibook.co.kr

시작하세요!

빠르크의 유튜브 영상 편집
with 프리미어 프로

YouTube 크리에이터를 위한
유튜브 영상 제작 & 채널 운영 핵심 가이드

박경인 지음

위키북스

유튜버 YouTuber, YouTube Content Creator
– 동영상 공유 플랫폼 유튜브의 채널이나 하위 페이지에 동영상을 게시하는 사람[1]

바야흐로 유튜브 전성시대입니다. 오늘날의 디지털 미디어 세상은 유튜브로 시작해 유튜브로 끝날 만큼 유튜브의 영향력은 강력합니다. 단순한 동영상 공유 플랫폼에서 전 세계적인 디지털 라이프 플랫폼이 됐습니다. 얼마 전 유튜브 서버가 잠시 멈춰 몇 시간 동안 접속이 지연되는 현상이 있었습니다. 인터넷 사이트의 서버가 가끔 말썽이 나는 현상은 몇몇 특정 사람들만 느끼는 문제지만 유튜브는 달랐습니다. 바로 유튜브가 실시간 검색어에 올라가고 언론에서도 중대한 사회적인 문제로 보도[2]했습니다. 오늘날 유튜브의 영향력을 실감 나게 한 상징적인 장면입니다.

디지털 기술은 눈부신 발전을 이뤘습니다. 8K의 초고화질 해상도의 동영상을 실시간으로 볼 수 있을 만큼 네트워크 속도가 빨라졌고, 이를 충분히 소화할 수 있을 만큼의 디스플레이가 장착된 스마트폰이 하루가 멀다 하고 더 좋은 기능과 스펙으로 업그레이드되어 출시됩니다. 과거에는 오랜 시간을 투자하여 잘 숙련된 전문가들만 다뤘던 디지털 소프트웨어도 오늘날에는 더욱 간단하고 간편해져 초보자들도 쉽게 다룰 수 있을 정도로 진입 장벽이 낮아졌습니다.

과거에는 전문가나 숙련자들만 할 수 있던 영역이 기술의 발전과 함께 이제는 누구나 마음만 먹으면 다양한 창작물을 제작하는 것이 가능한 세상으로 바뀌고 있습니다. 예전에는 방송국, 스튜디오에서만 제작해 특정 시간대와 채널에서 볼 수 있던 영상 프로그램들이 이제는 개인이 스마트폰으로 촬영하고 제작하는 것이 가능해져서 유튜브 채널을 통해 언제 어디서나 전 세계 사람들이 볼 수 있는 시대가 됐습니다.

이 책은 유튜브의 채널 기획과 생성, 관리 및 운영 그리고 프리미어 프로를 활용한 유튜브 영상 편집 방법을 다루고 있습니다. 유튜브를 처음 시작하는 분 혹은 이미 채널에 유튜브를 업로드하고 있지만 채널의 품질을 높여 좀 더 발전시키고 싶은 분, 유튜브 영상 편집 방법을 체계적이고 효과적으로 배워보고 싶은 분을 위한 유튜브 제작의 전체 과정을 다루고 있는 책입니다. 실제로 유튜브에서 '빠르크의 3분 강좌' 채널을 운영하면서 겪은 경험과 시행착오와 사례를 바탕으로 '유튜브'라는 친숙하지만 아직은 익숙하지 않은 흥미로운 여행지를 소개하는 가이드 역할을 하는 책입니다.

---

1   위키백과(유튜버, https://ko.wikipedia.org/wiki/유튜버)
2   "유튜브 먹통에 전 세계 '들썩'…이용자 · 기업들 불편 호소" (동아일보, 2020.11.12)

또한 초보자도 순서대로 따라 하면서 쉽게 배울 수 있게 구성했습니다. 제공되는 예제 영상을 이용해 편집 방법을 배워보면서 실전에 바로 활용할 수 있는 유튜브 영상 편집 기술을 익힐 수 있습니다. 편집 프로그램으로 프리미어 프로 최신 버전 한글판을 이용해 메뉴명이나 기능을 쉽게 이해할 수 있습니다. 초보자의 입장에서 겪을 수 있는 문제점의 해결 방법이나 알아두면 좋은 필수 팁들을 통해 활용성을 높였습니다.

누구나 자신의 콘텐츠를 만들어 채널을 통하여 세상과 소통하는 시대입니다. 전 세계 사람들이 이용하는 유튜브에서 당당한 생산자, 콘텐츠 제작자, 크리에이터가 되고자 한다면 이 책을 통해 창의적인 아이디어와 효과적인 제작 방법들을 익혀 가길 바랍니다.

2021년 6월
박경인

본문 내용을 시작하기에 앞서 이 책의 도서 홈페이지 및 동영상 강좌, 예제 파일을 소개하고, 이 책에서 사용된 프로그램에 대해 알아보겠습니다.

도서 홈페이지

이 책의 홈페이지 URL은 다음과 같습니다.

- **책 홈페이지**
  https://wikibook.co.kr/ytpr/

이 책을 읽는 과정에서 내용상 궁금한 점이나 잘못된 내용, 오탈자가 있다면 홈페이지 우측의 [도서 관련 문의]를 통해 문의해 주시면 빠른 시간 내에 안내해 드리겠습니다.

동영상 강좌

저자의 유튜브 채널에는 영상 편집과 관련한 다양한 강좌가 있습니다.

- **빠르크의 3분 강좌 유튜브 채널**
  https://www.youtube.com/c/ParkPictures

프리미어 프로가 처음이라면 '빠르크의 프리미어프로 기본편집 시리즈 강좌'를 살펴보면 도움이 될 것입니다.

- **빠르크의 프리미어프로 기본편집 시리즈**
  http://bit.ly/빠르크프리미어프로기본편집

'빠르크의 프리미어프로CC 무료 템플릿'에서는 영상 제작에 활용할 수 있는 다양한 템플릿을 무료로 배포하고 있습니다.

- **빠르크의 프리미어프로CC 무료 템플릿**
  http://bit.ly/빠르크프리미어프로템플릿

예제 파일

이 책의 예제 파일은 도서 홈페이지의 [예제 코드]에서 내려받을 수 있습니다.

- **책 홈페이지**

    https://wikibook.co.kr/ytpr/

01 아래 링크 중 하나를 클릭합니다.

02 [다운로드] 버튼을 클릭해 압축 파일(ZIP 파일)을 내려받습니다. 특별히 다운로드 폴더를 지정하지 않으면 다운로드 폴더에 내려받습니다.

03 다운로드한 압축 파일(ytpr.zip)의 압축을 해제합니다. 이때 압축 해제된 파일이 위치할 대상 폴더를 지정하거나 현재 디렉터리에 압축을 해제한 후 대상 폴더로 옮길 수 있습니다.

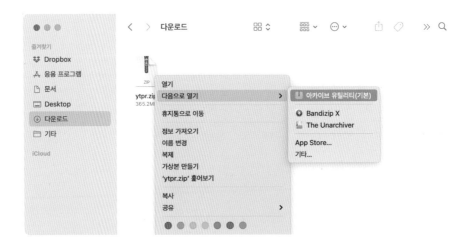

04 압축을 해제한 폴더로 이동하면 이 책에서 사용할 예제 파일을 확인할 수 있습니다.

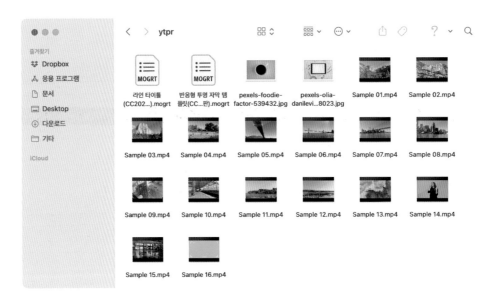

이 책에서 사용한 프로그램

이 책의 1~3장, 13~15장에서는 구글 크롬 브라우저를 이용해 실습을 진행했습니다. 특별히 선호하는 브라우저가 없다면 구글 크롬 브라우저를 이용해주세요.

- **구글 크롬 내려받기**
  https://www.google.co.kr/chrome/

이 책의 4~13장에서는 어도비 프리미어 프로(Adobe Premiere Pro)를 이용해 실습을 진행했습니다. 프리미어 프로를 설치하고 실행하는 방법은 이 책의 4장에서 자세히 설명하고 있습니다.

- **이 책에서 사용한 프리미어 프로 버전**
  Adobe Premiere Pro 15.2

- **이 책에서 사용한 프리미어 프로 기본 언어**
  한국어

01장

왜
유튜브인가?

유튜브를 처음 시작하려고 결심했다면 그다음은 무엇을 해야 할까요? 당연한 이야기겠지만, 가장 좋은 방법은 일단 여러분의 결심을 실행에 옮기는 것입니다. 가지고 있는 PC나 스마트폰을 이용해 유튜브에 접속해서 채널을 만들어 봅니다. 그리고 채널에 업로드할 가벼운 소개 영상을 하나 제작해서 채널에 올려보는 겁니다. 정보가 홍수처럼 넘쳐나는 시대에 직접 실행에 옮기는 것만큼 가치 있는 일은 없다고 봅니다.

'채널'이 있어야 동영상 업로드, 댓글 쓰기, 재생 목록을 만들 수 있습니다.

유튜브는 구글 계정을 이용해 로그인할 수 있습니다. 단순히 구글 계정으로 로그인한 상태에서는 동영상을 시청하고 좋아요 버튼을 누르거나 채널을 구독하는 등의 활동을 할 수 있습니다. 어떻게 보면 유튜브에서 영상 '소비자'로서의 소극적인 역할을 하는 것입니다. 한편, 여러분이 유튜브에서 '채널'을 생성하면 더욱 적극적인 '생산자'가 될 수 있습니다. 유튜브에서 채널은 유저의 홈페이지입니다. 이 채널이 있어야 동영상을 업로드하고 댓글을 쓸 수 있으며 재생 목록을 만들 수 있습니다.

이 책은 유튜브를 직접 운영해보고 여러 시행착오를 겪은 입장에서 처음 유튜브를 시작하는 분들을 위해 쓴 책입니다. 처음 가보는 여행지를 갔을 때 현지 사정을 잘 아는 가이드가 함께 가는 것만큼 든든한 일도 없습니다. 그런 느낌으로 이 책을 참고했으면 좋겠습니다.

1장에서는 필수로 떠오른 유튜브에 대해 소개하고 제가 채널을 운영하게 된 이야기를 하고자 합니다. 유튜브를 처음 시작하려는 분들, 그리고 유튜브 채널을 운영하는 분들에게 도움이 되면 좋겠습니다.

1.1 | 유튜브 전성시대, 유튜브는 이제 필수다

2005년 미국에서 시작한 동영상 서비스 '유튜브(YouTube)'는 2021년 현재 전 세계 최대 무료 동영상 공유 사이트로 자리매김했습니다. 매달 19억 명이 넘는 인구가 유튜브에 로그인하여 무료로 동영상 서비스를 이용하고 있습니다. 전 세계 90여 개국에서 현지 언어로 유튜브 서비스가 제공되고 있습니다. 한국에서도 2008년 한국어 서비스가 시작되어 어렵지 않게 서비스를 이용할 수 있습니다.

그림 1-1 유튜브(YouTube) 로고

유튜브는 사용자가 직접 영상을 제작하여 업로드하는 방식입니다. 이로 인해 다양한 주제의 영상이 매일 올라오고 있습니다. 음악, 영화, 드라마, 코미디, 스포츠, 정치, 일반 뉴스, 과학, 생활 정보, 패션, 게임, 음식, 일상생활 등 사람들의 관심사가 다양해진 만큼 유튜브에 업로드되는 영상의 주제 또한 다양합니다. 특히 유튜브는 사용자의 관심사를 분석해 맞춤형 영상을 제공하는 알고리즘을 가지고 있습니다. 유튜브는 여러분이 시청하는 영상 패턴과 검색 키워드를 분석해 여러분이 좋아할 만한 영상을 [홈 화면]에서 추천해주는 방식으로 운영됩니다. 이 책을 읽는 분들도 유튜브에서 자신이 흥미를 느끼는 주제의 영상을 본 경험이 있을 겁니다.

그림 1-2 다양한 주제의 맞춤 동영상을 제공하는 유튜브의 메인 화면

앱과 소매시장 분석 서비스를 제공하는 '와이즈앱[1]'에서 2020년 9월에 조사한 결과에 따르면 한국인이 가장 오래 사용한 앱(안드로이드 스마트폰 사용자 기준 6만 명 표본)은 유튜브로 나타났습니다. 조사에 따르면 국내 안드로이드 스마트폰에서 2020년 9월 한 달 동안 유튜브를 사용한 시간이 531억 분입니다. 우리가 매일 들여다본다고 생각하는 카카오톡이 2위로 나타났는데, 카카오톡의 사용 시간은 225억 분입니다. 3위 네이버가 172억 분, 4위 다음이 36억 분 순이었습니다. 유튜브와 카카오톡의 사용 시간이 두 배가 차이 날 정도로 격차가 많이 벌어졌습니다. 이는 10대에서 50대 이상까지 모든 세대에서 유튜브를 오랫동안 사용했기에 가능한 결과로 보입니다. 하루 한 시간 정도는 꼭 유튜브를 통해 영상을 본다는 것입니다.

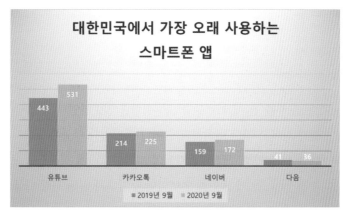

그림 1-3 대한민국에서 가장 오래 사용하는 스마트폰 앱 (와이즈앱, 안드로이드 사용자 기준)

최근 들어 유튜브를 학위 논문의 주제로 삼은 논문도 많아졌습니다. 한국교육학술정보원(KERIS)에서 운영하는 학술연구정보서비스 RISS(https://www.riss.kr)에서 '유튜브'를 주제로 한 학위 논문을 검색해보면 약 820여 건의 논문이 검색됩니다. 조금 상세하게 찾아보니 최근 3년간(2018, 2019, 2020) 발표된 논문만 약 500여 건이 넘습니다. 유튜브의 영향력이 최근 몇 년 동안 크게 성장한 것을 알 수 있는 부분입니다.

---

1   https://www.wiseapp.co.kr/

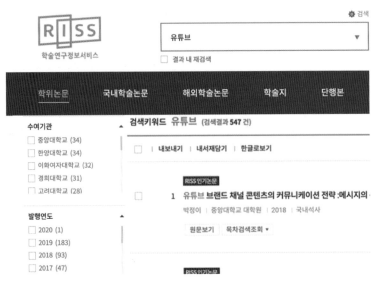

그림 1-4 유튜브를 주제로 한 학위 논문

박막례 할머니는 유튜브를 통해 전 세계로 유명해진 평범한 일반인입니다. 식당 일을 하면서 자식들을 홀로 키우며 힘들게 살아온 지난 이야기와 할머니의 평범한 일상에 많은 사람이 호응했습니다. 이에 2018년과 2019년 전 세계 구글 개발자들의 회의인 I/O에 정식으로 초대됐으며 2019년에는 유튜브의 CEO 수잔 워치츠키가 박막례 할머니만을 만나기 위해 직접 한국으로 온 일이 화제가 된 적도 있습니다.

그림 1-5 유튜브를 통해 전 세계적으로 유명해진 박막례 할머니

이처럼 보통 일반인이 유튜브에 채널을 개설하고 자신의 이야기를 영상으로 만들어 전 세계에 공유하지만, 유명한 연예인이나 전문 직업을 가진 사람도 유튜브 채널을 개설하여 운영합니다. 요리연구가 백종원 씨가 개설한 '백종원의 요리 비책'은 개설 3일 만에 구독자 100만 명을 돌파해 큰 화제를 모은 채널입니다. '차산선생 법률 상식'이라는 채널을 통해 생활 속 법률 정보를 쉽게 알려주는 박일한 씨는 전직 대법관 출신입니다. 2019년 K리그 MVP를 수상한 김보경 선수는 직접 'KBK Football TV' 채널을 개설해 자신의 축구 훈련 방법, 경기 뒷이야기, 팬들과의 소통을 유튜브로 하고 있습니다.

그림 1-6 유튜브를 채널을 운영 중인 전문가 (왼쪽: 백종원의 요리 비책, 오른쪽: KBK Football TV)

공공기관에서도 유튜브를 통해 자신들의 정책을 홍보하고 사람들과 소통하는 채널로 운영하고 있습니다. 충주시 유튜브는 구독자만 약 7만 명이 넘는 채널로 충주시의 다양한 정책과 사람들이 잘 모르는 공무원의 리얼 일상을 '결재를 받지 않고' 올리는 방식으로 많은 사람의 뜨거운 반응을 얻고 있습니다. 경기도교육청은 교육 정책 소개 및 교육공동체와의 소통을 영상으로 하고 있습니다. 수능을 앞둔 수험생들을 위한 영상 콘텐츠는 조회 수가 67만 회를 넘을 만큼 많은 사람이 시청했으며 '꿈의 학교'와 같이 경기도교육청만의 교육 정책을 영상을 통해 쉽게 설명하고 있습니다.

그림 1-7 정책을 홍보하고 소통하는 채널로 활용하는 공공기관 (충주시 공식 유튜브)

지금까지 언급한 사례는 간추린 사례입니다. 실제로는 더 많은 사례가 있습니다. 그야말로 유튜브의 전성시대라고 할 수 있습니다.

유튜브는 이제 선택이 아닌 필수입니다.

1.2 나는 왜 유튜브를 하게 됐는가?

저는 유튜브에서 "빠르크의 3분 강좌" 채널과 "빠르크 선생님의 유튜브 교실"이라는 채널을 운영하고 있습니다. 두 채널 모두 교육용 콘텐츠를 제공하는 채널이지만, 콘텐츠의 내용 및 대상이 서로 다릅니다. "빠르크의 3분 강좌" 채널은 파이널 컷 프로 X과 프리미어 프로 등 영상 편집 프로그램의 사용 방법 및 관련 템플릿을 제공하며 영상을 만들고자 하는 일반인을 대상으로 합니다. 반면 "빠르크 선생님의 유튜브 교실" 채널에는 초등학생을 대상으로 한 교육용 콘텐츠를 주로 올리고 있습니다. 초등학교 수학익힘책 풀이 영상이 영상 편집을 배우고자 하는 일반인들이 흥미를 느끼며 볼 주제는 아니기 때문입니다.

그림 1-8 저자가 직접 운영하는 유튜브 채널 (왼쪽: 빠르크의 3분 강좌, 오른쪽: 빠르크 선생님의 유튜브 교실)

"빠르크의 3분 강좌" 채널은 2012년 중순에 개설했습니다. 그때는 편집한 영상을 온라인 공간에 업로드한 후 손쉽게 다른 사람과 공유하여 볼 목적으로 유튜브 채널을 개설했던 기억이 납니다. 2012년은 가수 싸이의 강남스타일이 유튜브를 통해 전 세계적으로 화제를 모았던 해지만, 당시만 해도 유튜브 채널을 개설해 영상을 정기적으로 업로드해야겠다고 생각하지는 못했습니다. 그러다 2016년에 블로그에 영상 편집 방법을 올리던 중 이 방법을 영상으로 만들어 올리면 좋겠다는 생각이 들었습니다. 텍스트와 이미지로 설명하는 것보다 영상으로 설명하는 것이 더 낫다는 생각이었습니다. 초창기 만들었던 강좌들은 업로드 주기가 매우 불규칙하고 그 수도 많지 않았습니다. 매우 단편적이고 일회성에 그치는 강좌 내용이었습니다. 이 기간의 제 채널을 분석해보면 1년 동안 구독자가 600명 정도 증가했습니다. 산술적으로 계산해보면 하루에 평균 1~2명 정도의 구독자가 늘어나는 상태지만, 실제로는 구독자가 그대로였던 날이 더 많았고 어떤 날은 10명 넘게 늘어나는 '이상 상태'도 있었으며 구독자가 감소한 날도 있었습니다.

그림 1-9 초창기 유튜브 채널에 올렸던 영상 강좌

그렇게 처음 유튜브를 시작했고, 2017년 들어서 본격적으로 파이널 컷 프로 3분 강좌 시리즈를 유튜브에 업로드했습니다. 2017년 1월부터 시작해 그 해에 총 25개의 파이널 컷 프로 3분 강좌를 연속성 있는 교육용 콘텐츠로 업로드했고 구독자가 3천 명이 증가하는 성과가 있었습니다. 다른 유명 크리에이터처럼 조회 수가 몇백만이 넘는 '초대박 콘텐츠'는 없지만, 꾸준히 올려 현재는 구독자가 하루에 약 20명씩 증가하는 채널이 됐습니다(2020년 1월 기준 구독자 1만 7천 명, 업로드 동영상 약 270여 편).

빠르크의 파이널컷프로 3분강좌
#01 파이널컷과 프리미어의 차…

빠르크의 파이널컷프로 3분강좌 -
31강 마블 스타일 인트로 파이널…

빠르크의 파이널컷프로 유튜브 스
타터 패키지 템플릿 50 (+ENG…

그림 1-10 빠르크의 3분 강좌 대표 콘텐츠

1.3 유튜브를 해서 어떤 좋은 점이 있는가?

유튜브 채널을 운영하면서 콘텐츠를 기획하고 편집하고 업로드한 후 관리하는 작업은 꽤 시간이 소요되는 작업입니다. 어떤 콘텐츠는 갑작스럽게 아이디어가 떠올라 편집 및 업로드까지 2시간 안에 완료되는 콘텐츠도 있지만, 아이디어를 찾는 데 꽤 오랜 시간이 소요되거나 편집 과정에서 집중력이 흐트러지는 등 어려움이 있으면 며칠이 걸리는 콘텐츠도 있습니다. 최근에는 유명 크리에이터 중 일부 크리에이터가 극심한 스트레스 끝에 번 아웃(Burn Out) 증세를 호소하며 콘텐츠 업로드를 잠시 중단하거나 채널을 닫는 사례도 있었습니다. 일부 사례이기는 해도 유튜브 채널을 운영하는 것이 그렇게 쉬운 일이 아니라는 것을 간접적으로 알 수 있습니다.

그런데도 일반인 차원에서 가볍게 유튜브 콘텐츠를 제작하고 채널을 운영한다면 좋은 점이 있다고 생각합니다. 어디까지나 개인적으로 경험하고 제 나름의 장점을 정리해 말씀드리니 참고하는 용도로 가볍게 읽어주시면 감사하겠습니다.

첫 번째는 유튜브를 통해 자신의 취미를 좀 더 전문적으로 깊게 다룰 수 있다는 점입니다. 유튜브를 본격적으로 하기 전 저는 영상 편집을 좋아하는 사람이었습니다. 비전공자이고 스스로도 확신이 없는 그저 애호가 수준에 지나지 않았습니다. 그러던 제가 좀 더 전문적이고 체계적으로 영상 편집에 접근할 수 있었던 것은 유튜브 덕분이라고 생각합니다. 유튜브에 영상 편집 강좌 하나를 올리려면 내용에 오류가 없는지 혹시 더 알아야 하는 내용은 없는지 자세히 찾아보고 검토하고 고민해봐야 했습니다. 이런 상황에서 비슷한 기호를 가진 분들이 댓글로 질문해주시면 질문에 답변하기 위해 더 열심히 공부할 수밖에 없었습니다. 자연스럽게 영상 편집에 대한 전문성이 깊어졌습니다. 나는 쉽게 이해하는 내용이라도 다른 사람은 어렵게 느낄 수 있기 때문에 어떻게 하면 쉽게 설명할 수 있을지 원리를 더 고민하게 되고 적절한 대상을 찾기 위해 생각할 수밖에 없습니다. 제 사례에 여러분이 관심 있어 하는 주제를 대입해보면 어떨까요?

두 번째는 자연스럽게 나눔을 실천할 수 있다는 점입니다. 제 경우는 유튜브 강좌를 통해 영상 편집을 알고 싶어 하는 사람들에게 영상 편집 방법을 쉽게 설명하고 도움을 드릴 수 있었습니다. 지식을 나누고 이를 통해 다른 사람들에게 유익함을 주었습니다. 일상생활 속에서 다른 사람들에게 나눔을 얼마나 많이 실천할 수 있을까를 생각해본다면 유튜브는 언제 어디서나 영상을 통해서 필요한 사람들에게 나의 지식과 경험을 나눌 수 있는 좋은 플랫폼이라는 것을 알 수 있습니다. 저도 다른 사람들의 유튜브 영상을 통해 지식과 경험을 확장할 수 있었고 항상 도움받고 있습니다. 점점 복잡해지고 있는 현대 사회는 매일 알아야 할 정보가 쏟아집니다. 정보의 피로감을 호소하는 현시점에서 다른 사람에게 꼭 필요하고 좀 더 정리된 정보를 제공하는 것은 큰 의미가 있는 나눔의 행동입니다.

세 번째는 유튜브를 통해 다양한 기회가 찾아온다는 점입니다. 다양한 기회라고 한다면 보통 금전적인 기회를 생각하기 쉽습니다. 물론 언론을 통해 보도된 것과 같이 일부 크리에이터는 일반인이 상상도 못 할 큰 금액을 유튜브를 통해 벌기도 합니다. 하지만 그런 경우는 극소수에 불과합니다. 그보다는 유튜브가 다른 사람들에게 여러분을 알리는 기회가 될 수 있습니다. 여러분의 지식을 오프라인 공간에서 나눌 수 있게 강연 요청이나 패널 섭외가 들어올 수 있습니다. 혹은 자신들의 제품을 홍보하고 싶은 회사에서 여러분에게 제품 홍보 요청을 할 수 있습니다. 꾸준하게 자신의 유튜브 채널에 콘텐츠를 업로드하고 관리하면서 자연스럽게 여러분의 포트폴리오를 다른 사람에게 노출하세요. 그러다가 생각지도 못한 수익으로 대박이 난다면 더욱더 좋겠죠. 기회는 꾸준히 하는 자에게 찾아옵니다.

02장

어떻게 유튜브를
시작하는가?

이번 장에서는 본격적으로 유튜브 채널을 생성하는 과정을 다룹니다. 채널을 만들기 전에 어떤 채널을 만들 것인지 기획하는 단계를 통해 채널의 주제, 대상, 업로드 주기, 운영 방식, 이름을 정합니다. 이런 기획 단계에서 결정한 내용을 바탕으로 유튜브 채널을 생성합니다. 채널을 생성하고 난 후 캔바(Canva), 미리캔버스(Miricanvas)와 같은 그래픽 템플릿 사이트를 이용해 유튜브 배너 이미지와 로고를 직접 제작해보겠습니다.

> **채널 아트와 배너 이미지**
>
> 이전까지 유튜브에서는 채널의 대문 이미지에 '채널 아트'라는 용어를 사용했습니다. 최근에는 이 용어가 '배너 이미지'라는 이름으로 변경됐습니다. 유튜브에서 공식적으로 사용하는 용어는 배너 이미지입니다. 하지만 일부 사이트에서는 아직 종전에 사용하던 채널 아트라는 명칭을 사용하기도 합니다. 이 책에서는 배너 이미지라는 용어를 사용하겠습니다.

2.1 채널을 만들기 전 준비 과정

본격적으로 채널을 만들기 전에 준비 과정을 거쳐야 합니다. 유튜브 채널을 개설하는 과정은 식당을 창업하는 일과 비슷하다고 생각합니다. 식당 창업을 계획하고 준비하는 과정에서 어떤 식당을 개업할 것인지, 어떤 메뉴를 선정할 것인지 결정한 후에 비슷한 메뉴를 제공하는 식당에 대해 사전 조사를 합니다. 다른 사람들의 사례를 종합해보고 나에게 맞는 방법을 추려봅니다. 내 식당이 어디에 있는지도 식당을 운영하는 데 중요한 고려 대상입니다. 사람들의 특성과 시간대, 그리고 상권 특징도 고려해보면서 효율적인 방법을 탐색합니다.

① 채널의 주제

이처럼 유튜브 채널을 개설할 때 가장 처음으로 고려해야 할 점은 채널의 주제입니다. 내 채널을 통해 사람들이 어떤 것을 얻을 수 있는지 물어봐야 합니다. '빠르크의 3분 강좌' 채널[1]을 통해 사람들은 영상 편집 프로그램의 사용 방법과 편집에 필요한 템플릿 자료를 얻을 수 있습니다. '월간 윤종신' 채널[2]을 통해 사람들은 가수 윤종신 씨의 음악을 듣고 새로운 뮤직비디오를 시청할 수 있습니다. 'YTN NEWS' 채널[3]을 통해 최신 뉴스 영상과 정보를 실시간으로 시청할 수 있습니다. '유튜브랩 Youtubelab' 채널[4]을 통해 유튜브를 운영하는 여러 정보와 팁을 얻을 수 있습니다.

생각해보기!
유튜브에서 명확한 주제를 잡고 운영되는 채널처럼 여러분이 유튜브 채널을 운영한다면 당신의 채널에서 사람들이 무엇을 얻을 수 있을까요?

또 하나 고려해야 할 점은 내가 이 주제에 재미를 느끼고 오랫동안 할 수 있는가입니다. 일을 잘하는 것과 좋아하는 것은 다른 차원입니다. 내가 잘하는 분야라고 해도 그 일을 좋아하지 않으면 오랫동안 하기 어렵습니다. 반면 내가 서툴더라도 그 일을 좋아하고 더 나아가 그 일을 통해 보람을 느낀다면 흔들림 없이 지속해서 할 수 있습니다. 몇 년 동안 유튜브를 하면서 느끼는 부분은 영상 콘텐츠를 기가 막히게 잘 만드는 사람보다 오랫동안 꾸준하게 영상 콘텐츠를 만드는 사람이 더 가치 있다는 점입니다. 육상 달리기로 비유하면 유튜브는 단거리 종목보다 장거리 종목에 가깝습니다. 오랫동안 꾸준하게 할 수 있는 주제를 선택하세요(채널을 운영하다가 주제는 언제든 변경할 수 있으니 너무 큰 부담을 갖지 마세요. 계정도 다시 생성할 수 있습니다).

---

1 빠르크의 3분 강좌: https://www.youtube.com/c/parkpictures
2 월간 윤종신: https://www.youtube.com/user/monthlymelody
3 YTN NEWS: https://www.youtube.com/user/ytnnews24
4 유튜브랩 Youtubelab: https://www.youtube.com/channel/UCgUwmztfVmQ0E9Enm1e–65g ('유튜브랩'을 검색해 들어가는 방법을 추천합니다.)

유튜브에서 영상을 업로드할 때 영상의 주제(카테고리)를 정할 수 있으며, 약 15가지의 주제를 제공하고 있습니다 (사용자가 선택할 수 있는 영상 주제는 유튜브 정책에 따라 선택 목록이 달라질 수 있습니다). 채널의 주제는 따로 사용자가 선택할 수 없지만, 주로 올리는 영상의 주제(카테고리)에 따라 유튜브가 해당 채널을 인식합니다. 예를 들어 '코미디' 주제의 영상을 주로 올리는 채널이라면 유튜브는 그 채널을 '코미디' 채널로 인식하고 '코미디' 주제를 주로 보는 시청자들에게 채널의 영상을 추천합니다.

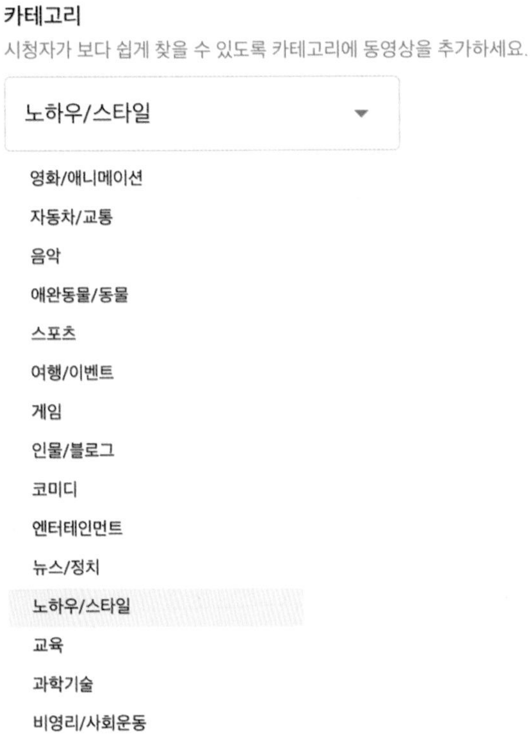

카테고리

시청자가 보다 쉽게 찾을 수 있도록 카테고리에 동영상을 추가하세요.

노하우/스타일 ▼

영화/애니메이션
자동차/교통
음악
애완동물/동물
스포츠
여행/이벤트
게임
인물/블로그
코미디
엔터테인먼트
뉴스/정치
노하우/스타일
교육
과학기술
비영리/사회운동

그림 2-1 유튜브에서 선택할 수 있는 영상 주제 (카테고리)

② 채널의 대상

내 채널을 누가 볼 것인지 시청자를 염두에 둬야 합니다. 시청자를 분류하는 가장 쉬운 기준은 연령대입니다. 유튜브는 영상을 분석하는 '유튜브 스튜디오[5]'라는 일종의 유튜브 채널 분석 플랫폼을 크리에이터에게 제공하고 있습니다. 이 분석 플랫폼에서는 시청자의 연령대를 만 13~17세, 만

---

5 유튜브 스튜디오는 14장에서 자세히 다룹니다.

18~24세, 만 25~34세, 만 35~44세, 만 45~54세, 만 55~64세, 만 65세 이상으로 세분화하고 있습니다.

제 채널 '빠르크의 3분 강좌'의 시청자층을 분석해보면 만 25~34세의 연령대가 가장 많이 시청함을 알 수 있습니다. 그 뒤를 이어 만 35~44세의 연령대에서도 시청이 활발하게 이뤄지고 있습니다. 전체 시청자층의 70%가 만 25~44세의 젊은 연령대라는 것을 알 수 있습니다. 반면 만 13~17세 시청자는 데이터가 없습니다. 만 65세 이상이 0.1%이고, 10대 시청자는 그보다 더 적습니다. 그래서 저는 영상 콘텐츠를 제작할 때도 주 시청자층을 생각하면서 기획하고 편집합니다. 젊은 시청자들은 평균 시청 지속 시간이 짧아서 시선을 잡을 수 있게 편집의 템포를 비교적 빠르게 가져가야 합니다.

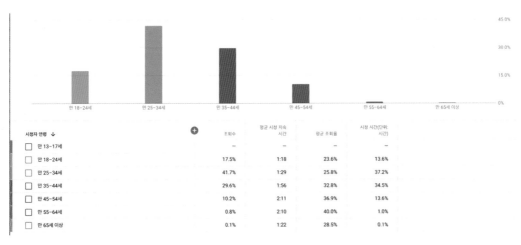

그림 2-2 빠르크의 3분 강좌 채널의 시청자 연령 분석 자료

제가 채널을 처음 운영할 때는 연령대를 고민하지 않았지만, 주 시청자의 연령대를 정하고 채널의 콘텐츠를 체계적으로 기획하고 준비한다면 좀 더 성공적인 채널을 운영할 수 있을 것입니다. 유튜브의 시스템이 검색 키워드를 입력해 영상을 검색해서 시청하기보다는 홈 화면에 유튜브가 추천 영상들을 띄워주고 클릭하는 방식으로 시청이 이뤄지기 때문에 모두를 만족시키는 영상보다는 특정 연령대를 타깃으로 한 영상을 만드는 것이 더 효과적입니다.

③ 영상 업로드 주기와 채널 운영 방식 정하기

식당을 창업한다고 하면 해당하는 메뉴를 판매하는 식당들을 미리 다녀보면서 맛도 보고 손님들에게 어떤 서비스를 제공하는지, 인테리어는 어떻게 구성하여 동선을 최소화하는지를 살펴봅니다. 유튜브 역시 주제를 정한 후 그 주제와 관련한 크리에이터들의 채널을 모니터링해야 합니다. 크리에이터가 해당 주제에 어떻게 접근하고 구독자와 소통하는지 분석할 수 있어야 합니다. 그리고 분석한 점들을 내 채널의 운영 전략으로 적용할 수 있어야 합니다. 많은 요소가 있지만, 영상의 구성, 업로드 횟수, 구독자와의 소통 방식을 주로 살펴보기를 추천해 드립니다. 세 가지 요소를 통해 크리에이터의 강점과 보완할 점들을 찾아본다면 좀 더 명확하게 갈피를 잡을 수 있습니다.

첫 번째는 '영상을 어떻게 구성하는가'입니다. 보통 유튜브 영상은 일반 영상과 같이 기승전결의 방식으로 구성되지만, 처음 시작에서 15초까지 영상의 가장 재미있는 하이라이트 부분을 먼저 노출하는 전–기승전결 방식의 영상이 많습니다. 초반에 재미있는 부분을 미리 보여줌으로써 시청자의 이탈을 줄이고 시청 시간을 최대한 확보하기 위한 전략입니다. 유명 크리에이터들은 어떤 구성으로 이야기를 진행하는지 분석하고 내가 다루고자 하는 주제를 어떻게 풀어나갈지 접목해야 합니다. 영상을 화려하게 편집하지 않더라도 크리에이터의 말투나 어조 등으로 영상에 몰입하게 하거나 진행을 자연스럽게 할 수 있습니다. 혹은 그 채널만의 특별한 부분이 있다면 내 채널에 어떻게 접목할 수 있을지 생각하며 살펴봐야 합니다.

두 번째는 '업로드 주기'입니다. 많은 사람이 채널을 성장시키기 위한 조건으로 꾸준한 업로드 주기를 이야기합니다. 신규 채널의 경우는 초반부에 영상을 하루에 한 번씩 올리는 등 엄청난 열정으로 영상을 올리곤 합니다. 하지만 기계가 아닌 사람이 매일 영상을 기획하고 촬영하고 편집하여 업로드할 수 있을까요? 현실적으로 불가능한 이야기입니다. 지금도 유튜브에서 활발하게 활동하고 있는 크리에이터들의 동영상 업로드 주기를 살펴보면 대부분이 1주일에 1회 정도입니다. 어떤 채널은 특정 시간대에 영상을 올리기로 선언하고 구독자에게도 그 시간을 계속 알려줍니다. 여러분이 모니터링하는 크리에이터의 채널은 어떤 주기로 동영상을 올리고 있나요? 업로드 주기를 살펴보고 내 채널의 업로드 주기를 결정하는 것도 장기적인 채널 운영에 큰 도움이 될 것입니다.

세 번째로 살펴볼 요소는 '구독자와의 소통 방식'입니다. 유튜브 영상을 많은 사람이 보게 되면 자연스럽게 영상을 시청한 사람들이 댓글을 통해 의견을 표현합니다. 댓글을 다는 것이 어떤 사람에게는 대수롭지 않은 일이겠지만, 어떤 사람에게는 큰 용기를 내서 표현하는 일입니다. 그렇기 때문에 되도록 모든 댓글에 답글을 달아주는 게 좋습니다. 하지만 그렇지 못한 상황이 오기도 합니다. 유튜브에서는 다른 사람들의 댓글에 좋아요, 싫어요, 하트 등의 버튼을 이용하여 간단한 의사 표시를 할 수 있습니다. 좋아요나 하트 버튼을 이용해 감사의 표시를 간편하게 할 수 있습니다. 댓글만 관리하는 유저를 개별적으로 지정해 구독자와의 소통을 강화하기도 합니다.

한편, 많은 사람이 보다 보니 사람들의 관심을 끌기 위한 무의미한 내용이나 부정적인 내용의 댓글이 달리기도 합니다. 100개의 긍정적인 댓글이 달려도 1개의 부정적인 댓글 때문에 크리에이터의 마음이 흔들릴 수 있습니다. 채널 자체적으로 댓글 필터링을 설정해 특정 단어를 차단하거나 특정 유저가 댓글을 달지 못하게 할 수 있습니다. 심한 경우 댓글 내용을 직접 유튜브에 신고할 수 있습니다. 이와 같은 경우는 채널이 어느 정도 성장했을 때 고민하게 될 문제입니다. 하지만 채널 성장을 위해 구독자와의 소통은 필수이며 언젠가는 당면할 문제입니다. 따라서 다른 크리에이터들은 구독자들과 어떻게 소통하고 있는지 살펴봐야 합니다. 나보다 앞서 경험한 분들의 이야기를 직접 들어본다면 더욱 좋습니다. 다른 사람들의 사례를 통해 내가 언젠가 마주할 문제들을 미리 대비한다면 더 지혜롭게 대처할 수 있습니다.

④ 채널 이름 정하기

이제 채널의 이름을 정해야 합니다. 이름을 정하는 순간만큼 고민되고 어려운 순간도 없을 것입니다. 이 과정은 단순히 채널의 이름을 짓는 수준을 넘어서 채널의 전체적인 브랜드를 결정하는 과정입니다. 좋은 채널 이름은 무엇보다 그 채널이 어떤 콘텐츠를 제공하는지 사람들에게 쉽게 기억되고 명확하게 다가갈 수 있어야 합니다. 즉, 채널 이름 속에 여러분의 핵심 콘텐츠가 들어가야 합니다. 유튜브를 통해 내 채널의 영상을 시청하는 사람들에게 무엇을 주고자 하는지가 바로 채널을 운영하는 목적입니다. 채널 이름에는 채널이 나아가고자 하는 방향, 목적성이 분명하게 드러나야 합니다.

제 채널의 이름 '빠르크의 3분 강좌'는 영상 편집 강좌를 핵심적인 내용만 짧은 분량으로 압축한 강좌 콘텐츠를 제공하자는 의미가 담겨 있습니다. 제가 즐겨보는 채널 '맥선생'은 맥과 관련한 디바이스, 프로그램, 사용 방법에 관한 팁을 제공하는 채널입니다. 실제로 초등학교 선생님이 운영하는 채널이기도 하여 중의적인 의미가 담겨 있는 채널 이름입니다.

채널 이름을 별도로 변경하지 않으면 자신의 구글 아이디가 채널 이름이 됩니다. 저도 채널 개설 초기에는 채널 이름이 저의 구글 아이디였고 채널 이름을 왜 변경해야 하는지 필요성을 크게 느끼지 못했습니다. 하지만 과거와 달리 현재는 많은 유튜브 채널이 생겨났고 각자의 콘텐츠를 사람들에게 확실하게 인식시켜야 구독자와 조회 수가 늘어날 수 있습니다.

채널 이름을 짓는 과정이 어렵다면 다음과 같은 방법을 통해 채널 이름을 지어보면 어떨까요?

1. 자신의 채널을 설명할 수 있는 단어 5가지를 떠올려 봅니다. 아직 주제를 명확하게 정하기 전이라면 취미나 관심사를 리스트에 적고 이와 관련해 채널 이름을 지어볼 수 있습니다.

2. 몇 개의 후보군을 정하고 주변 사람에게 의견을 묻는 것도 좋습니다.

3. 마음 속에 생각한 이름을 유튜브나 포털 사이트에서 검색합니다. 만약 유사한 이름의 계정이 많이 나오거나 혼동을 줄 수 있다면 그 이름은 적극적으로 피합니다.

4. 한글 이름과 영문 이름을 같이 쓰면 다른 언어 문화권의 시청자 유입을 좀 더 용이하게 할 수 있습니다.

5. 조금 진부한 느낌이 들더라도 'oo TV', 'oo 튜브' 등의 단어를 합성해 채널 이름을 짓는 것도 좋습니다. 크리에이터 개인을 브랜딩하는 채널의 경우 이 방법을 통해 지은 채널을 자주 찾아볼 수 있습니다.

6. 특정 주제나 장르의 영상 콘텐츠를 제공한다면 채널 이름에 관련 내용을 포함해 채널의 성격을 사람들에게 알릴 수 있습니다.

--- 채널명 번역 기능을 사용하고 싶다면? ---

나라별로 다른 언어로 여러분의 채널 이름과 설명을 추가할 수 있습니다. 채널을 관리하는 [YouTube 스튜디오] – [맞춤 설정]에 들어가면 [기본 정보] 탭이 있습니다. 이 탭의 '채널 이름 및 설명'에서 다른 언어권 사용자를 위해 채널의 이름과 설명을 번역할 수 있습니다. 구글 번역(translate.google.com) 사이트를 이용하면 채널의 이름과 설명을 쉽게 다양한 외국어로 번역해 게시할 수 있습니다.

그림 2-3 채널 맞춤설정에서 채널의 이름과 설명 번역 기능 사용하기

① 구글 계정 생성하기

본격적으로 유튜브 채널을 만드는 과정을 하나하나 살펴보겠습니다. 우선 채널을 개설하려면 구글 계정을 생성해야 합니다. 여러분을 증명할 별도의 서류나 공인인증서를 준비할 필요가 없습니다. 인터넷을 통해 간단하게 몇 개의 정보만 입력하면 계정을 생성할 수 있으며, 누구나 할 수 있습니다.

01 인터넷 브라우저를 실행하고 유튜브(www.youtube.com)로 접속합니다. 유튜브의 메인 화면에서 오른쪽 상단에 있는 [로그인] 버튼을 클릭합니다.

그림 2-4 유튜브 사이트에서 구글 계정 생성하기

로그인하지 않아도 유튜브 영상을 볼 수 있습니다. 굳이 로그인해야 하나요?

로그인하지 않더라도 유튜브 영상을 시청할 수 있습니다. 하지만 로그인하지 않은 상태에서는 시청만 가능합니다. 구글 계정을 이용해 유튜브에 로그인한다면 좀 더 '능동적인' 시청자가 될 수 있습니다. 영상을 보고 난 후 '좋아요'와 '싫어요' 등의 의견을 표시할 수 있으며 댓글을 달 수 있습니다. 좋아하는 크리에이터의 채널을 '구독'할 수 있으며 [저장] 버튼을 이용해 나만의 재생 목록을 구성할 수 있습니다. 또한, 여러분의 시청 패턴을 유튜브가 분석해 여러분이 좋아할 만한 영상을 적극적으로 추천해줍니다. 여기에서 좀 더 나아가 유튜브 채널을 개설한다면 여러분의 영상을 유튜브에 업로드하고 공유할 수 있습니다.

---

02 로그인 화면이 나타납니다. 구글 계정이 있다면 기존 계정을 입력해 로그인할 수 있습니다. 만약 구글 계정이 없다면 계정을 새로 만들어야 합니다. [계정 만들기] 버튼을 클릭합니다. [계정 만들기]를 클릭하면 '본인 계정'과 '내 비즈니스 관리하기' 두 옵션이 나타납니다. 개인이 사용할 계정을 생성하기 위해서 [본인 계정]을 선택합니다.

그림 2-5 구글 로그인 화면에서 계정 만들기

03 구글 계정을 만드는 화면으로 넘어왔습니다. 순서대로 진행하면 어렵지 않게 계정을 생성할 수 있습니다.

그림 2-6 구글 계정 만들기

❶ 성과 이름을 입력합니다.

❷ 이메일 주소를 입력합니다. 기존 이메일 주소가 있다면 입력하고 이메일이 본인 소유인지 확인하는 작업을 진행하면 됩니다. 만약 이메일이 없다면 하단에 있는 [대신 Gmail 계정 생성하기]를 클릭한 후 사용하고자 하는 아이디(중복되지 않게)를 입력하면 됩니다.

❸ 비밀번호를 입력합니다. 비밀번호는 문자, 숫자, 기호를 조합해 8자 이상을 사용합니다.

❹ 3에서 입력한 비밀번호를 다시 입력합니다.

❺ [다음] 버튼을 눌러 다음 단계로 넘어갑니다.

04 다음 단계에서는 입력한 이메일 주소와 전화번호를 인증합니다. 이메일 인증은 입력한 이메일 계정으로 로그인한 다음 6자리 코드 번호를 확인한 후 입력하면 됩니다.

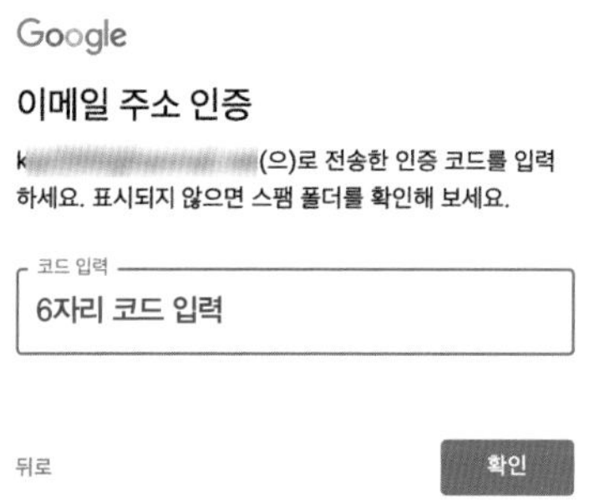

Google

이메일 주소 인증

k⬛⬛⬛⬛⬛⬛⬛⬛⬛(으)로 전송한 인증 코드를 입력하세요. 표시되지 않으면 스팸 폴더를 확인해 보세요.

┌─ 코드 입력 ─────────────────────────┐
│ 6자리 코드 입력   │
└──────────────────────────────────────┘

뒤로   확인

그림 2-7 이메일 주소 인증하기

05 전화번호 인증을 미리 해두면 유튜브 계정에서 채널을 운영할 때 동영상 미리보기 이미지(썸네일)를 올릴 수 있습니다.

Google

전화번호 인증

Google에서는 보안을 위해 본인임을 확인하고자 합니다. Google에서 6자리 인증 코드가 포함된 문자 메시지를 전송합니다. *표준 요금이 적용됩니다*

전화번호
🇰🇷 ▼   +82

뒤로   다음

개인정보를 비공개로 안전하게 유지합니다.

그림 2-8 전화번호 인증하기

06 그다음 생년월일 및 성별 정보를 입력합니다. 인증이 모두 완료되면 사용 약관에 동의하는 절
차가 진행되고 계정 생성이 완료됩니다.

Google

개인정보 보호 및 약관

위하여 일부 데이터를 보관하여야 하는 경우가 아닌 한 아카이브 사
본은 그 이후에 덮어 씌워집니다.

자신의 데이터를 직접 관리
계정 설정에 따라 데이터의 일부가 Google 계정과 연결될 수 있으
며, Google에서는 이 데이터를 개인정보로 취급합니다. 아래 '옵션
더보기'를 클릭하여 Google에서 이 데이터를 수집하고 사용하는 방
식을 관리할 수 있습니다. 나중에 언제든지 내 계정
(myaccount.google.com)으로 이동하여 설정을 변경하거나 동의
를 철회할 수 있습니다.

옵션 더보기   ∨

Google에서 수집하는 데이터와 사용
방법을 관리할 수 있습니다.

☑ Google의 서비스 약관에 동의합니다

☑ 위와 같은 주요 사항을 비롯하여 Google 개인정보처리방침에
설명되어 있는 개인정보 수집항목·이용목적·보유기간에 동의
하며, 위치서비스 이용약관에 동의합니다.

취소   계정 만들기

그림 2-9 개인정보 보호 및 약관 동의하기

② 유튜브 채널 생성하기

01 구글 계정을 생성했으니 이제는 유튜브 채널을 생성해야 합니다. 로그인 상태가 아니라면 미
리 구글 계정으로 로그인합니다. 유튜브(www.youtube.com)에서 ❶오른쪽 상단 프로필 아
이콘을 누르고 메뉴에서 ❷[채널 만들기]를 클릭합니다.

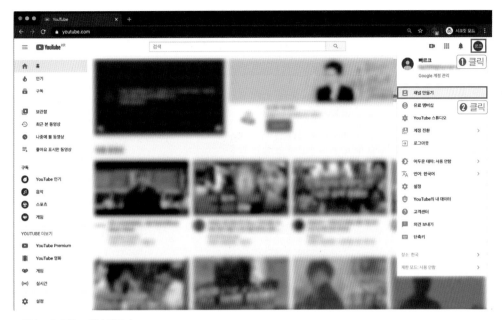

그림 2-10 유튜브 채널 만들기

02 크리에이터 활동 시작하기' 창이 나타납니다. 채널을 만드는 관문입니다. [시작하기] 버튼을
클릭하면 다음 과정으로 넘어갈 수 있습니다.

크리에이터 활동 시작하기

채널을 만들어 창작열을 불태우고 시청자와 소통하고 내 이야기를 공유해 보세요.
자세히 알아보기

나중에

그림 2-11 크리에이터 활동 시작하기

03 '채널 생성 방식을 선택'합니다. 유튜브 채널은 개인 계정과 브랜드 계정으로 나누어 운영할 수 있습니다.

표 2-1 개인 계정과 브랜드 계정의 차이점

	개인 계정(내 이름 사용)	브랜드 계정(맞춤 이름 사용)
생성 채널 수	1계정당 1개의 채널만 생성 가능	1계정당 여러 개의 채널 생성 가능
관리 주체	소유자 본인이 직접 관리	소유자 본인이 관리하되, 여러 명의 관리자 추가 가능 ('채널 관리자' 기능으로 추가 또는 삭제)
채널명	구글 계정의 성과 이름	채널명을 자유롭게 설정 가능
채널명 변경	변경 제한 기간 있음	언제든지 바꿀 수 있음

개인 계정은 유튜브 채널에 로그인하기 위해서 구글 계정과 비밀번호가 모두 필요합니다. 하지만 브랜드 계정은 채널의 관리 주체를 다양하게 설정할 수 있습니다. 채널 소유자인 나뿐만 아니라 다른 사람들을 채널 관리자로 추가할 수 있습니다. 이때 관리자로 추가된 사람은 자신의 구글 계정으로 유튜브에 로그인해 공동으로 채널을 관리할 수 있습니다. 처음에는 개인 계정으로 운영해도 관계없지만, 나중에 채널이 성장하여 전문적인 관리가 필요한 경우 브랜드 계정으로 전환할 수 있습니다. 브랜드 계정으로 전환할 때는 '브랜드 계정으로 채널 이전' 기능을 이용해 전환합니다. 하지만 중간에 계정을 전환할 경우 채널의 댓글이 삭제되는 등의 리스크가 있기 때문에 처음부터 브랜드 계정으로 시작하길 추천합니다. 저는 이 과정에서 '맞춤 이름 사용'으로 브랜드 계정을 선택했습니다.

그림 2-12 유튜브 채널 생성 방식 선택 (개인 계정과 브랜드 계정)

04 브랜드 계정을 선택하면 채널 이름을 추가하는 입력 창이 나타납니다. 이제 여기에 채널 이름을 입력하고 [만들기] 버튼을 클릭하면 채널이 생성됩니다.

그림 2-13 채널 이름 만들기

05 이제 다음 단계에 따라 프로필 사진을 업로드하거나 채널 설명을 입력하는 등의 채널 설정 작업을 합니다. 지금 설정해도 되고 나중에 돌아와서 진행할 수도 있습니다.

축하합니다
'시작하세요 유튜브 크리에이터' 채널이 생성되었습니다

이제 다음 단계에 따라 채널 설정을 완료해 보세요. 지금 설정하거나 나중에 돌아와서 진행할 수 있습니다.

프로필 사진 업로드

프로필 사진이 동영상, 댓글, 기타 위치 옆에 표시되며 YouTube에서 시그니처 이미지로 사용됩니다.

사진 업로드　클릭

프로필 사진이 Google 계정에 연결됩니다. 모든 변경사항이 계정과 채널에 표시되며 적용되는 데 몇 분 정도 걸릴 수 있습니다. 800x800픽셀의 정사각형 또는 원형 이미지가 권장됩니다. 4MB 이하의 PNG, GIF(애니메이션 GIF 제외), BMP 또는 JPEG 파일을 사용하세요. 사진이 커뮤니티 가이드 ☑를 준수해야 합니다.

그림 2-14 유튜브 채널 생성과 프로필 사진 업로드

[사진 업로드] 링크를 클릭하면 프로필 사진을 업로드할 수 있습니다. 프로필 사진은 동영상과 댓글을 올렸을 때 채널 이름 옆에 표시되며, 이미지의 크기는 98×98픽셀의 정사각형 또는 원형 이미지를 권장합니다. 프로필 사진은 여러분의 사진이나 채널을 설명할 수 있는 그림 등을 업로드하면 됩니다. 포토샵이나 파워포인트 등을 이용해 만들 수 있으며 제작하는 방법은 다양합니다.

06 채널에 대한 설명과 사이트 링크 추가 옵션도 있습니다. 말 그대로 옵션이기 때문에 현재 관련 사이트 계정이 없다면 나중에 설정해도 됩니다.

시청자에게 채널에 대해 설명 채널 설명 입력

시청자에게 동영상에서 다루는 사람이나 주제에 대해 안내해 보세요. 설명이 검색결과 및 기타 위치에 표시될 수 있습니다.

채널 설명
채널 설명 추가

사이트에 링크 추가 사이트 링크 입력

링크를 공유하면 시청자가 나와 계속 소통하고 최신 동영상을 볼 수 있습니다.

맞춤 링크

링크 제목
내 웹사이트

URL
URL 추가

소셜 링크

URL
https://www.facebook.com/프로필 이름 추가

URL
https://www.twitter.com/프로필 이름 추가

URL
https://www.instagram.com/프로필 이름 추가

나중에 설정   저장하고 계속하기 클릭

그림 2-15 채널에 대한 설명과 사이트 링크 추가

07 여기에 입력한 내용과 사이트 링크는 다음 그림과 같이 다른 사용자가 여러분의 채널을 검색하거나 메인 화면에 들어왔을 때 볼 수 있습니다.

그림 2-16 프로필 사진, 채널 설명, 배너 이미지, 사이트 링크

❶ **프로필 사진**: 유튜브 채널의 아이콘입니다. 유튜브에서 다른 시청자에게 내 영상과 채널을 표시합니다. 유튜브에서 권장하는 프로필 사진의 가이드라인이 있습니다. 유명 인사, 과도한 노출, 예술작품 또는 저작권 보호 이미지가 포함된 사진은 피하기 바랍니다.

프로필 사진은 98×98픽셀 이상, 4MB 이하의 이미지를 권장하며 GIF 또는 PNG 파일을 권장합니다. 움직이는 GIF 형식의 그림은 제외됩니다.

❷ **채널 설명**: 채널 설명을 한글 500자(영문 1,000자) 이내로 추가할 수 있습니다. 이때 설명에 작성한 500글자가 모두 표시되지는 않기 때문에 채널을 설명하는 핵심 내용은 되도록 앞부분에 작성합니다.

❸ **배너 이미지**: 내 유튜브 채널 페이지 상단에 배경 또는 배너로 표시됩니다. 사람들에게 채널의 정체성을 알려주는 역할을 하며 개성 있는 디자인과 분위기를 부여할 수 있습니다. 배너 이미지는 어떤 기기(데스크톱, 모바일, TV 디스플레이 등)로 접속하는가에 따라 보이는 이미지의 영역이 다릅니다. 모든 기기에서 이미지가 적절하게 표시되려면 2048×1152픽셀 이상, 6MB 이하의 이미지를 업로드하는 것이 좋습니다.

그림 2-17 기기마다 다르게 표시되는 배너 이미지

❹ **사이트 링크**: 채널 배너에 소셜 미디어 사이트로 연결되는 링크를 추가할 수 있습니다. 최대 5개의 링크를 추가할 수 있습니다.

2.3 유튜브 배너 이미지 만들고 업로드하기

캔바(Canva)에서 배너 이미지 만들기

유튜브 배너 이미지를 만드는 방법은 다양합니다. 포토샵으로 만드는 방법이 있고 파워포인트로 만드는 방법도 있습니다. 이 책에서는 캔바(Canva) 사이트에서 쉽고 간편하게 배너 이미지를 만드는 방법을 살펴보겠습니다. 캔바를 이용해 별도의 프로그램과 지식 없이도 누구나 쉽게 고퀄리티의 이미지를 만들 수 있습니다.

01 브라우저를 열고 웹사이트 주소(https://www.canva.com)로 이동합니다. 구글 혹은 페이스북 계정이 있으면 해당 계정으로 로그인해 이용할 수 있습니다.

그림 2-18 이미지를 쉽고 간편하게 만들 수 있는 캔바(Canva.com)

02 이전 단계에서 구글 계정을 생성했으므로 해당 구글 계정으로 로그인을 진행합니다. 로그인하면 다음 화면과 같이 어떤 용도로 캔바를 이용할지 선택할 수 있습니다. 선택 결과에 따라 추천 카테고리와 템플릿이 달라지는 것뿐이니 크게 고민하지 않아도 됩니다.

Canva를 어디에 사용하실 건가요?

이 정보는 회원님을 위한 디자인과 템플릿을 추천하는 데 사용됩니다.

교사
학생들에게 도움을 주고 싶습니다.

학생
선생님과 친구들에게 깊은 인상을 남기고 싶습니다.

개인
무엇이든 만들고 싶습니다.

중소기업
브랜드를 처음부터 다시 디자인하고 싶습니다.

대기업
브랜드를 확장시키고 브랜드의 일관성을 지키고 싶습니다.

비영리단체 또는 자선단체
훌륭한 이상을 달성하기 위해 디자인하고 싶습니다.

그림 2-19 사용 목적 선택하기

03 '첫 번째 디자인을 시작해 보세요' 창에서 추천하는 카테고리 및 템플릿이 나타납니다. 검색 창에서 '채널 아트'를 검색하면 추천으로 'YouTube 채널 아트'가 나옵니다. [YouTube 채널 아트]를 클릭합니다.

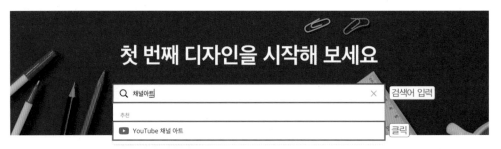

그림 2-20 검색 창에 '채널아트' 입력 및 템플릿 선택하기

04 추천 템플릿들이 나타납니다. 사람들이 가장 많이 사용하는 음악, 미용, 여행, 메이크업 유튜브 채널 아트들이 먼저 추천되어 나타납니다. 저는 '여행 유튜브 채널 아트' 카테고리에서 그림과 같이 'Life on the Road' 템플릿을 선택했습니다.

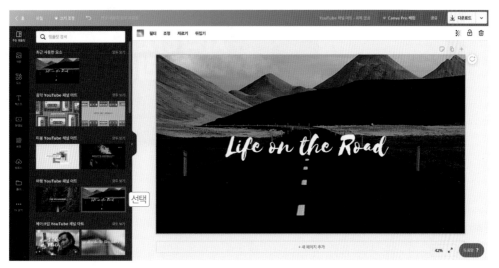

그림 2-21 템플릿 선택하기

05 'Life on the Road' 텍스트 부분을 선택해 기존에 입력된 텍스트를 지우고, 한글로 '시작하세요 유튜브 크리에이터'를 입력합니다. 상단 메뉴에서 폰트 목록을 클릭해 폰트를 변경할 수 있습니다. 클릭해보면 알겠지만, 의외로 많은 한글 폰트를 지원합니다. 유료 버전인 'Canva Pro'를 사용할 경우에만 이용할 수 있는 폰트도 있지만(왕관 모양의 아이콘 표시), 검은 고딕(Black Han Sans), 배달의 민족 도현체(Dohyeon), 배달의 민족 한나는 열한살체(BM Hanna), 네이버 나눔체(Nanum으로 시작하는 폰트) 등 시중에서 무료로 활용할 수 있는 폰트도 지원합니다. 폰트는 'Black Han Sans(검은 고딕)'를 선택했습니다.

그림 2-22 텍스트 입력 후 폰트 변경하기

06 특정 텍스트의 색상을 변경하는 방법도 다른 프로그램에서 바꾸는 방법과 동일합니다. 색을 변경하고자 하는 텍스트를 마우스로 드래그해 영역을 설정합니다. 그다음 폰트 색상 아이콘을 클릭해 색상을 변경합니다.

그림 2-23 특정 텍스트만 영역으로 설정한 다음 색상 변경하기

07 오른쪽 상단에 있는 [다운로드] 버튼을 클릭해 작업한 이미지 파일을 컴퓨터에 저장합니다. 파일 형식은 [PNG]로 두고 [다운로드] 버튼을 클릭합니다.

그림 2-24 배너 이미지 내려받기

08 [다운로드] 버튼을 클릭하면 이미지 내려받기가 진행됩니다. 내려받기가 완료될 때까지 현재 창을 닫지 않고 기다립니다.

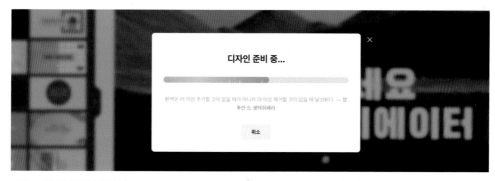

그림 2-25 내려받기 진행 표시

09 다시 유튜브로 돌아와서 오른쪽 상단 프로필을 클릭하고 [내 채널]을 클릭해 자신의 채널로 들어갑니다. 아직은 동영상을 올리지 않은 상태라 채널에 동영상이 나타나지 않고 '동영상을 업로드하여 시작하기'라는 문구만 나오는 상태입니다. 오른쪽 상단에 있는 파란색의 [채널 맞춤설정] 버튼을 클릭합니다.

그림 2-26 [내 채널]에서 [채널 맞춤설정] 클릭

10 [채널 맞춤설정]에 들어가면 레이아웃, 브랜딩, 기본 정보 등 3개의 탭으로 나뉘어 있습니다. 각 탭마다 채널의 스타일을 설정할 수 있습니다.

- **레이아웃**: 채널 홈페이지의 상단에 동영상을 추가할 수 있습니다. 비구독자 대상으로 채널 예고편 영상을 설정하거나 재방문 구독자 대상으로 추천 동영상을 설정할 수 있습니다. 또한 채널 동영상 섹션을 최대 10개까지 추가할 수 있습니다. 동영상을 보기 좋게 묶어서 시청자들에게 제공할 수 있습니다.

- **브랜딩**: 프로필 사진, 배너 이미지, 동영상 워터마크를 설정할 수 있습니다.

- **기본 정보**: 채널 이름 및 설명, 채널 URL, 시청자와 공유할 사이트의 링크를 추가할 수 있습니다. 또한 비즈니스 문의를 할 수 있는 연락처 정보를 추가할 수 있습니다.

채널 맞춤설정으로 채널 꾸미기

다음 그림을 보면 각각의 이미지와 영역을 어떻게 구성했는지 알 수 있습니다. 가장 상단에 노출되는 배너 이미지는 [브랜딩] 탭에서 추가 및 변경할 수 있습니다. 배너 이미지 오른쪽 아래에는 페이스북, 인스타그램, 트위터 등의 SNS 링크를 추가할 수 있는데, 이는 [기본 정보] 탭에서 추가합니다. 프로필 사진은 [브랜딩]에서 업로드할 수 있습니다. [레이아웃] 탭을 통해 주목할 만한 동영상 및 추천 섹션을 구성해 채널을 방문한 시청자들에게 노출할 수 있습니다.

그림 2-27 채널 맞춤설정을 통해 구성할 수 있는 채널 요소들

⑪ [채널 맞춤 설정] – [브랜딩] 탭에서 배너 이미지를 추가할 수 있으며 유튜브에 표시되는 프로필 사진과 이름을 변경할 수 있습니다. 배너 이미지를 변경하기 위해 배너 이미지 영역에 있는 [업로드] 버튼을 클릭합니다.

그림 2-28 채널의 기본적인 설정을 할 수 있는 [채널 맞춤설정]

⑫ 배너 이미지에 올릴 사진을 선택하는 창이 나타납니다. 앞서 내려받은 채널 아트 이미지를 선택한 후 [열기] 버튼을 누릅니다.

그림 2-29 배너 이미지 사진 업로드 창

13 배너 이미지를 선택하면 다음과 같이 업로드된 모습을 미리 보여줍니다. 원본 이미지 그대로 반응형으로 나타내 보여주지 않고 이미지가 잘려서 보입니다. 우리가 일반적으로 접속하는 데스크톱에서는 배너 아트 이미지의 중간 부분만 나오는 것을 알 수 있으며 TV에서는 원본 이미지가 그대로 나오는 것을 확인할 수 있습니다. 모바일에서는 일부 영역이 잘려서 보이지 않을 수 있습니다. 화면 오른쪽 아래에 있는 [완료] 버튼을 클릭합니다.

배너 아트 맞춤설정

그림 2-30 업로드한 배너 이미지 미리 보기

14 다시 [채널 맞춤설정]으로 돌아왔습니다. 오른쪽 위에 있는 [게시] 버튼을 클릭하면 저장되고 업로드한 이미지가 표시됩니다. [채널 맞춤설정]에서 벗어나 내 채널을 확인해보면 배너 이미지가 정상적으로 업로드된 것을 확인할 수 있습니다. 혹시라도 이미지가 마음에 들지 않는다면 캔바 사이트에 다시 접속해 이미지를 수정한 다음 다시 이미지를 업로드하는 방식으로 이미지를 변경할 수 있습니다.

채널 맞춤설정

레이아웃   브랜딩   기본 정보   채널 보기   취소   클릭 게시

프로필 사진
프로필 사진은 동영상 및 댓글 옆과 같이 YouTube에서 채널을 나타내는 위치에 표시됩니다. 여기에서 변경하면 다른 Google 서비스에도 반영됩니다.

98x98픽셀 이상, 4MB 이하의 사진이 권장됩니다. PNG 또는
GIF(애니메이션 GIF 제외) 파일을 사용하세요. 사진이 YouTube
커뮤니티 가이드를 준수해야 합니다. 자세히 알아보기

업로드

배너 이미지
이 이미지가 채널 상단에 표시됩니다.

모든 기기에 최적화된 이미지가 표시되도록 2048x1152픽셀 이
상, 6MB 이하의 이미지를 사용하세요. 자세히 알아보기

변경   삭제

그림 2-31 게시 버튼을 눌러야 저장되는 배너 이미지

미리캔버스(Miricanvas)로 채널 로고 만들기

앞서 우리가 살펴본 캔바(Canva)는 외국에서 운영하는 사이트라 제공되는 이미지나 템플릿의 느
낌이 영어권에 가깝습니다. 그에 비해 이번에 살펴볼 미리캔버스(Miricanvas) 사이트는 캔바와 비
슷한 기능을 제공하면서 좀 더 우리나라의 느낌이 잘 살아있는 디자인 템플릿 사이트입니다.

01 브라우저를 열고 미리캔버스 웹사이트 주소(www.miricanvas.com)로 접속합니다.

그림 2-32 무료 디자인 웹사이트 미리캔버스(Miricanvas)

캔바(Canva)와 미리캔버스(Miricanvas)를 살펴보고 취향에 맞는 디자인 템플릿 사이트에서
채널 아트와 채널 로고 등을 제작해보세요.

02 처음 사이트에 접속한 경우 회원가입을 진행해야 합니다. 회원가입 절차는 간단하고, 소셜미
디어 계정(구글, 페이스북, 네이버, 카카오)이 있으면 관련 계정을 통해 손쉽게 회원 가입한
후 추후 로그인할 때 소셜 로그인 기능을 이용해 접속할 수 있습니다.

그림 2-33 미리캔버스 회원가입 및 로그인 창

03 처음 로그인하면 디자인한 작업이 없기 때문에 [새 디자인 문서 만들기]를 클릭해 새로운 디자인 문서를 만들어야 합니다.

그림 2-34 미리캔버스에 로그인한 후 새 디자인 문서 만들기

04 어떤 유형의 디자인 문서를 만들지 설정하는 창이 나타납니다. [유튜브/팟빵]을 클릭해보면 각각 '썸네일', '채널 아트', '채널 로고'가 나타납니다. 미리캔버스를 통해 유튜브에 필요한 이미지들을 쉽게 제작할 수 있습니다. 이 중에서 [채널 로고]를 클릭해보겠습니다.

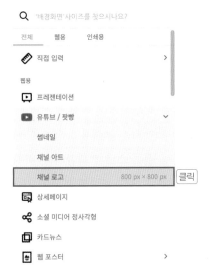

그림 2-35 [유튜브/팟빵] 유형에서 [채널 로고] 선택

05 왼쪽 사이드바에는 기존에 미리 제작된 템플릿 로고들이 나타납니다. 마음에 드는 로고를 클릭하면 화면 오른쪽에 위치한 작업 창에 로고가 나타나며 수정할 수 있습니다. 저는 커피와 도넛 모양이 그려진 로고를 선택했습니다. 글자를 더블 클릭해 내용을 수정할 수 있습니다.

그림 2-36 채널 로고 수정하기

06 왼쪽 사이드 메뉴를 살펴보면 [요소] 탭이 있습니다. 요소 탭에서는 그래픽 소스를 검색해 추가할 수 있습니다. [요소] 탭을 클릭한 후 상단 검색창에서 '유튜브'로 검색합니다. 유튜브와 관련한 그래픽 이미지가 나타나며 로고에 어울리는 이미지를 더블 클릭해 로고에 사용합니다. 기존 도넛 이미지는 삭제합니다.

그림 2-37 [요소]를 이용해 그래픽 소스 추가하기

07 작업이 완료된 로고는 화면 오른쪽 위에 있는 [다운로드] 버튼을 클릭해 컴퓨터로 내려받습니다. [웹용] – [PNG] 이미지로 기본 설정이 돼 있으며 [고해상도 다운로드] 버튼을 클릭하면 내려받기가 진행됩니다.

그림 2-38 채널 로고 내려받기

08 내려받은 채널 로고를 업로드하기 위해 다시 유튜브로 돌아옵니다. 오른쪽 프로필을 클릭한 후 [내 채널] – [채널 맞춤설정]으로 들어갑니다. [채널 맞춤설정]에서 [브랜딩] 탭을 클릭한 후 프로필 사진 영역에 있는 [업로드] 버튼을 클릭합니다.

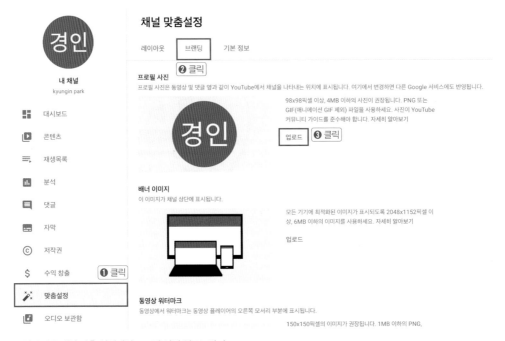

그림 2-39 채널 맞춤 설정에서 프로필 사진 업로드하기

09 프로필 사진으로 지정할 이미지 파일을 선택합니다. 앞서 미리캔버스에서 내려받은 로고 이미지 파일을 선택한 후 오른쪽 아래에 있는 [열기] 버튼을 클릭합니다.

그림 2-40 프로필 사진으로 지정할 이미지 파일 선택

10 '프로필 사진 맞춤설정'에서는 이미지가 영역 안에 모두 들어올 수 있게 조정할 수 있습니다. 조정을 마무리하면 오른쪽 아래에 있는 [완료] 버튼을 클릭합니다.

프로필 사진 맞춤설정

그림 2-41 프로필 사진 맞춤설정

11 다시 한번 [내 채널]에 들어가 보면 바뀐 채널 로고(프로필 사진)를 확인할 수 있습니다. 이렇게 바뀐 채널 로고는 유튜브에서 활동하는 내 채널의 로고가 되며 내가 댓글을 남길 때도 나를 대표하는 이미지로 사용됩니다.

그림 2-42 변경된 채널 로고

채널을 개설했습니다. 채널을 개설했다는 것은 유튜브에서 영상을 보던 '소비자'에서 이제 영상을 올리고 공유하는 '크리에이터'로 한 단계 성장했음을 의미합니다. 영향력 있는 크리에이터가 되려면 다양한 채널 운영 전략이 필요합니다. 우선 채널을 구성하는 다양한 메뉴들이 있습니다. 홈, 동영상, 재생 목록, 커뮤니티, 채널, 정보, 검색 등의 메뉴 등을 순서대로 살펴보겠습니다.

홈

채널에 처음 들어갔을 때 다음 그림과 같은 채널의 홈 화면이 나타납니다.

그림 2-43 채널 홈 화면의 구성요소

크리에이터는 '채널 맞춤설정' 기능을 통해 채널의 홈 화면을 꾸밀 수 있습니다. 홈 화면의 각 구성요소를 정확하게 이해하고 구성한다면 내 채널을 더욱 효과적으로 꾸밀 수 있습니다. 다음은 채널의 각 구성요소를 나타낸 그림입니다.

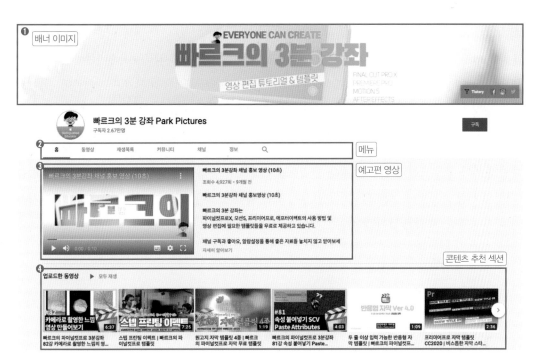

그림 2-44 채널 홈화면의 구성요소

❶ 배너 이미지: 채널의 가장 상단에 위치하는 이미지로 채널의 성격 및 분위기를 드러냅니다.

❷ 메뉴: 채널의 세부 메뉴입니다.

❸ 예고편 영상: 아직 채널을 구독하지 않은 사람들에게 채널을 소개할 수 있는 짧은 영상을 예고편으로 보여줄 수 있습니다. 이와 별도로 채널을 구독한 사람들에게 보이는 영상을 다르게 설정할 수 있습니다.

❹ 콘텐츠 추천 섹션: 최대 12개의 섹션을 추가할 수 있으며 채널의 콘텐츠를 구성하여 보여줄 수 있습니다.

채널의 홈 화면은 해당 채널을 구독할지 여부를 결정하는 중요한 '포트폴리오'입니다. 시청자 채널을 방문했을 때 상단에 위치한 배너 이미지에서 이 채널이 어떤 콘텐츠를 제공하고 있는지 쉽게 이해할 수 있고, 콘텐츠도 주기적으로 꾸준히 올라오고 있으며, 볼만한 내용이 많다면 '구독' 버튼을 누르게 됩니다.

반대로 생각해본다면 배너 이미지를 통해 이 채널이 어떤 콘텐츠를 다루는지 파악하기 어렵거나, 콘텐츠의 양이 적거나, 홈 화면이 엉성하게 구성돼 있다면 쉽게 구독 버튼을 누를 수는 없을 것입니다. 처음 유튜브 채널을 운영할 때 구독자가 눈에 띄게 늘어나지 않는 이유는 바로 이러한 이유 때문입니다.

동영상

채널에 업로드된 동영상을 모두 모아서 볼 수 있습니다. 홈 화면에서는 크리에이터가 구성한 재생 목록이 추천 섹션에 보기 좋게 표시되는 반면 '동영상' 메뉴에서는 기본적으로 최근에 올린 동영상부터 우선 나열돼서 표시됩니다. 콘텐츠가 꾸준하게 업로드되고 있는지 쉽게 확인할 수 있습니다.

화면의 왼쪽 '업로드한 동영상' 목록을 클릭하면 업로드된 동영상과 실시간 스트리밍을 했던 방송(이전 실시간 스트림)을 확인할 수 있습니다. 또한 화면의 오른쪽 '정렬 기준'을 누르면 정렬 기준을 인기 동영상, 추가된 날짜(오래된순, 최신순)으로 바꿀 수 있습니다.

그림 2-45 동영상 메뉴 (왼쪽: PC, 오른쪽: 모바일)

재생 목록

동영상을 특정한 주제별로 구성하여 시청자 및 구독자에게 제공할 수 있습니다. 혹은 인기 동영상, 시리즈, 캐릭터 등과 같은 기준으로 동영상을 분류하여 재생 목록을 만들 수 있습니다. 재생 목록은 동영상과 같이 공유할 수 있는 링크 주소가 있습니다. 재생 목록도 따로 조회 수가 기록되는데, 좋은 재생 목록은 조회 수가 높아 재생 목록에 포함된 영상들도 함께 시청하게 할 수 있습니다. 처음부터 여러 주제로 재생 목록을 만들기보다는 자연스럽게 꾸준히 누적된 콘텐츠를 재생 목록으로 구성하여 시청자 및 구독자에게 제공한다면 채널의 구독 만족도도 함께 올라갈 것입니다.

시작하세요! 빠르크의 유튜브 영상 편집 with 프리미어 프로

시청자 및 구독자는 크리에이터가 공개 상태를 '공개'로 설정한 재생 목록만 볼 수 있습니다. 채널 운영 중 재생 목록의 공개 상태를 변경할 수 있습니다.

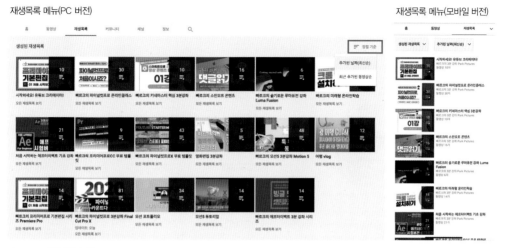

재생목록 메뉴(PC 버전)   재생목록 메뉴(모바일 버전)

그림 2-46 재생 목록 메뉴

커뮤니티

채널의 구독자를 대상으로 게시글을 올릴 수 있습니다. 이때 동영상과 이미지를 이용해 새로 올린 동영상이나 관련 이미지를 올려 홍보하는 데 활용할 수 있습니다. 동영상은 자신의 유튜브 채널에 올라간 영상이나 링크 주소를 이용해 다른 영상을 올릴 수 있습니다. 이미지는 기존 JPG, PNG 파일과 더불어 GIF 파일을 올릴 수 있습니다. 혹은 어떤 주제에 관하여 간단한 설문조사를 할 수 있으며, 설문조사는 객관식 선택형으로 추가할 수 있습니다.

게시글을 통해 구독자와 소통할 수 있는 공간으로 활용한다면 구독자가 계속해서 채널의 콘텐츠에 관심을 가질 수 있습니다.

그림 2-47 커뮤니티 메뉴

채널

본인이 여러 채널을 운영하고 있거나 다른 유튜브 채널을 추천하여 표시할 수 있습니다. [채널 맞춤설정]에서 [레이아웃] – [추천 섹션] 중 [추천 채널]을 통해 섹션의 이름과 추천 채널을 추가할 수 있습니다.

홈
동영상
재생목록
커뮤니티
채널
정보
빠르크의 추천 채널
행복씨TV
충북교육인터넷방송
빠르크 선생님의 유튜브교실
구독자 2.86천명
구독중
충북교육인터넷방송 행복씨TV
구독자 3.04천명
구독중

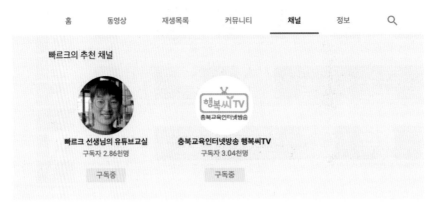

그림 2-48 채널 메뉴

정보

채널의 여러 정보를 표시합니다. 채널의 설명, 세부정보, 운영하는 SNS를 링크 형태로 연결할 수 있습니다. 이곳에 표시되는 정보는 모두 [채널 맞춤설정]의 [기본 정보] 탭에서 입력하고 수정할 수 있습니다. 링크에 입력한 SNS 주소는 배너 이미지의 오른쪽 하단에 아이콘 모양으로 표시됩니다.

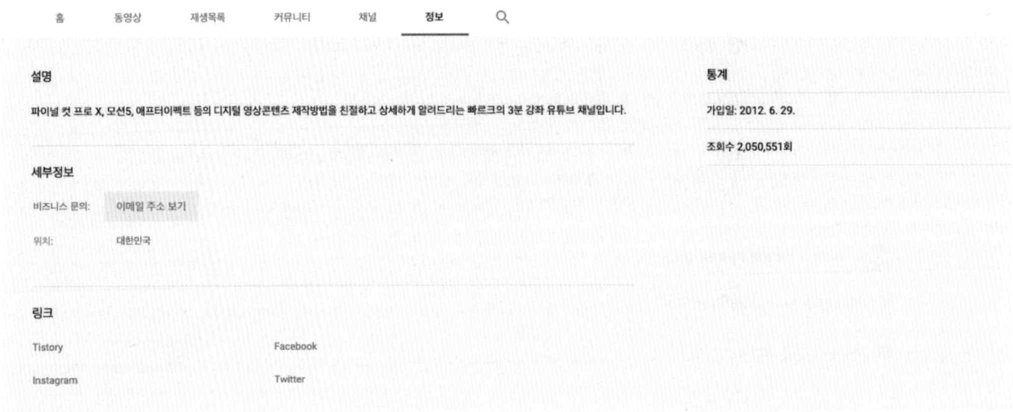

홈
동영상
재생목록
커뮤니티
채널
정보
설명
파이널 컷 프로 X, 모션5, 애프터이펙트 등의 디지털 영상콘텐츠 제작방법을 친절하고 상세하게 알려드리는 빠르크의 3분 강좌 유튜브 채널입니다.
통계
가입일: 2012. 6. 29.
조회수 2,050,551회
세부정보
비즈니스 문의:
이메일 주소 보기
위치:
대한민국
링크
Tistory
Facebook
Instagram
Twitter

그림 2-49 정보 메뉴

검색

채널 내에 업로드된 영상을 키워드로 검색할 수 있습니다.

그림 2-50 검색 메뉴

03장

유튜브 영상을 위한 장비로는
무엇이 필요한가?

어떤 유튜브 영상을 찍는가에 따라서 필요한 장비가 다릅니다. 인물이 주로 나오는 영상 콘텐츠를 올리는 크리에이터는 좋은 카메라, 조명, 마이크, 삼각대 등이 필요합니다. 다이내믹한 활동이나 스포츠 영상을 올리는 크리에이터는 액션캠이나 그와 관련한 액세서리 등을 이용해 촬영할 수 있습니다. 요리 제작 영상을 올리는 크리에이터는 수직 촬영이 가능한 거치대나 삼각대가 있으면 요리하는 모습을 좀 더 효과적으로 촬영할 수 있습니다. ASMR과 같은 오디오 콘텐츠를 제작하는 크리에이터는 좀 더 소리에 민감한 마이크가 필요합니다. 이처럼 크리에이터가 어떤 주제의 영상을 다루는가에 따라 필요한 장비가 달라지는데, 이번 장에서는 유튜브 영상에 필요한 장비를 전체적으로 살펴보고자 합니다.

3.1 카메라

영상 촬영을 위한 전문 장비 '캠코더'

전통적으로 동영상 촬영에 특화된 카메라는 캠코더입니다. 캠코더뿐만 아니라 DSLR 카메라, 미러리스, 스마트폰 등 촬영을 위한 기기의 종류가 많아졌지만, 그래도 캠코더는 영상 촬영을 위한 장비로 명맥을 이어오고 있습니다.

최근까지 시장에서 거래되고 있는 캠코더들을 보면 일반인들을 대상으로 한 슈팅형 캠코더(그림 3-1의 소니 FDR-AX43 등)와 영화 촬영을 위한 전문 시네마 캠코더(그림 3-2의 캐논 C500 등)로 나눠볼 수 있습니다.

그림 3-1 소니사의 캠코더 FDR-AX43

그림 3-2 캐논사의 시네마 캠코더 C500

캠코더가 다른 촬영 장비와 차별성을 두고 장점이 되는 부분은 바로 장시간 촬영이 가능하다는 점입니다. DSLR 카메라는 화질이 좋지만, 한 번 녹화할 때 30분 이상 촬영할 수 없는 구조적인 제약이 있습니다. 반면 캠코더는 그 이상의 촬영 시간도 거뜬히 해냅니다.

최근에는 일반인을 대상으로 하는 캠코더로 유튜브 브이로그 촬영을 염두에 둔 제품이 나오고 있습니다. 마이크의 위치를 셀프 촬영에 용이하게 배치하거나 자신의 모습을 바로 확인할 수 있게 액정을 배치하고, 흔들림 보정 기능을 강화한 제품이 출시되고 있습니다.

> 이런 분에게 캠코더를 추천합니다.
> - 영상만 촬영하고자 하는 분
> - 장시간 촬영이나 야외 촬영이 많은 분
> - 영상 촬영을 위한 메인 카메라가 필요한 분

영상미를 고려할 때 선택하는 'DSLR 카메라'

흔히 사진기자들이 들고 다니는 전문가용 카메라로는 DSLR 카메라를 자연스럽게 떠올립니다. 본래는 사진 촬영 용도로 사용하던 카메라지만, 동영상 기능이 추가되면서 동영상 촬영 용도로도 많이 사용되고 있습니다. 전문적인 소규모 스튜디오 프로덕션에서 DSLR 카메라를 주로 사용하지만, 일반인에게도 많이 보급된 기기입니다.

그림 3-3 캐논사의 DSLR 5D Mark4   그림 3-4 소니사의 DSLR 알파 A9 II

DSLR 카메라의 가장 큰 특징은 렌즈를 교환할 수 있다는 점입니다. 렌즈는 초점 거리에 따라 크게 3종류로 분류할 수 있습니다. 넓은 영역을 나타낼 수 있는 광각 렌즈는 초점 거리가 보통 50mm 이하입니다. 반면 줌 인(Zoom In)을 한 것처럼 특정 영역만 크게 나타낼 때는 망원 렌즈를 사용합니다. 망원 렌즈의 초점 거리는 대부분 70-200mm에 해당합니다. 카메라를 처음 구입할 때 렌즈를 별도로 선택하거나 구입하지 않으면 기본 번들 렌즈가 보통 포함돼 있습니다. 기본 번들 렌즈는 18-55mm 정도로 넓은 영역을 촬영할 수 있으며 줌 인을 한 것처럼 특정 영역만 크게 나타낼 수 있어 다양한 목적으로 활용할 수 있습니다. 렌즈의 초점 거리에 따라 나타낼 수 있는 화면의 크기와 느낌이 다르고, 렌즈를 교환할 수 있다는 것이 DSLR 카메라의 큰 장점입니다.

최근에는 자체 소프트웨어나 외부 비디오 캡처 보드를 이용해 DSLR 카메라의 신호를 웹캠처럼 인식하여 인터넷 방송 스트리밍에 활용하는 방법도 있습니다. 웹캠을 별도로 구입하지 않더라도 자체적인 캡처를 통해 DSLR의 비디오 신호를 이용해 영상으로 편집하거나 송출할 수 있습니다.

그런데도 DSLR 카메라를 이용할 때 꼭 명심해야 할 점이 있습니다. 바로 DSLR 카메라는 영상을 촬영하기 위한 용도로 개발된 것이 아니라 본래 사진을 찍는 기기라는 점과 본인이 생각하는 영상미를 표현하려면 DSLR 카메라에 관해 공부하고 충분한 연습을 해야 한다는 점입니다.

이런 분에게 DSLR 카메라를 추천합니다.

- 영상미가 있는 영상을 촬영하고자 하는 분
- 카메라에 관한 기본적인 지식이 있는 분
- 영상 촬영뿐만 아니라 사진 촬영도 하고 싶은 분

DSLR의 화질과 함께 무게도 확 줄인 '미러리스 카메라'

DSLR 카메라처럼 렌즈 교환이 가능하면서 더 작고 가벼워진 카메라가 미러리스(Mirrorless) 카메라입니다. DSLR 방식과 비교해보면 내부에 반사경이 없기 때문에 무게도 가볍고, 크기도 한 손에 들어올 만큼 작아졌습니다. DSLR 카메라로 동영상을 촬영하려면 별도로 동영상 촬영 모드로 변경해야 하지만, 미러리스 카메라는 동영상 녹화 버튼을 누르자마자 동영상이 촬영되는 신속함이 특징입니다. 미러리스 카메라 기술은 소니사가 강세를 보이며, 1인 미디어 영상 촬영 시장에서 높은 점유율을 차지하고 있습니다.

그림 3-5 소니사의 미러리스 a6600

그림 3-6 캐논사의 미러리스 EOS M6 Mark II

미러리스 카메라는 내부에 위치한 카메라 이미지 센서의 크기에 따라 크게 2종류로 나눠볼 수 있습니다. 풀 프레임(Full Frame) 방식과 크롭 바디(Crop Body) 방식입니다. 풀 프레임(Full Frame) 방식은 35mm 필름으로 사진을 찍었을 때와 동일한 크기와 비율로 나타내는 방식입니다. 이 풀 프레임을 원본 크기라고 생각했을 때, 여기에 배율을 곱해 나타낸 방식이 크롭 바디(Crop Body) 방식입니다. 풀 프레임 방식은 이미지 센서의 크기가 크롭 바디 방식보다 더 크기 때문에 빛을 받아들이는 면적이 더 넓습니다. 또한 이미지 센서의 면적이 넓기 때문에 좀 더 큰 범위의 이미지를 나타낼 수 있습니다. 다음 그림은 소니의 대표적인 미러리스 카메라 두 종류를 비교한 모습입니다. 풀 프레임 방식인 A7M3의 이미지 센서 크기가 크롭 바디 방식의 a6600보다 더 큰 것을 확인할 수 있습니다.

그림 3-7 소니사의 풀 프레임 방식 미러리스 A7M3   그림 3-8 소니사의 크롭 바디 방식 미러리스 a6600

성능은 풀 프레임 방식이 크롭 바디 방식보다 앞서는 것이 사실이지만, 가격은 풀 프레임 방식이 크롭 바디 방식보다 높습니다. 풀 프레임 카메라와 크롭 바디 카메라의 가격 차이가 있기 때문에 많은 사용자가 '성능을 선택하느냐', '가격을 선택하느냐'를 두고 고민하는 부분이기도 합니다. 최근에는 기술이 많이 발전하여 풀 프레임 방식의 가격이 2013년 처음 출시된 시점보다 낮아졌습니다. 영상을 촬영하는 사람이 많아지고, 화질 좋은 영상의 수요가 늘어나다 보니 미러리스 카메라 시장은 카메라 업계에서도 신경을 쓰는 영역이 됐습니다. 계속해서 더 좋은 기능으로 개선되고 낮아진 가격의 카메라가 출시될 예정이니 필요한 분들은 구입해서 사용해 보는 것을 추천합니다.

이런 분에게 미러리스 카메라를 추천합니다.

- 가볍게 들고 다니는 휴대성을 선호하는 분
- DSLR 못지않은 화질로 영상을 촬영하고 싶은 분
- 혼자서 자신을 촬영하거나 일상의 모습을 주로 촬영할 분

디카의 원조! 이제는 고성능으로 가벼워진 '콤팩트 카메라'

흔히 '디카(디지털카메라)'라고도 부르고 자동화된 기능으로 '똑딱이'라는 별명이 있는 콤팩트 카메라입니다. 스마트폰이 등장한 후 판매량이 과거보다 확연히 떨어지는 등 가장 큰 타격을 받은 카메라이기도 합니다. 그렇게 사람들의 관심에서 멀어져 간 콤팩트 카메라는 나름의 전략을 세우며 그 명맥을 이어가고 있습니다. 내부의 이미지 센서나 기능들을 고급화하여 스마트폰과 차이점을 분명히 하고 있습니다. DSLR 카메라나 미러리스 카메라와 달리 렌즈 교환은 불가능하지만, 오히려 그 특징을 살려 바디에 가장 최적화된 렌즈를 탑재했습니다. 이런 부분으로 인해 카메라만 가볍게 들고 다니며 촬영할 수 있으며 촬영된 사진이나 영상의 화질은 DSLR과 미러리스 카메라 못지않게 나타납니다.

그림 3-9 파나소닉사의 콤팩트 카메라 루믹스 DC-LX100M2   그림 3-10 소니사의 콤팩트 카메라 RX100M7

이런 분에게 콤팩트 카메라를 추천합니다.

- 복잡한 설정보다 간단하게 영상을 촬영하고 싶은 분
- 여러 렌즈 사는 것보다 하나로 끝내고 싶은 분
- 가볍게 들고 다니며 야외 촬영을 많이 하는 분
- 가성비를 중요하게 생각하는 분

이것저것 주섬주섬 챙겨도 결국은 스마트폰 카메라

처음으로 유튜브를 시작하는 분들이 가장 손쉽게 시작할 수 있는 장비는 누구나 가지고 있는 스마트폰 카메라입니다. 휴대성은 물론 고급 카메라와 비교했을 때도 육안으로는 선뜻 구별하기 어려울 정도로 화질이 좋습니다. 최근 플래그십 기종[1]에 적용된 카메라는 야간에도 선명하게 촬영할 수 있는 기술과 함께 흔들림을 자동으로 보정해주며 2~3개의 렌즈가 함께 장착돼 광각과 망원을 동시에 소화합니다.

그림 3-11 Apple사의 아이폰 12 Pro Max 후면 카메라   그림 3-12 삼성사의 갤럭시 S21 후면 카메라

---

1   각 브랜드의 최고급 제품을 뜻한다.

스마트폰 카메라는 대부분 전면 카메라와 후면 카메라로 나눌 수 있습니다. 후면 카메라의 성능은 4K 해상도를 초당 60프레임으로 촬영할 만큼 캠코더와 견주어 봐도 괜찮은 성능입니다. 하지만 전면 카메라는 그보다 해상도를 낮춘 풀 HD(Full High Definition)의 1080p, 720p에 그치는 경우가 많습니다. 스마트폰을 이용해 셀프 촬영을 주로 하는 사용자라면 이 점을 염두에 두고 촬영해야 합니다.

스마트폰 카메라의 최대 장점은 무엇보다 접근성이 좋다는 것입니다. 스마트폰은 남녀노소 누구나 가지고 있는 좋은 영상 촬영 장비이며 외출 시에도 늘 챙겨서 들고 다니는 필수품이기도 합니다. 따로 촬영을 위한 카메라 가방을 들고 다니지 않아도 되며 스마트폰용 삼각대와 셀카봉에 부착해 다양한 샷을 촬영할 수 있습니다. 또한 동영상을 촬영한 후 앱을 이용해 사진을 편집하듯이 회전이나 자르기, 자동 이미지 향상, 필터 추가 등을 즉석에서 할 수 있으므로 활용성도 높다고 할 수 있습니다.

이런 분에게 스마트폰 카메라를 추천합니다.
- 여건상 유튜브 운영을 위한 투자가 어려운 분
- 간편하게 장비를 갖춰서 촬영하고 싶은 분
- 한 개의 기기를 이용해 촬영과 편집을 동시에 하고 싶은 분

다이내믹한 야외 활동과 여행 영상 촬영하기 좋은 '액션캠'

스포츠, 레저, 여행 등 다이내믹한 야외 활동의 모습을 촬영하기 위한 초소형 광각 캠코더 제품을 액션캠이라고 합니다. 카메라의 크기는 작지만, 막상 찍은 영상을 보면 광각 렌즈로 촬영했기 때문에 꽤 넓은 범위가 촬영된 것을 알 수 있습니다. 고프로(GoPro)가 이쪽 액션캠 분야를 개척했기 때문에 자연스럽게 '액션캠=고프로'라는 등식이 사람들에게 각인됐습니다. 현재는 소니에서도 액션캠을 출시하고 있지만, 여전히 브랜드 인지도는 고프로 쪽이 높습니다. 매년 초고속 촬영, GPS, 손 떨림 보정, 터치스크린 등 다양한 기술이 접목된 액션캠이 새로 출시되고 있습니다.

그림 3-13 GoPro사의 액션캠 HERO9   그림 3-14 소니사의 액션캠 FDR-X3000

액션캠은 들고 다니기 가볍고 크기도 작아 한 손으로도 촬영할 수 있습니다. 다양한 별도의 액세서리가 있어서 평소에는 생각하지 못했던 극한 상황에서도 영상을 촬영할 수 있습니다. 서핑용, 모터 스포츠용, 헬멧 마운트용, 손목 및 가슴 마운트용을 이용해 액션캠을 장착할 수 있으며 강아지 마운트용을 이용하면 반려동물의 시점에서 영상을 촬영할 수 있습니다.

그림 3-15 마운트를 이용해 다양한 곳에 장착할 수 있는 액션캠

다만 액션캠을 이용할 때는 배터리 용량에 주의하며 촬영해야 합니다. 기본으로 장착된 배터리로는 장시간 야외 촬영을 소화하기에 다소 부족합니다. 여분의 배터리를 준비하면 방전의 두려움을 잠시나마 잊고 촬영에 집중할 수 있습니다. 또한 일반적으로 사용하는 삼각대와 액션캠 마운트가 서로 호환되지 않기도 하기 때문에 필요한 장비는 별도로 구입해서 사용해야 합니다.

이런 분에게 액션캠을 추천합니다.

- 스포츠, 레저, 여행 등 아웃도어 촬영이 많은 분
- 넓은 범위를 촬영하고 싶은 분
- 가볍게 들고 다니며 서브용으로 촬영할 카메라가 필요한 분

실시간 스트리밍이나 온라인 수업용 콘텐츠 제작에는 '웹캠'

주로 PC에 연결해서 사용하는 웹캠은 인터넷 실시간 스트리밍 방송에서 많이 사용합니다. 20년 전만 해도 웹캠은 '얼짱 각도'라는 용어로 기억될 만큼 화상 채팅이나 간단한 프로필 사진 촬영 용도로 쓰였습니다. 고화질의 사진 촬영이 가능한 디지털카메라의 등장으로 그 명맥을 일부 비즈니스 화상 회의를 통해 간신히 이어오다 코로나19 이후 원격 수업, 재택근무, 비대면 화상회의가 주를 이루게 되면서 그 수요가 폭발적으로 증가했습니다.

대부분 노트북이나 일부 PC의 경우 일체형으로 웹캠이 내장돼 있지만, 화질이나 해상도가 실시간 스트리밍 방송을 하기에는 조금 부족한 면이 있습니다. 실시간 방송을 하는 유튜버나 BJ가 주로 많이 사용하는 웹캠으로는 로지텍사의 C920 모델이 있습니다. 이 웹캠은 최대 풀HD 해상도로 영상을 촬영할 수 있으며 인물의 얼굴을 약간 흐릿하게 처리하여 평소 얼굴 톤보다 밝게 비춰주는 경향이 있어 출시된 지 꽤 시간이 지났지만, 여전히 인기가 높습니다.

그림 3-16 로지텍사의 웹캠 C920   그림 3-17 마이크로소프트사의 웹캠 라이프캠 시네마

웹캠은 보통 영상만 촬영할 수 있지만, 최근에 나오는 웹캠 중 가격대가 있는 모델은 마이크 기능도 함께 지원됩니다. 전문적인 콘덴서 마이크에 비하면 웹캠에 내장된 마이크는 다소 부족함이 있지만, PC의 내장 마이크를 사용하는 것보다는 음성이 더 또렷하게 녹음됩니다. 실시간 스트리밍

방송이나 온라인 쌍방향 수업 시 웹캠을 사용한다면 백 마디 말보다 여러분의 표정 하나가 소통을 더 원활하게 할 수 있습니다.

이런 분에게 웹캠을 추천합니다.

- 실시간 스트리밍 방송, 온라인 쌍방향 수업 등을 준비하는 분
- 시청자와의 소통을 중요시하는 방송을 하고 싶은 분
- PC에서 캡처한 영상에 내 모습을 함께 포함한 콘텐츠를 제작하고자 하는 분

카메라로 촬영할 때 주의해야 할 점 5가지

좋은 영상은 시청할 때 큰 불편함 없이 자연스럽게 몰입해서 볼 수 있어야 합니다. 이런 관점에서 카메라로 영상을 촬영할 때 좋은 영상을 만들기 위해 주의해야 할 점을 정리해보겠습니다.

1. 되도록 흔들림이 없어야 한다

영상 촬영 시 자주 흔들림이 발생한다면 시청하는 사람들의 집중을 떨어뜨리게 됩니다. 물론 편집 과정에서 이런 흔들리는 부분을 덜어낼 수 있지만, 영상의 처음부터 끝까지 흔들리는 부분 때문에 중요한 장면을 사용하지 못한다면 이야기는 달라집니다. 그래서 촬영할 때 삼각대와 같은 장비를 이용해 흔들림을 최소화해야 합니다. 촬영 장비를 들고 이동해야 한다면 짐벌 등의 장비를 이용해 촬영할 수 있도록 합니다. 삼각대나 짐벌과 같은 장비가 없다면 몸을 기댈 수 있는 주변 사물이나 지형을 이용해 편안하게 촬영할 수 있게 해야 합니다.

2. 카메라의 렌즈를 보고 이야기하세요

간혹 화면의 모니터를 보고 이야기를 하면서 촬영을 할 때가 있습니다. 이렇게 촬영한 영상을 보고 있으면 어딘가 어색하게 느껴집니다. 이럴 때는 카메라 렌즈를 보고 이야기하는 습관을 지녀야 합니다. 카메라 렌즈 속에 내 이야기를 듣는 구독자가 있다는 것을 늘 염두에 둬야 합니다. 저도 영상을 촬영할 때 모니터 화면을 자주 봐야 하지만, 중요한 개념을 설명하거나 말을 할 때는 의식적으로 카메라 렌즈를 보면서 이야기합니다. 확실히 렌즈를 보고 이야기한 영상을 볼 때가 훨씬 더 자연스럽게 느껴집니다.

3. 오디오를 체크하세요

촬영할 때 특히 신경 써야 하는 부분이 오디오입니다. 오디오는 보이지 않지만, 영상 퀄리티의 절반을 차지하는 매우 중요한 요소입니다. 촬영할 때는 그렇게 크게 신경 쓰이지 않은 주변 소음도 카메라의 녹음 과정을 거치고 나면 터널 속에서 울리는 소리처럼 매우 크게 느껴집니다. 되도록 주변의 소음과 멀리 떨어진 공간에서 촬영하는 것을 추천합니다. 또한 좋은 오디오 품질을 위해 외장 마이크를 이용해 소리를 녹음할 때도 항상 카메라에 소리가 잘 들어가는지 이어폰을 통해 들어보거나 오디오 미터가 움직이는지 확인해야 합니다. 외장 마이크 중 배터리를 사용하는 제품은 사전에 배터리 상태를 점검해야 합니다. 이렇게 꼼꼼하게 오디오를 점검해야 나중에 재촬영하는 수고를 덜 수 있습니다.

녹화 버튼을 누르고 바로 멘트를 하면 기기 상황에 따라 앞부분이 빠진 채로 녹화되는 경우가 있습니다. 이 경우 좋은 장면인데도 눈물을 머금고 편집하거나 재촬영을 해야 할 때도 있습니다. 그래서 녹화 버튼을 누르고 3초의 여유를 둔 후에 멘트를 하거나 출연자에게 사인을 보내야 합니다. 마찬가지로 촬영을 마칠 때도 3초의 여유를 두고 녹화를 종료하는 것을 추천합니다. 앞뒤에 조금 긴 여백이 생기더라도 편집 과정에서 편집하는 게 더 낫습니다.

5. 다양한 사이즈로 촬영하세요

화면에 나타나는 인물을 어떤 크기로 잡느냐에 따라 풀샷, 미디엄 샷, 클로즈업 등으로 분류할 수 있습니다. 초보자가 촬영하면서 많이 하는 실수 중 하나는 한 가지 사이즈로 촬영한 영상을 계속해서 사용하는 것입니다. 중간중간 다양한 사이즈로 촬영한 화면이 들어가야 시청자들의 관심을 계속해서 붙잡을 수 있습니다.

3.2 마이크

이번 절에서는 소리를 담는 마이크를 살펴보겠습니다. 소리는 보이지는 않지만, 영상에서 꽤 중요한 역할을 담당합니다. 좋은 화질의 영상으로 촬영했다고 해도 소리가 녹음돼 있지 않거나 노이즈가 잔뜩 있거나 조악한 음질로 녹음된 소리는 영상의 몰입을 방해하며 감동을 떨어뜨리는 요소가 됩니다.

어떤 마이크가 좋은 마이크인지 살펴보기 전에 고려해야 할 사항은 여러분의 콘텐츠입니다. 결국은 여러분이 제작하는 콘텐츠에 어울리는 마이크를 찾는 것이 가장 중요하고 급선무입니다. 마이크의 종류는 소리를 받는 방법에 따라 크게 다이내믹 마이크와 콘덴서 마이크로 나눕니다. 두 마이크의 특징을 살펴보며 나의 콘텐츠에 어울리는 마이크를 선택하기 바랍니다.

홈 스튜디오와 방송, 보컬 녹음까지 다양하게 사용하는 '다이내믹 마이크'

노래방이나 라이브 무대, 강연장, 행사장에서 우리가 쉽게 볼 수 있는 마이크가 바로 다이내믹 마이크(Dynamic Microphone)입니다. 다이내믹 마이크는 외부의 소리로 발생한 진동이 마이크 내부에서 전기 신호로 바뀌며 소리가 나는 원리입니다. 소리를 전달하는 데 물리적인 진동을 이용하는 단순한 원리 때문에 제작 단가가 콘덴서 마이크보다 저렴한 편입니다. 게다가 내구성 면에서도 단단한 특징이 있기 때문에 야외무대에서는 다이내믹 마이크를 사용합니다.

그림 3-18 젠하이저사의 다이내믹 마이크 E835　　　　　그림 3-19 슈어사의 다이내믹 마이크 SM58

다이내믹 마이크는 수음이 단일지향성입니다. 즉, 목표로 한 방향에서 나는 소리만 수집하는 경향이 있는데, 이 부분이 장점이 되기도 하고 단점이 되기도 합니다. 노래를 부르는 가수의 목소리를 또렷하게 잡아주는 장점이 있지만, 소리를 입체적으로 담고자 할 때는 적합하지 않은 마이크이기도 합니다.

여러분의 콘텐츠가 노래를 하거나 악기 등을 연주하는 콘텐츠, 팟캐스트와 같이 강연하는 목소리를 중심으로 한 콘텐츠라면 다이내믹 마이크를 선택하는 편이 좋습니다. 다이내믹 마이크가 잡음과 간섭의 영향을 줄일 수 있기 때문입니다. 흔히 가격 차이 때문에 '다이내믹 마이크가 저렴하니 성능도 그만큼 낮을 것이다'라는 오해가 있는데, 전혀 그렇지 않습니다. 많은 스튜디오와 방송에서 가격이 더 낮은 다이내믹 마이크를 쓰는 이유는 무엇일까요? 이는 바로 다이내믹 마이크에서 잡아주고 표현해주는 '소리'가 스튜디오와 방송 상황에 더 적합한 장비이기 때문입니다. 비싼 콘덴서 마이크가 능사는 아닙니다.

소리를 민감하게 잘 잡아주는 '콘덴서 마이크'

콘덴서 마이크는 다이내믹 마이크보다 제조단가가 비쌉니다. 콘덴서 마이크에 소리가 입력되면 내부의 진동에 따라 발생한 전기 반응으로 소리를 전기 신호로 만듭니다. 구조상 전기가 필요하므로 콘덴서 마이크는 팬텀 파워(48V)라는 전력이 필요합니다. 이런 구조적인 특징 때문에 온도와 습도에 민감하고 제조 과정도 다이내믹 마이크보다 복잡해 가격이 상대적으로 높습니다.

그림 3-20 콘덴서 마이크 블루예티   그림 3-21 콘덴서 마이크 보야 PM-700

콘덴서 마이크는 진동판이 굉장히 예민하므로 수음력이 뛰어납니다. 거리가 먼 곳에서도 고음을 잡아내는 능력이 좋고 미세한 숨소리까지도 녹음할 수 있다는 장점이 있습니다. 물론 다이내믹 마이크도 숨소리까지 잡을 수 있지만, 콘덴서 마이크와 비교하면 다소 차이가 있습니다.

콘덴서 마이크는 한편으로 수음 범위가 넓어서 미세한 소리도 잡을 수 있지만, 주변 모니터 스피커의 소리나 메인 스피커의 소리를 수음하기도 합니다. 이로 인해 특정 주파수의 하울링 현상이 발생할 수 있으므로 설치 시 모니터 스피커의 위치나 EQ 등 신경 써야 하는 부분이 있습니다.

또한, 소리를 예민하게 잡아주기 때문에 조용한 환경에서 사용해야 합니다. 고음질의 녹음이 필요한 ASMR이나 내레이션 등의 레코딩 작업에 사용하는 것을 추천합니다.

뉴스에서 리포터들이 꼭 들고 다니는 '무선 핀 마이크'

무선 핀 마이크는 인물과 카메라가 멀리 떨어져 있는 상황에서도 또렷하게 음성을 잡아주는 장비입니다. 수신기와 송신기의 주파수를 서로 동일하게 맞춰야 음성이 들어옵니다. 야외 촬영이나 인터뷰를 할 때 핀 마이크는 필수입니다. 무선 핀 마이크는 외부 잡음으로부터 인물의 목소리를 또렷하게 잡아주며 마이크를 별도로 잡지 않아도 되기 때문에 두 손을 자유롭게 움직일 수 있습니다. 인터뷰 콘텐츠나 교육용 강의 콘텐츠를 제작하는 분에게는 필수 장비라 할 수 있습니다.

무선 핀 마이크는 의외로 가격이 다소 비싼 특징이 있습니다. 최근에는 다양한 업체에서 출시하면서 종류도 다양해지고 좀 더 저렴한 가격대로 구입할 수 있는 제품도 나오고 있습니다. 기존 캠코더와 DSLR에 장착하는 형태 이외에도 스마트폰에 장착할 수 있는 무선 핀 마이크 제품도 쉽게 찾아볼 수 있습니다.

그림 3-22 소니사의 무선 핀 마이크 UWP-D11   그림 3-23 젠하이저사의 EW112P-G4

3.3 | 삼각대와 짐벌

카메라를 촬영할 때 되도록 흔들리지 않게 고정해 촬영해야 합니다. 만약 촬영된 영상이 심하게 흔들린다면 아쉽지만 컷을 편집해서 삭제해야 합니다. 흔들림이 심한 영상은 보는 사람에게 혼란스러움을 주며 집중을 방해합니다. 좋은 영상이란 보는 사람들이 자연스럽게 몰입해서 볼 수 있는 영상입니다. 이런 점에서 삼각대와 짐벌과 같이 촬영 시 카메라의 흔들림을 잡아주는 장비는 영상 촬영에 꼭 필요한 장비라 할 수 있습니다. 삼각대와 짐벌은 가격대가 천차만별입니다. 주로 고정해서 촬영한다면 촬영 기기를 안정적으로 받치는 데 큰 문제가 없는 제품으로 선택하는 것을 추천합니다. 워낙 종류가 다양해서 삼각대를 구입할 때 살펴봐야 할 점을 중심으로 알아보겠습니다.

촬영 장비를 견딜 수 있는 최대 하중

여러분이 주로 촬영하는 카메라의 무게는 몇 kg 정도 될까요? 삼각대를 구입할 때는 우선 삼각대에 장착할 카메라의 무게를 고려해야 합니다. 스마트폰이나 콤팩트 카메라는 최대 지지 하중이 1kg 내외의 삼각대로도 충분합니다. DSLR 카메라는 최대 지지 하중이 3kg 이상인 삼각대를 사용하는 것을 추천합니다. 최대 하중을 넘어서면 삼각대가 무너질 수 있으며 이는 비싼 카메라 장비의 손상으로 이어질 수 있습니다. 견딜 수 있는 최대 하중에 따라 가격대와 크기도 달라지니 촬영 장비에 맞는 삼각대를 선택하는 것이 합리적입니다.

그림 3-24 호루스벤누사의 미니 삼각대 TM-1S
(최대하중 0.5kg)

그림 3-25 호루스벤누사의 삼각대 FX-G32
(최대하중 23kg)

야외용 삼각대는 무게를 살펴보세요

여행이나 브이로그 촬영을 위해 들고 다니는 야외용 삼각대는 현재 다양한 제품이 출시됐습니다. 특히 셀카봉 기능까지 포함되어 들고 다니며 쉽게 촬영할 수 있게 개량됐습니다. 들고 다니다 보니 가벼운 소재로 만들어 1kg이 안 되는 제품이 대부분입니다. 하지만 그저 무게가 가볍다고 해서 좋은 제품이라고 말하기는 무리가 있습니다. 야외에서 삼각대에 카메라를 고정해 뒀는데 바람이 불거나 작은 움직임에도 고정을 못 한다면 사진이나 영상이 흔들릴 수 있으며 심한 경우 삼각대가 넘어져 촬영 장비에 심한 손상을 입힐 수 있기 때문입니다. 되도록 야외용 삼각대를 이용해 촬영할 때는 바람의 영향을 덜 받고 안정적인 지형에서 촬영하는 것이 안전합니다.

그림 3-26 요이치 욜로사의 셀카봉 삼각대 WT800

그림 3-27 슈피겐사의 삼각대 셀카봉 2세대

흔들림을 기계의 힘으로 잡아주는 짐벌

짐벌은 카메라 촬영 시 흔들림을 잡아주는 일종의 '수평을 맞춰주는 장치'입니다. 짐벌 안에는 가속도 센서와 자이로센서가 탑재돼 있어 회전 방향이나 기울어짐 등을 측정하고 내장된 모터를 이용해 회전 및 기울어짐에 따라 항상 수평을 유지하거나 원하는 방향을 바라볼 수 있게 합니다. 사용자가 움직일 때마다 센서가 작동해 언제나 수평을 맞춰주기 때문에 영상의 흔들림을 잡아줍니다.

짐벌은 일반적인 삼각대와 달리 전력이 필요합니다. 대부분이 배터리 방식이라 충전한 후에 사용해야 하며 작동 시간이 있습니다. 여행이나 촬영에 앞서 반드시 짐벌의 전원을 켜보고 배터리가 충분히 남아있는지 확인해야 난감한 상황을 예방할 수 있습니다.

그림 3-28 DJI사의 로닌 SC (DSLR 카메라용)　　　　　그림 3-29 지윤텍사의 Smooth 4

3.4 │ 조명

조명은 빛의 밝기를 조정해 영상의 전체적인 분위기를 연출합니다. 조명의 주된 기능은 피사체를 충분히 '밝게' 비추는 것입니다. 또한 빛은 고유의 '광색'이 있습니다. 백열전구 아래에 있는 음식은 붉은색 계열이 주는 느낌 때문에 훨씬 먹음직스럽게 느껴집니다. 또한, 인물과 배경을 분리해 인물에 좀 더 입체감을 부여합니다. 그래서 조명을 사용했을 때와 사용하지 않았을 때의 느낌은 확연한 차이가 납니다.

조명을 통해 밝고 화사한 분위기를 연출할 수 있어서 뷰티 방송이나 제품 리뷰를 하는 유튜버는 조명을 적극적으로 활용합니다. 방송 촬영에 주로 사용하는 조명은 대체로 사각형 모양의 룩스 패드(Lux Pad) 조명이나 둥그런 모양의 링 라이트(Ring Light) 조명입니다.

그림 3-30 룩스패드 43h   그림 3-31 대한사의 LED 링 라이트

보통 조명의 크기에 따라 같은 브랜드의 제품이라고 해도 가격이 달라집니다. 크기가 큰 조명이 더 많은 양의 빛을 발산하지만, 그와 함께 가격도 높아집니다. 대체로 유튜브 방송용으로 사용되는 조명은 색온도 2700K에서 5600K까지 나타낼 수 있으며 색온도에 따라 차가운 느낌에서 따뜻한 느낌까지 조명의 색이 달라집니다.

조명은 어떻게 설정하느냐에 따라 피사체의 모습을 다르게 나타냅니다. 가장 기본적으로 사용되는 조명 설정 방법은 3점 조명입니다. 3점 조명은 말 그대로 3개의 조명을 사용하는 방식으로 키 라이트(Key Light), 필 라이트(Fill Light), 백 라이트(Back Light)의 3종류로 나눌 수 있습니다.

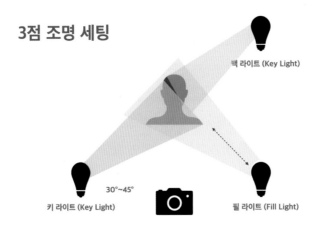

3점 조명 세팅

백 라이트 (Key Light)

30°~45°

키 라이트 (Key Light)   필 라이트 (Fill Light)

그림 3-32 3점 조명 설정 방법

키 라이트(Key Light)는 가장 주가 되는 조명입니다. 키 라이트 조명은 카메라가 인물의 정면을 촬영하는 것을 기준으로 45° 정도 틀어진 측면에 설치합니다. 혹은 인공적인 빛이 아닌 창문을 통해 들어오는 햇빛이 키 라이트가 될 수 있습니다. 키 라이트를 어디에 비출지는 연출자가 피사체의

특징을 잘 관찰해 결정합니다. 앞머리가 비스듬히 있는 사람은 키 라이트를 비췄을 때 앞머리로 인해 그림자가 생기지 않는 방향으로 키 라이트를 비춰야 합니다.

필 라이트(Fill Light)는 키 라이트로 생긴 그림자를 완화하기 위한 목적으로 사용됩니다. 혹은 키 라이트로 비치지 않은 부분의 조명으로도 사용됩니다. 이러한 목적을 달성하기 위해 키 라이트의 비스듬한 전방 반대쪽에 조명을 설치합니다. 필 라이트는 어디까지나 키 라이트를 보완하기 위한 조명이기 때문에 위치나 각도, 세기가 달라질 수 있습니다. 예를 들어 키 라이트의 조명 세기를 100이라고 한다면 필 라이트는 그것보다 좀 더 완화한 50의 강도로 인물을 비출 수 있습니다. 위치도 피사체로부터 가까이 혹은 멀리 떨어지게 배치해 필 라이트로 인해 새로운 그림자가 생기지 않게 주의합니다. 일반적으로 보통 키 라이트보다 정면에 가까운 위치에서 비춥니다. 예를 들어 키 라이트를 왼쪽 45도 위치에 놓는다면 필 라이트를 오른쪽 30도의 위치에서 비추는 등 각도를 조금씩 조정하는 식입니다.

백 라이트(Back Light)는 피사체의 윤곽을 뚜렷하게 만드는 데 그 목적이 있습니다. 배경이 어두운 검정 계열이라면 피사체의 검은 머리카락과 잘 구별되지 않아 다소 밋밋하게 보입니다. 이때 백 라이트를 머리카락과 어깨선 쪽으로 비추면 피사체와 배경의 경계가 뚜렷해지기 때문에 입체감과 질감이 향상됩니다. 백 라이트가 셀수록 극적이고 인위적인 분위기가 연출되며, 반대로 백 라이트가 약할수록 자연스러운 느낌을 연출할 수 있습니다. 백 라이트는 인물의 뒤쪽에서 키 라이트와 마주 보는 식으로 비춥니다.

3.5 크로마키 배경

일기예보 기상캐스터들이 실제 스튜디오에서 일기예보를 하는 모습을 보면 아무것도 없는 녹색 배경 앞에서 이런저런 손짓으로 기상 현황을 알려주고 예보를 합니다. 그 녹색 배경을 제거하고 지도와 날씨 그래픽을 합성해 우리가 TV에서 보는 일기예보 영상이 만들어집니다. 영화 촬영 현장에서도 CG가 많이 들어가는 신(scene)에서는 배우들이 녹색으로 된 천 배경을 두고 연기하는 모습을 볼 수 있습니다. 이 역시 녹색으로 된 배경 부분을 편집 작업에서 제거하고 다른 요소를 합성해 새로운 이미지로 연출합니다.

이처럼 전문적인 방송국과 영화 촬영에서 쓰이던 크로마키는 1인 방송에서도 널리 사용되고 있습니다. 특히 실시간 스트리밍 게임 방송을 하는 유튜버나 BJ를 중심으로 녹색 크로마키 배경이 많이 활용됩니다. 실시간 스트리밍을 가능하게 해주는 소프트웨어에서 기본 기능으로 크로마키 기능이 지원되기 때문입니다. 배경을 날려주기 때문에 게임 BJ가 실제 게임 속에서 플레이하는 느낌으로 주로 연출합니다.

크로마키는 단순한 천을 배경으로 이뤄진 장비입니다. 설치 형태에 따라 크게 3종류로 나눠볼 수 있습니다.

1. 스탠드에 걸어서 사용하는 배경 천 스타일

2. 롤스크린에 설치해 올렸다 내렸다 하는 스타일

3. 한 번에 펼치고 접을 수 있는 이동식 원터치 스타일

배경 천 스타일   롤스크린 스타일   원터치 스타일

그림 3-33 설치 형태에 따라 나눈 크로마키 배경

크로마키 배경을 구입할 때는 배경에 굴곡이 생기지 않아야 한다는 점을 염두에 두고 구매해야 합니다. 롤스크린은 위에서 아래로 내려주기 때문에 비교적 굴곡이 적게 생기지만, 스탠드형은 고정 집게를 이용해 주름이 생기지 않게 쫙 펴야 원하는 결과물을 얻을 수 있습니다. 이동식으로 들고 다닐 수 있는 원터치형은 밝은 햇빛이 비치는 야외에서 사용하기에는 적합하지만, 어둡고 조명이 일정치 않은 실내에서는 다소 실망스러운 결과물이 나올 수 있습니다.

또한 스크린 배경의 사이즈가 너무 작지 않게 넉넉한 사이즈로 구매하면 좀 더 안정적인 촬영 환경과 좋은 결과물을 얻을 수 있습니다. 풀 샷으로 사람을 머리끝에서 발끝까지 촬영한다면 적어도 길이는 3M 이상이 돼야 합니다. 또한 한 사람 혹은 두 사람 정도가 선다고 했을 때 너비는 2M 이상이 돼야 합니다.

3.6 실시간 스트리밍 방송을 위한 장비

코로나19 이후 비대면으로 실시간 스트리밍 방송을 이용한 연수, 강연, 예배 등의 수요가 늘고 실제로 많이 이뤄지고 있습니다. 필요성은 알고 있지만, 실제 어떻게 구현해야 할지 고민에 빠진 분을 위해 이번에는 실시간 스트리밍 방송에는 어떤 장비가 필요한지 살펴보겠습니다.

우선 컴퓨터만 이용해 실시간 스트리밍 방송을 하는 경우를 살펴보겠습니다. 이 경우에는 프레젠테이션(PPT)과 준비된 영상이 있으면 충분히 무료로 공개된 'OBS 스튜디오(Open Broadcasting System)[2]' 프로그램을 이용해 실시간 스트리밍 방송을 할 수 있습니다. OBS 스튜디오는 윈도우, macOS, 리눅스에서도 작동하며 무료로 공개된 오픈소스 소프트웨어이고 전 세계적으로도 많이 사용됩니다. 또한 영상이 필요한 경우 웹캠을 이용해 비디오 신호를 방송용 디지털 신호로 변환할 수 있으며 음성이 필요한 경우 마이크를 이용해 사람의 목소리를 디지털 신호로 변환해줍니다.

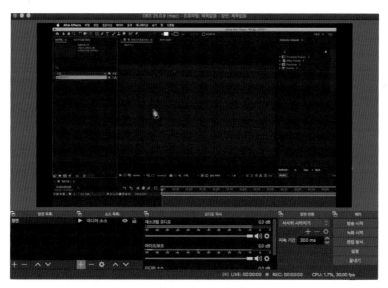

그림 3-34 실시간 라이브 방송을 가능하게 하는 무료 소프트웨어 OBS 스튜디오

유튜브와 같은 실시간 방송 플랫폼에서 제공하는 자신의 고유한 스트림 키를 복사해 OBS 스튜디오에 입력하면 실시간으로 여러분의 프레젠테이션이나 준비된 영상을 라이브 방송으로 내보낼 수

---

2   OBS 스튜디오는 일종의 인코더 소프트웨어입니다. 인코더는 비디오, 오디오와 같은 아날로그 신호를 디지털로 변환하는 역할을 합니다. 이를 소프트웨어 방식으로 변환할 수도 있으며 물리적인 하드웨어를 이용해 변환할 수도 있습니다. OBS 스튜디오는 소프트웨어 방식으로 아날로그 신호를 디지털 신호로 변환해줍니다.

있습니다. 스트림 키는 여러분의 PC와 실시간 방송 플랫폼을 연결해주는 일종의 다리 같은 역할을 합니다. 유튜브를 예로 들면 다음 그림과 같은 관계입니다.

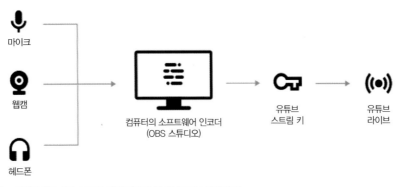

그림 3-35 소프트웨어 인코더와 스트림 키의 관계도 (출처: 유튜브 고객센터)

여러 개의 카메라와 마이크를 사용해 전문적인 방송 형태로 진행해야 한다면 앞서 살펴본 소프트웨어 인코더를 이용해 라이브 방송을 하기에는 무리가 있습니다. 이럴 때는 전문적으로 아날로그 신호를 디지털로 변환해주는 인코더를 이용해 하드웨어 방식으로 변경해야 합니다. 하드웨어 방식의 인코더에는 비디오 믹서(=비디오 스위처)와 오디오 믹서가 있습니다.

카메라를 2개 이상 사용한다면 비디오 믹서를 이용할 수 있습니다. 비디오 믹서는 다른 말로는 '비디오 스위처'로도 불립니다. 입력받은 여러 개의 비디오 신호 중에서 실제 방송에 보낼 신호를 선택하는 것이 주된 기능이라 할 수 있습니다. 비디오 믹서는 비디오 신호를 입력받을 수 있는 채널의 개수에 따라 가격대가 달라집니다. 4채널, 8채널, 12채널 등 다양한 형태가 있습니다. 만약 4채널 방식이라면 비디오 신호를 최대 4개까지 입력받고 처리할 수 있다는 뜻입니다. 즉 4채널의 비디오 믹서에서는 최대 4대의 카메라를 연결할 수 있습니다. 최근에 나오는 제품들은 HDMI 방식으로 입력 및 출력을 처리합니다. 또한 USB 포트가 있는 제품은 USB 연결을 통해 웹캠의 화면을 실시간 방송으로 송출할 수 있습니다. 여기에 부가적인 기능으로 영상을 합성하거나 특수효과를 넣을 수도 있습니다. 구체적으로 화면 속의 화면(P.I.P.) 기능과 크로마키 기능, 트랜지션 효과가 제공되는지 비디오 믹서를 구매할 때 살펴봐야 합니다.

그림 3-36 비디오 스위처 ATEM Mini   그림 3-37 비디오 스위처 Roland V1HD

오디오 믹서를 사용해 여러 오디오 신호를 처리할 수 있습니다. 가령 팟캐스트와 같이 여러 개의 마이크를 이용해 여러 사람이 방송한다거나 라이브 공연과 같이 보컬, 악기 등의 오디오 신호를 처리한다면 각각의 소리를 서로 어울리게 조합해 두 개의 채널(스테레오)로 들을 수 있게 해야 합니다. 이 과정에서 필요한 것이 오디오 믹서입니다. 단순히 소리를 섞어주는 기능에 추가로 마이크에서 출력된 신호를 증폭해주는 기능과 음색을 조정하는 이퀄라이저와 이펙트 기능이 지원되는 제품도 있습니다. 여러 출연자가 등장하는 팟캐스트나 라이브 음악 방송을 한다면 오디오 믹서는 반드시 갖춰야 하는 장비입니다.

그림 3-38 야마하사의 오디오 믹서 AG06   그림 3-39 베링거사의 오디오 믹서 XENYX-302

하드웨어 방식의 인코더를 사용하면 다양한 비디오와 오디오 신호를 이용할 수 있고, 더욱 안정적으로 라이브 방송을 할 수 있습니다. 그렇다면 '하드웨어 인코더를 따로 구입해야 하는가?'라는 질문이 생깁니다. 장비에 투자할 여력이 충분하다면 별도의 라이브 스트리밍용 스위처를 구입할 수 있습니다. 하지만 처음 시작하는 입장에서는 오픈 소스로 공개된 'OBS 스튜디오'를 이용해도 충분히 라이브 스트리밍 방송을 소화할 수 있습니다. 또한 PC에 설치된 그래픽 카드를 이용하면 더욱 안정적으로 라이브 스트리밍 방송을 할 수 있습니다.

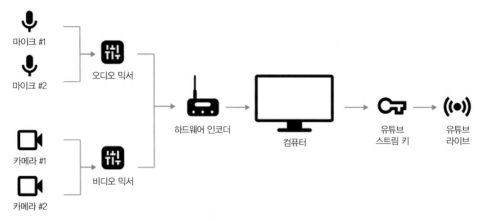

마이크 #1
마이크 #2
오디오 믹서

카메라 #1
카메라 #2
비디오 믹서

하드웨어 인코더

컴퓨터

유튜브
스트림 키

유튜브
라이브

그림 3-40 비디오 믹서와 오디오 믹서를 사용한 실시간 방송 개념도 (출처: 유튜브 고객센터)

OBS 스튜디오에서는 [설정] - [출력] - [인코더]에서 소프트웨어 인코더(x264) 방식 혹은 하드웨어 인코더(NVENC, 퀵 싱크, Apple VT H.264) 방식을 선택할 수 있습니다. 하드웨어 인코더 방식이 지원된다면 하드웨어 인코더 옵션을 선택하는 것을 권장합니다.

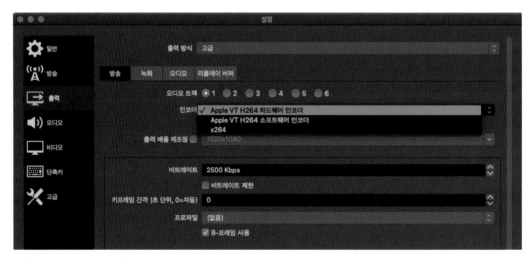

그림 3-41 OBS 인코더 설정 방식 변경하기

3.7 편집 프로그램

많은 분들이 어떤 영상 편집 프로그램을 사용해야 하는지 궁금해합니다. 유튜브에 올라오는 영상들의 편집 툴로는 대부분 어도비의 프리미어 프로나 애플의 파이널 컷 프로를 사용합니다. 여러 편집 프로그램들이 있지만 결국은 두 프로그램 중에서 어느 프로그램으로 편집할 것인지로 귀결됩니다.

저는 대부분 영상을 파이널 컷 프로로 편집합니다. '빠르크의 3분 강좌' 유튜브 채널에도 대부분 파이널 컷 프로와 관련된 강좌와 콘텐츠가 많습니다. 하지만 영상을 처음 배우는 분에게는 먼저 어도비 프리미어 프로를 배우기를 권유합니다. 의외라고 생각할 수도 있겠지만, 처음 배우는 분들에게 어도비 프리미어 프로를 권유해드리는 이유는 다음과 같습니다.

첫째, 윈도우와 macOS에서 실행할 수 있는 프로그램이기 때문입니다. 애플의 파이널 컷 프로는 애플의 전용 운영체제인 macOS에서만 설치되고 실행됩니다. 따라서 파이널 컷 프로를 배우려면 맥이 필요합니다. 하지만 프리미어 프로는 맥에 비해 상대적으로 저렴한 윈도우 PC에서도 실행됩니다. 프로그램 실행을 위해 따로 전용 디바이스를 사지 않아도 됩니다.

둘째, 높은 전이성입니다. 프리미어 프로는 영상 편집 프로그램의 표준이라 할 만큼 그 인터페이스나 기능이 다른 영상 편집 프로그램에 많은 영향을 주었습니다. 따라서 프리미어 프로를 잘 익혀두면 다른 편집 프로그램을 배울 때도 어렵지 않게 적응할 수 있습니다. 저도 처음에는 프리미어 프로로 영상 편집을 배웠습니다. 프리미어 프로의 개념과 기능을 알아둔 상태였기 때문에 파이널 컷 프로를 배울 때도 어렵지 않게 적응할 수 있었습니다.

셋째, 사용자가 많습니다. 사용자가 많기 때문에 관련 서적이나 자료도 쉽게 접할 수 있고, 유튜브에 강좌 영상도 많이 업로드되어 있습니다. 따라서 좀 더 쉽게 배울 수 있으며 영상 편집에 필요한 소스나 자료를 구하기가 쉽습니다. 특히 처음 배우는 초보자 입장에서 어려움에 부딪혔을 때 이를 해결할 수 있는 방법을 쉽게 찾을 수 있다는 점이 매력적입니다.

이러한 이유 때문에 영상 편집을 처음 배우는 분들에게 프리미어 프로를 추천합니다.

하지만 단점 또한 분명히 있습니다. 윈도우 PC에서 실행되지만, 그만큼 PC의 사양이 좋아야 합니다. 프리미어 프로의 최소 사양으로 8GB의 램 메모리와 2GB 이상의 비디오 그래픽 카드 메모리를 탑재한 PC가 필요합니다. 높은 PC 사양을 요구하는 만큼 프로그램이 다소 무겁습니다. 그래서 인지 편집 과정에서 불안정한 상황이 발생할 때가 있습니다.

또한 프로그램이 구독형 방식이기 때문에 소프트웨어 실행을 위해 구독을 유지해야 하는 등 일정 비용이 발생합니다. 프로그램 사용 빈도가 낮다면 매달 구독을 위해 지불하는 비용이 상당히 아깝게 느껴집니다.

이 책은 프리미어 프로를 이용해서 유튜브 영상에 필요한 편집 방법을 익혀봅니다. 프로그램 사용 방법이 익숙해진다면 자연스레 프로그램을 사용하는 빈도도 잦아질 것입니다. 유튜브 영상을 통해 수익을 창출하여 프로그램 사용료를 지불해도 부담이 없을 정도라면 프리미어 프로를 이용해 편집 방법을 익히는 것이 결코 손해 보는 선택은 아닐 것입니다.

04장

프리미어 프로 설치하고 실행하기

4.1 프리미어 프로(Premiere Pro)를 소개합니다

프리미어 프로(Premiere Pro)는 어도비(Adobe)사에서 만든 영상 편집 전문 소프트웨어입니다. 1991년에 출시했으며 많은 버전업 끝에 현재 CC2021 버전까지 나왔습니다. 프리미어 프로는 전 세계 많은 사람이 사용하는 영상 편집 프로그램입니다. 또한, 국내에서도 영상 전문 프로덕션, 스튜디오, 개인 영상 제작자가 즐겨 사용하고 선호하는 프로그램입니다.

© 1991-2021 Adobe. All rights reserved.

Dan Cowles의 작품. 자세한 정보 및 법적 고지 사항을 확인하려면 Premiere Pro 정보 화면으로 이동하십시오.

로딩 중: AEFilterBasic_3D.bundle

그림 4-1 프리미어 프로 CC2021 버전

최근 들어 영상 편집에 관한 관심이 높아지고 유튜브와 같은 영상 플랫폼의 발달과 성장으로 영상 편집에 입문하는 사람이 많이 늘어났습니다. 스마트폰의 발달로 좀 더 쉽게 영상을 편집할 수 있는 애플리케이션도 출시됐습니다. 이러한 스마트폰 앱은 영상을 간편하게 만들 수 있다는 장점이 있지만, 영상 제작자의 생각과 느낌을 좀 더 세부적으로 표현하고자 할 때는 한계점이 있습니다. 애플리케이션의 기능에 제한이 있거나 추가로 구입해야 구현할 수 있다는 등의 어려움이 그것입니다. 이런 부분을 고려해 볼 때 프리미어 프로를 통해 영상 편집을 할 수 있다는 것은 여러분의 한계점을 사라지게 합니다. 프리미어 프로는 전 세계 많은 사람이 널리 사용하는 영상 편집 프로그램입니다. 전문가도 사용하는 툴이라 영상 편집에 필요한 기능이 모두 갖춰져 있습니다. 또한, 추가 구매 없이 여러 소스를 자유롭게 사용할 수 있기 때문에 표현의 제약이 없습니다. 이번 기회를 통해 프리미어 프로의 기본적인 사용 방법을 익히고, 실습을 통해 여러분에게 익숙한 도구가 될 수 있게 따라 해보세요.

어도비에서 공식적으로 밝힌 프리미어 프로의 시스템 요구 사항은 다음 표와 같습니다. 운영체제가 윈도우인지 macOS인지에 따라 조금 차이가 있습니다. 시스템 요구 사항을 충족하지 못하면 설치가 안 될 수도 있습니다. 따라서 설치하기 전에 시스템 요구 사항을 참고하기 바랍니다.

표 4-1 프리미어 프로 시스템 요구 사항 (윈도우)

	최소 사양	권장 사양
프로세서	Intel® 6세대 이상 CPU 또는 AMD Ryzen™ 1000시리즈 이상 CPU	Intel® 7세대 이상 CPU 또는 AMD Ryzen™ 3000시리즈 이상 CPU
운영체제	Microsoft Windows 10 (64비트) 버전 1803 이상	Microsoft Windows 10 (64비트) 버전 1809 이상
RAM	8GB RAM	16GB (HD 미디어용) 32GB (4K 미디어용)
GPU	2GB GPU VRAM	4GB GPU VRAM
하드디스크 공간	▪ 설치를 위한 8GB의 하드디스크 여유 공간, 설치 중 추가 공간 필요(이동식 플래시 스토리지에는 설치되지 않음) ▪ 미디어용 추가 고속 드라이브	▪ 앱 설치 및 캐시용 고속 내장 SSD ▪ 미디어용 추가 고속 드라이브
모니터 해상도	1280 x 800	1920 x 1080 이상

	최소 사양	권장 사양
사운드 카드	ASIO 호환 또는 Microsoft Windows 드라이버 모델	
네트워크 연결	1기가비트 이더넷(HD만 해당)	10기가비트 이더넷(4K 공유 네트워크 워크플로)
인터넷	소프트웨어 활성화 및 구독 확인을 위해 인터넷 연결 및 등록 필요	

표 4-2 프리미어 프로 시스템 요구 사항 (macOS)

	최소 사양	권장 사양
프로세서	®Intel 6세대 이상의 CPU	
운영 체제	macOS v10.14 (모하비) 이상	
RAM	8GB RAM	16GB (HD 미디어용) 32GB (4K 미디어용)
GPU	2GB GPU VRAM	4GB GPU VRAM
하드디스크 공간	▪ 설치를 위한 8GB의 하드 디스크 여유 공간, 설치 중 추가 공간 필요(이동식 플래시 스토리지에는 설치되지 않음) ▪ 미디어용 추가 고속 드라이브	▪ 앱 설치 및 캐시용 고속 내장 SSD ▪ 미디어용 추가 고속 드라이브
모니터 해상도	1280 x 800	1920 x 1080 이상
인터넷	소프트웨어 활성화 및 구독 확인을 위해 인터넷 연결 및 등록 필요	
네트워크 연결	1기가비트 이더넷(HD만 해당)	10기가비트 이더넷(4K 공유 네트워크 워크플로)

4.2 프리미어 프로 설치하기

프리미어 프로의 무료 체험판(1주일 사용 가능)은 어도비 공식 사이트(adobe.com)에서 내려받을 수 있습니다. 설치 방법에는 2가지가 있는데, 첫 번째 방법은 어도비 공식 사이트에 접속한 후 프리미어 프로 페이지에서 무료 체험판을 내려받는 방법입니다. 이 방법은 무료 체험판을 내려받기 전에 결제를 위한 정보를 입력해야 하며 무료 체험판 기간이 끝난 이후 자동으로 결제가 진행됩니다. 자동 결제를 하지 않고 무료 체험판만 이용하려면 무료 체험 기간 내에 결제를 해지하면 됩니다.

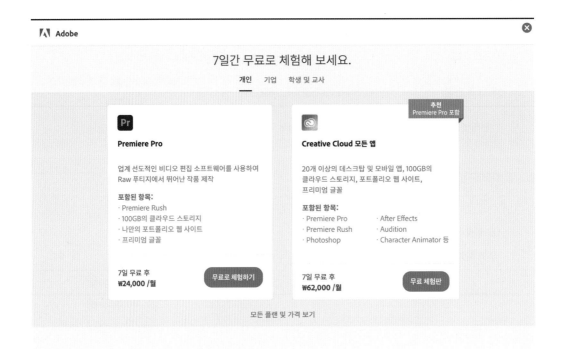

그림 4-2 어도비 공식 홈페이지에서 무료 체험판을 내려받기 전 결제 안내 페이지

두 번째 방법은 어도비 크리에이티브 클라우드 앱을 설치해 클라우드 앱에서 프리미어 프로 무료 체험판을 설치하는 방법입니다. 이 방법을 이용하면 결제 정보를 따로 입력하지 않고도 무료 체험판을 이용할 수 있습니다. 1주일의 기간이 지나면 더는 실행되지 않으니 이를 염두에 두고 이용하면 됩니다.

01 어도비 크리에이티브 클라우드 앱은 다음과 같은 방법으로 내려받을 수 있습니다. 인터넷 브라우저를 열고 구글에서 '어도비 크리에이티브 클라우드 앱 다운로드'라고 검색합니다. 검색 결과 중에서 맨 처음 나오는 페이지를 클릭해 이동합니다.

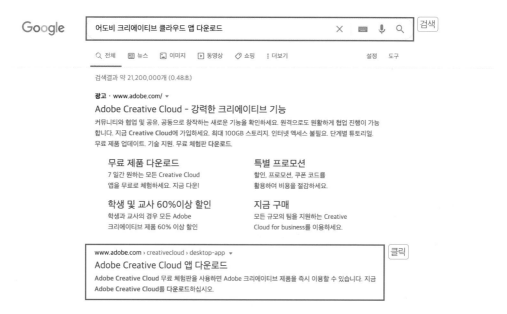

그림 4-3 어도비 크리에이티브 클라우드 앱 다운로드 검색

02 어도비 크리에이티브 클라우드 앱 페이지로 이동했습니다. 크리에이티브 클라우드 앱은 PC
에서 어도비사의 프로그램을 설치하고 실행을 관리하는 프로그램입니다. 버튼만 누르면 설치
와 실행을 간단하게 할 수 있으며 프로그램 삭제도 할 수 있습니다. 페이지 중앙에 있는 [다운
로드] 버튼을 클릭합니다.

그림 4-4 크리에이티브 클라우드 앱 다운로드 버튼

03 로그인을 요구하는 화면으로 넘어갑니다. 어도비 계정이 없는 경우 [계정 만들기] 링크를 선
택해 계정을 만들 수 있습니다. 구글, 페이스북, 애플 계정이 있는 경우 해당 계정 정보를 이
용해 간편하게 어도비 계정을 생성할 수 있습니다.

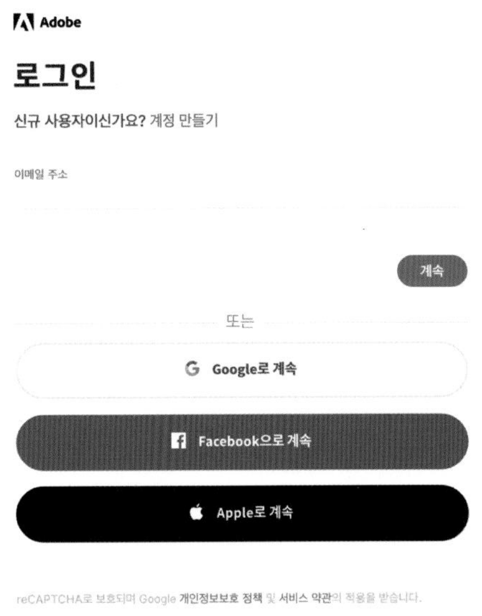

로그인

신규 사용자이신가요? 계정 만들기

이메일 주소

계속

또는

G Google로 계속

f Facebook으로 계속

🍎 Apple로 계속

reCAPTCHA로 보호되며 Google 개인정보보호 정책 및 서비스 약관이 적용을 받습니다.

그림 4-5 어도비 계정 로그인 창

04 계정에 로그인하면 PC에 크리에이티브 클라우드 앱의 설치 파일 다운로드가 진행됩니다. 다운로드 폴더에서 해당 설치 파일을 실행합니다. 윈도우와 macOS 운영체제 모두 구글 크롬 브라우저를 이용해 설치 파일을 내려받으면 다음 그림과 같이 왼쪽 아래에 내려받은 파일이 표시됩니다. 설치 파일을 더블 클릭해 설치를 진행합니다.

아래 안내에 따라 Creative Cloud을(를) 설치하십시오.

설치 관리자를 클릭한 다음 화면에 표시되는 안내를 따르십시오.

설치 파일 더블 클릭

Creative_Cloud_Se....exe

Show all

그림 4-6 크리에이티브 클라우드 앱의 설치 파일 내려받기

05 어도비 크리에이티브 클라우드 앱을 실행하면 다음과 같은 화면을 볼 수 있습니다. 스크롤을 조금 내리다 보면 'Premiere Pro'가 나옵니다. 오른쪽에 있는 [체험판 시작] 버튼을 클릭하면 내려받기와 설치가 동시에 진행됩니다.

그림 4-7 어도비 크리에이티브 클라우드 앱에서 프리미어 프로 설치하기

어도비 크리에이티브 클라우드 앱에서 언어 설정하기

설치하기 전 어도비 크리에이티브 클라우드 앱에서 언어를 설정할 수 있습니다. 언어를 '한국어'로 설정하면 한국어 버전의 프리미어 프로를 설치할 수 있습니다. '영어'로 설정하면 영문 버전의 프리미어 프로를 설치할 수 있습니다. 언어 설정 방법은 다음과 같습니다.

먼저 어도비 크리에이티브 클라우드 앱을 실행한 후 오른쪽 상단 프로필을 클릭합니다. 메뉴가 나타나면 [환경 설정]을 클릭합니다.

그림 4-8 어도비 크리에이티브 클라우드 앱에서 환경 설정으로 이동

'환경 설정' 대화 상자의 왼쪽 메뉴에서 [앱]을 클릭합니다. 오른쪽 화면에서 스크롤을 아래쪽으로 내리면 '설치' – '기본 설치 언어' 목록이 있습니다. 목록을 클릭한 후 '한국어'를 선택하면 한국어 버전의 어도비 프로그램을 설치할 수 있습니다. 이미 영문으로 설치했다면 프리미어프로 내부 콘솔 창에서 한국어 버전으로 변경할 수 있습니다. 이 책에서는 한국어를 기준으로 설명합니다.

그림 4-9 기본 설치 언어 변경하기

06 이처럼 두 가지 방법을 살펴봤지만, 결국 마지막 종착지는 어도비 크리에이티브 클라우드 앱의 설치와 실행입니다. 크리에이티브 클라우드 앱에서 어도비 프로그램을 설치 및 실행할 수 있기 때문입니다. 이처럼 프리미어 프로를 비롯한 어도비의 프로그램들은 매년 또는 매월 일정한 비용을 지불하고 사용할 수 있는 권한을 갱신하는 구독제 시스템으로 운영됩니다. 따라서 프로그램을 사용하려면 일정한 비용을 지불해야 합니다. 개인을 기준으로 프리미어 프로만 구독하면 매월 24,000원의 비용을 지불해야 합니다. 교사 및 학생은 할인 제도가 있어 어도비의 모든 제품을 처음 1년 동안은 매월 23,100원으로 이용할 수 있습니다(2021년 2월 기준).

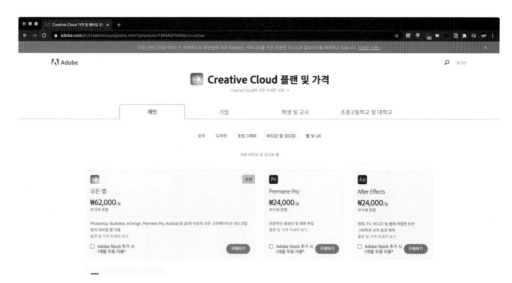

그림 4-10 어도비 크리에이티브 클라우드의 플랜 및 가격

4.3 프리미어 프로의 실행과 인터페이스

01 설치 작업이 끝난 후 크리에이티브 클라우드 앱에서 프리미어 프로를 실행합니다. 혹은 다음 그림과 같이 설치된 프로그램 목록에서 프리미어 프로의 아이콘을 클릭해 실행할 수 있습니다. 프리미어 프로를 실행하는 과정에서 프리미어 프로 폴더에 있는 각종 이펙트와 플러그인을 검색하며 프로그램에서 실행할 수 있게 준비하는데, 이 과정에 조금 시간이 소요될 수 있습니다.

그림 4-11 프리미어 프로 CC 2021 아이콘

02 프리미어 프로를 실행하면 다음 그림과 같은 시작 화면이 나옵니다. 시작 화면의 왼쪽에는 새로운 프로젝트를 시작하거나 기존 프로젝트를 열 수 있는 버튼이 있습니다. 시작 화면 오른쪽에는 온라인에서 제공되는 프리미어 프로 튜토리얼 콘텐츠와 작업했던 프로젝트 등을 확인하

고 열어볼 수 있습니다. 튜토리얼 콘텐츠는 처음 프리미어 프로를 시작하는 분도 실습해 볼
수 있는 프로젝트를 지원합니다.

03 우선 새로운 프로젝트를 만들어보겠습니다. [새 프로젝트 만들기]를 클릭합니다.

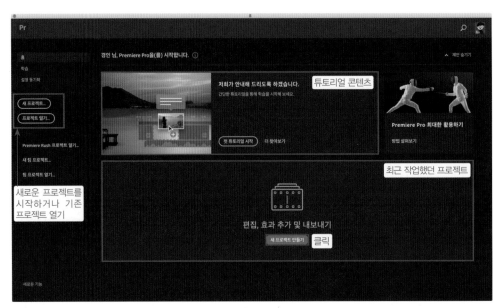

그림 4-12 프리미어 프로의 시작 화면에서 [새 프로젝트 만들기]

04 새 프로젝트의 옵션을 설정하는 창이 나타납니다. 이름에 프로젝트의 제목을 입력합니다. 그
리고 위치에 프로젝트 파일을 저장할 경로만 지정하면 됩니다. 프리미어 프로의 프로젝트 파
일 확장자는 prproj입니다. 프로젝트의 이름을 다음과 같이 '첫 프로젝트'라고 한다면 여러분
이 지정한 위치에 '첫 프로젝트.prproj'라고 저장됩니다. 아래의 [확인] 버튼을 클릭하면 다음
과정으로 넘어갑니다.

그림 4-13 프로젝트의 이름과 위치 지정하기

05 처음 프로젝트를 실행하면 다음과 같은 화면이 나타납니다. 우선 이 화면에 있는 각 영역이 어떤 영역이고, 어떻게 쓰는 것인지 살펴보겠습니다. 크게 4개의 영역으로 나눠볼 수 있습니다. 영역을 편의상 '패널(Panel)'로 부르겠습니다. 화면 상단을 기준으로 가장 왼쪽부터 시계 방향으로 소스(Source) 패널, 프로그램(Program) 패널, 타임라인(Timeline) 패널, 프로젝트 (Project) 패널입니다.

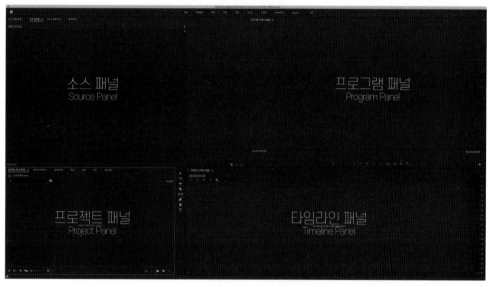

그림 4-14 프리미어 프로의 주요 패널들

06 프리미어 프로의 화면을 크게 상단과 하단으로 나눠보면 상단에는 주로 모니터 역할을 하는 패널이 배치돼 있습니다. 앞서 '소스 패널'과 '프로그램 패널'이라고 설명했는데, 이 둘은 '소스 모니터 패널' 및 '프로그램 모니터 패널'로 부르기도 합니다. 모니터는 주로 어떤 역할을 할까요? 뭔가 보여주는 역할을 합니다. 무엇을 보여주느냐에 따라 앞에 붙는 명칭이 달라집니다. 편집하기 전, 날 것 그대로의 영상이나 오디오 등의 소스를 표시하는 패널이 소스 패널입니다. 반대로 어떤 편집 작업을 거친, 즉 가공한 영상은 프로그램 패널에 표시됩니다. 다음 그림을 보면 소스 패널과 프로그램 패널의 차이를 알 수 있습니다. 소스 패널은 가공하기 전의 영상 소스, 프로그램 패널은 자막이나 이펙트를 추가한 가공 후의 모습이 표시됩니다.

소스 패널 편집하기 전, 날 것 그대로의 영상이나
오디오 소스를 표시   프로그램 패널 편집 작업을 거친, 즉 가공한 영상

그림 4-15 소스 패널과 프로그램 패널의 차이

07 왼쪽 하단에 자리한 프로젝트 패널은 영상 편집에 필요한 비디오 소스, 오디오 소스, 이미지,
자막 타이틀, 시퀀스 등의 작업용 소스들을 관리하는 중요한 패널입니다. 편집해야 할 영상이
많아질수록 이러한 작업용 소스도 많아집니다. 따라서 프로젝트 패널에서 어떻게 소스를 관
리하고 탐색할 수 있을지를 염두에 두고 패널의 기능을 살펴봐야 합니다.

프로젝트 패널
비디오 소스, 오디오 소스, 이미지, 자막 타이틀,
시퀀스 등의 작업용 소스들을 관리

그림 4-16 작업용 소스를 관리하는 프로젝트 패널

프로젝트 패널에서 소스 파일을 보는 방법은 3가지 모드가 있습니다.

- **목록 보기**: 소스 파일을 파일명으로 간략하게 표시합니다. 소스 파일이 많을 때는 목록 보기로 간편하게 확인할 수 있습니다. 목록 보기의 장점은 세부적인 정보를 목록으로 확인할 수 있다는 점입니다. 예를 들어 비디오 파일은 초당 프레임 수, 해상도, 영상의 길이, 지속 시간 등의 정보를 표시합니다.

그림 4-17 프로젝트 패널 – 목록 보기

- **아이콘 보기**: 영상 파일의 내용을 썸네일로 보여줍니다. 한눈에 어떤 내용이 포함된 영상 파일인지 확인할 수 있습니다.

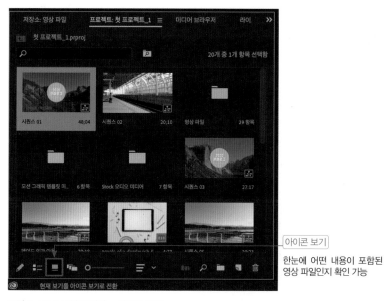

그림 4-18 프로젝트 패널 – 아이콘 보기

■ **자유형 보기**: 썸네일을 볼 수 있다는 점에서 아이콘 보기와 비슷합니다. 다만 슬라이더를 드래그해 크기를 상세하게 조정할 수 있습니다.

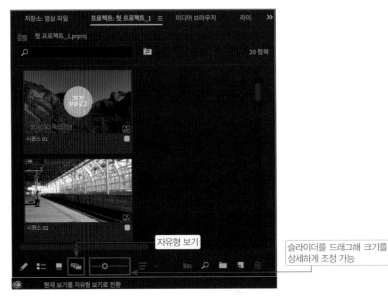

그림 4–19 프로젝트 패널 – 자유형 보기

08 또한 프로젝트 패널에서는 '새 저장소'라는 폴더를 생성할 수 있습니다. 폴더를 생성해 특정 소스 파일들을 해당 폴더로 이동시킬 수 있습니다. 영상 소스 파일, 자막 파일, 배경 그림 파일, 배경 음악 파일, 효과음 등 다양한 폴더를 생성할 수 있습니다. 이처럼 소스 파일을 폴더로 배치하고 관리하면 편집 작업을 좀 더 효율적으로 할 수 있습니다.

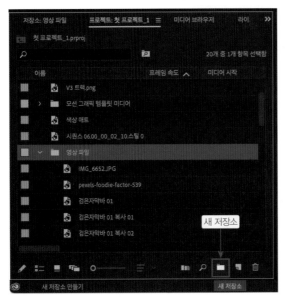

그림 4–20 새 저장소 기능을 이용해 폴더를 생성해 소스 파일 관리하기

09 일반적으로 영상 소스 파일은 '가져오기(Import)' 기능(5장 참조)을 이용해 프로젝트 패널에 추가합니다. 반대로 프로젝트 패널에서 소스 파일을 삭제할 때는 어떻게 할까요? 프로젝트 패널의 오른쪽 아래에는 쓰레기통 모양의 '지우기' 아이콘이 있습니다. 이 버튼을 이용해 프로젝트 패널에 추가된 파일이나 폴더를 삭제할 수 있습니다. 삭제할 경우 원본 파일에는 아무런 영향을 미치지 않고 프로젝트 패널에서만 사라집니다.

그림 4-21 프로젝트 패널 – 지우기 버튼

10 타임라인 패널은 실제로 편집 작업을 하는 패널입니다. '시퀀스'를 만들면 타임라인 패널에 타임라인이 활성화됩니다. 타임라인은 비디오 트랙과 오디오 트랙으로 구성돼 있습니다. 이 타임라인에 비디오와 오디오를 적절하게 배치하고, 불필요한 부분은 잘라내고, 여러 자막 타이틀과 이펙트를 추가하면서 편집 작업을 하게 됩니다. 타임라인 패널에서 가장 중요한 부분은 플레이 헤드와 타임 코드를 이해하고 원하는 시간대로 능숙하게 이동할 수 있는 것입니다. 이 부분은 다음 장에서 더 자세히 다루겠습니다.

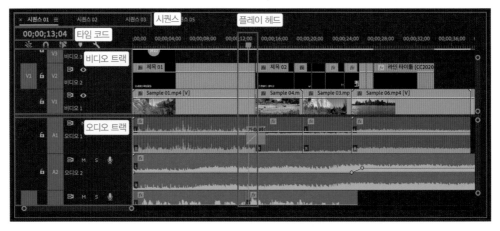

그림 4-22 타임라인 패널

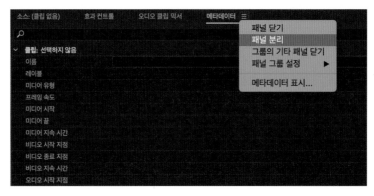
11 이번에는 화면 상단의 중앙을 살펴보겠습니다. 작은 글씨로 학습, 어셈블리, 편집, 색상, 효과, 오디오 그래픽, 라이브러리 등과 같은 '작업 환경 설정 탭'이 있습니다. 프리미어 프로는 특정 작업에 맞게 패널의 레이아웃을 상단에 있는 작업 환경 설정 탭을 클릭하는 것으로 간단

하게 변경할 수 있습니다. 예를 들어 [색상] 탭을 클릭하면 색상 작업 환경에 맞게 패널이 재배치되고 색상 작업에 최적화된 모습을 확인할 수 있습니다.

그림 4-24 화면 상단 중앙에 있는 작업 영역 바로 가기

언제든지 처음 상태로 돌아갈 수 있는 '저장된 레이아웃으로 재설정'

초보자분들이 처음 프리미어 프로로 편집할 때 엉뚱한 부분을 클릭해 패널이 사라지거나 기존에 보고 있던 화면과 다른 모습으로 바뀐 화면을 보고 많이 당황해합니다. 이럴 때는 현재 활성화된 작업 영역(활성화된 탭은 파란색 글씨로 표시됩니다) 옆에 나타나는 작업 영역 메뉴 아이콘을 클릭합니다. 작업 영역 메뉴에서 [저장된 레이아웃으로 재설정(Reset to Saved Layout)]을 클릭하면 처음에 보던 작업 영역으로 패널이 다시 설정됩니다.

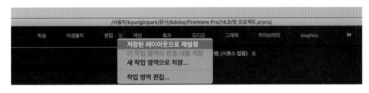

그림 4-25 작업 영역 메뉴 아이콘 클릭

---

12 상단의 작업 환경 탭을 눌러보면 늘 표시되는 패널이 있고 특정 작업 환경에서만 나타나는 패널이 있음을 알 수 있습니다. 그렇다면 특정 작업을 하려면 늘 이렇게 작업 환경을 전환해야 할까요? 그렇지 않습니다. 작업하다가 필요한 패널이 있으면 상단 메뉴에서 [창]을 클릭해 특정 패널을 활성화할 수 있습니다.

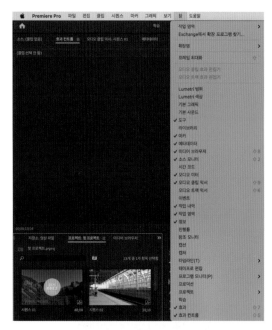

그림 4-26 상단에 있는 [창] 메뉴를 통해 패널 활성화하기

13 색 보정 작업을 할 때 사용되는 패널인 'Lumetri 색상'은 '작업 환경: 편집'에서는 비활성화된 패널입니다. 'Lumetri 색상' 패널을 활성화하고자 한다면 상단 메뉴에서 [창] - [Lumetri 색상]을 순서대로 클릭합니다. 이렇게 창 메뉴에서 활성화하고자 하는 패널을 선택하면 작업 환경이 '색상'이 아니어도 색 보정 작업을 할 수 있습니다. 다시 해당 패널을 닫고 싶다면 상단 메뉴에서 [창] - [Lumetri 색상] 패널을 순서대로 클릭합니다.

그림 4-27 작업 환경을 고정해놓고 특정 패널만 활성화

14 프리미어 프로 작업하면서 가장 후회되는 순간이 언제일까요? 바로 갑작스러운 상황으로 인해 프리미어 프로가 강제 종료될 때입니다. '소 잃고 외양간 고친다'라는 속담처럼 '강제 종료당하고 저장 옵션 고친다'라는 말을 뼈저리게 경험하지 않도록 미리 저장하는 방법을 알아두고, 자동으로 저장할 수 있는 옵션도 미리 설정해보겠습니다.

- 저장은 상단 메뉴에서 [파일] – [저장]을 선택합니다. 또는 단축키(Ctrl + S, ⌘command + S)를 이용해 쉽게 저장할 수 있습니다. 프로젝트를 저장하면 현재의 프로젝트 파일에 작업 과정이 그대로 저장됩니다.

그림 4-28 프로젝트 저장하기: 상단 메뉴에서 [파일] – [저장] 선택

- 다른 이름으로 저장(Shift + Ctrl + S, ⌘shift + command + S)은 프로젝트의 이름을 다르게 하여 저장할 수 있습니다.

그림 4-29 다른 이름으로 저장하기

- 복사본 저장(Alt + Ctrl + S, ⌘option + command + S)은 프로젝트의 복사본을 만들어 저장합니다.

그림 4-30 프로젝트 복사본 저장

- 모두 저장은 현재 열려있는 모든 프로젝트를 한 번에 저장합니다.

15 '자동 저장' 옵션을 설정하면 프로젝트 저장을 자동으로 프리미어 프로가 해주기 때문에 좀 더 안정적으로 백업할 수 있습니다. 자동 저장 옵션을 설정하려면 '환경 설정'[1] 메뉴에 들어가야 합니다. 환경 설정 창에서 왼쪽에 있는 [자동 저장] 탭을 클릭하면 자동 저장 간격, 최대 백업 프로젝트 파일 생성 개수를 지정할 수 있습니다. 기본값은 '15분 간격', '최대 20개 백업 프로젝트 생성'입니다. 이를 5~10분 간격으로 설정합니다.

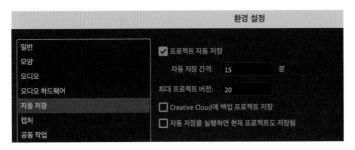

그림 4-31 자동 저장 옵션 설정하기

---

1 윈도우 환경에서는 상단 메뉴에서 [편집] - [환경 설정], macOS 환경에서는 상단 메뉴에서 [Premiere Pro] - [환경 설정]을 선택합니다.

16 이렇게 자동 저장된 파일은 프로젝트가 저장된 폴더의 [Premiere Pro Auto-Save] 폴더에 저장됩니다. 파일명이 '프로젝트 이름 - 저장 시간.prproj'로 저장되므로 파일명만 보고도 언제 생성된 파일인지 한눈에 확인할 수 있습니다. 해당 프로젝트 파일을 더블 클릭하거나 프리미어 프로를 실행한 다음 상단 메뉴에서 [파일] - [프로젝트 열기]를 선택해 프로젝트 파일을 다시 불러올 수 있습니다.

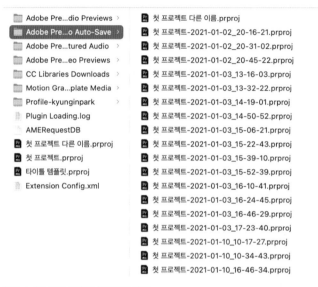

그림 4-32 자동 저장된 프로젝트 파일

동영상 파일 관리, 어도비 크리에이티브 클라우드와 프로젝트 관리자를 이용하세요

동영상 파일은 용량이 크기 때문에 가능한 한 편집 PC의 저장 용량 또한 큰 옵션으로 선택하는 것이 유리합니다. 최근에 나오는 하드디스크는 기본 용량 단위가 테라바이트(TB)로 상대적으로 저렴한 비용으로 꽤 많은 용량을 저장할 수 있습니다. 다만 HDD(하드 디스크 드라이브)는 SSD와 비교했을 때 속도가 아쉽기 때문에 최근에는 PC에서도 SSD를 장착하는 경우가 많습니다. 이 경우 속도는 빠르지만, 용량이 부족할 때가 있습니다. 그래서 부족한 용량을 보완하기 위해 사용할 수 있는 옵션으로 클라우드 서비스와 외장하드를 이용하는 방법이 있습니다.

대표적인 클라우드 서비스로는 드롭박스, 구글 드라이브, 네이버 마이박스, 마이크로소프트 원드라이브 등이 있습니다. 각 서비스에서 2GB~30GB 정도의 용량을 무료로 제공하고 있으며, 매월 일정 비용을 지불하면 좀 더 많은 용량을 이용할 수 있습니다.

프리미어 프로를 구독해 사용하면 어도비사의 어도비 크리에이티브 클라우드를 이용할 수 있습니다. 계정당 기본 100GB를 제공하기 때문에 프리미어 프로를 사용한다면 어도비 클라우드 서비스를 이용하는 것이 더 좋습니다.

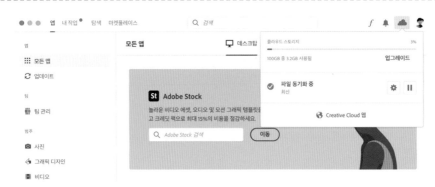

그림 4-33 어도비 크리에이티브 클라우드의 기본 용량

보통 영상을 편집할 때 자주 사용하는 영상 소스들이 있습니다. 인트로나 아웃트로 영상처럼 매번 반복해서 넣는 영상도 있고, 자주 쓰는 효과음도 있을 것입니다. 이처럼 자주 사용하는 영상 소스들을 클라우드에 저장하면 필요할 때마다 인터넷에 연결해 바로 사용할 수 있습니다.

작업을 완료한 후 프로젝트별로 영상 파일을 정리하고자 한다면 외장하드를 사용하는 것이 좋습니다. 외장하드의 가격 또한 용량에 따라 다르지만 되도록 안정성을 우선으로 제품을 고르는 것을 추천합니다. 데이터 유실 가능성이 있기 때문에 국내에서 AS를 받기 편한 제품을 고르는 것도 고려해야 합니다.

프리미어 프로에서 영상 편집을 완료한 후 상단 메뉴에 있는 [파일] - [프로젝드 관리자]를 이용하면 영상 편집에 사용했던 영상 파일과 프로젝트를 자동으로 하나의 폴더에 모아줍니다. 프로젝트 관리자 창의 상단에서 복사하고자 하는 시퀀스를 선택한 후 [확인] 버튼을 누르면 됩니다.

그림 4-34 프로젝트 관리자 실행하기

이렇게 복사한 프로젝트는 '문서' 폴더의 'Adobe → Premiere Pro → 버전' 내에 하나의 폴더로 저장됩니다. 해당 폴더를 복사해 외장 하드에 보관한다면 좀 더 쉽게 프로젝트별로 영상 파일을 관리할 수 있습니다.

그림 4-35 프로젝트 관리자로 복사한 프로젝트와 원본 영상 파일

05장

프리미어 프로 시퀀스 생성과
타임라인 패널

이전 장에서는 프리미어 프로로 영상 편집을 하는 첫 단계로 프로젝트를 생성했습니다. 이번 장에서는 두 번째 단계로 시퀀스(Sequence)를 만들어 보겠습니다.

프리미어 프로에서 프로젝트(Project)와 시퀀스(Sequence)는 편집 작업에서 가장 처음 생성하는 요소입니다. 프로젝트와 시퀀스의 기본 개념과 위계를 알고 있으면 편집 작업을 좀 더 수월하게 진행할 수 있습니다.

프로젝트와 시퀀스의 차이점은 무엇을 주로 포함하고 있는지 살펴보면 알 수 있습니다.

프로젝트는 상위 개념이기 때문에 영상 편집에 필요한 모든 것을 포함하고 있습니다. 예를 들어 프로젝트는 비디오 소스, 오디오 소스, 자막 타이틀, 그래픽 소스 등을 포함하고 있습니다. 심지어 시퀀스도 프로젝트에 포함됩니다. 다음 그림은 '무제'라는 제목의 프로젝트가 포함하고 있는 소스들입니다. 프로젝트 내부에 비디오 소스 파일도 있지만, '시퀀스 01'이라는 제목의 시퀀스도 있음을 확인할 수 있습니다.

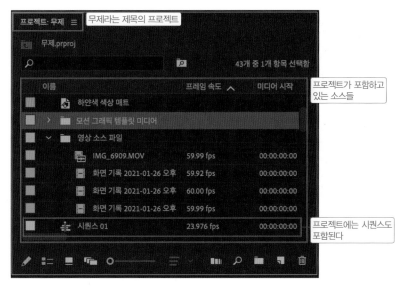

그림 5-1 '무제'라는 제목의 프로젝트가 포함하고 있는 소스들

프리미어 프로젝트는 'prproj'라는 확장자로 저장되며, 프리미어 프로에서 작업했던 과정이 그대로 프로젝트 파일에 저장됩니다. 따라서 프리미어 프로를 종료한 다음 다시 프로젝트 파일을 더블클릭해 열면 프리미어 프로가 실행되면서 작업했던 과정이 그대로 나타납니다.

20200520   라방.prproj   무제.prproj   반응형 자막 템플릿
첫프로젝트.prproj   Test.prproj

그림 5-2 프로젝트 파일의 확장자 prproj

시퀀스는 타임라인을 포함하고 있으며, 비디오 소스, 오디오 소스, 자막 타이틀, 그래픽 소스를 어떻게 배치했는지에 관한 정보를 담고 있습니다. 보통 영상 편집을 한다고 하면 타임라인에 영상을 배치하고, 자르고 붙이고 자막을 넣는 작업을 반복합니다. 이러한 작업의 결과가 시퀀스에 그대로 저장됩니다. 그래서 시퀀스를 열면 작업했던 타임라인이 나타납니다. 다음 그림은 '시퀀스 01'이라는 시퀀스를 열었을 때의 모습입니다. 즉, '시퀀스는 타임라인'이라고 이해해도 무방합니다.

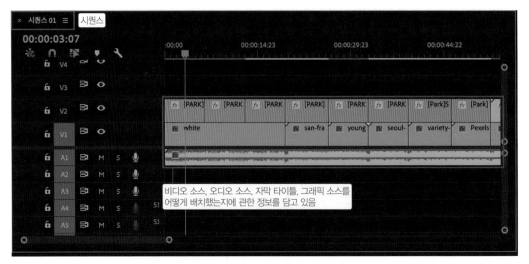

그림 5-3 시퀀스는 타임라인이라고 이해해도 무방하다.

시퀀스를 이용해 여러분이 편집한 영상을 배열하고 편집하여 하나의 이야기로 만들 수 있습니다. 또한 시퀀스는 영상의 해상도를 결정합니다. 여러분이 4K 해상도의 영상을 출력하고자 한다면 4K 해상도의 시퀀스를 생성하고 작업하면 됩니다.

시퀀스를 만들기 위해서 따로 해상도의 숫자를 외우거나 적을 필요는 없습니다. 프리미어 프로에서 미리 만들어놓은 시퀀스 설정을 선택하면 됩니다. 문제는 프리미어 프로가 초보자뿐만 아니라 전문가도 사용하는 편집 소프트웨어라서 다양한 시퀀스 설정을 지원한다는 점입니다. 처음 접하는 분들은 정말 당혹스러울 정도로 사전에 구성된 시퀀스 설정이 많이 있습니다. 또한, 유튜브 영상을 위한 시퀀스를 따로 만들 수 있습니다. 이번 절에서는 먼저 유튜브 영상 편집을 위한 프리미어 프로 시퀀스를 만들어보겠습니다.

5.1 새로운 시퀀스 만들기

시퀀스는 여러 가지 방법으로 만들 수 있습니다. 그중에서 첫 번째로 상단의 [파일] 메뉴에서 시퀀스를 만드는 방법부터 익혀보겠습니다.

01 프리미어 프로의 상단 메뉴에서 [파일] – [새로 만들기] – [시퀀스]를 순서대로 선택합니다.

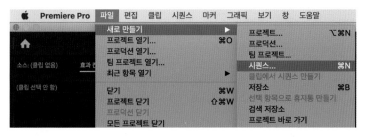

그림 5-4 상단의 [파일] 메뉴를 이용한 시퀀스 만들기

02 다양한 시퀀스 설정이 표시된 '새 시퀀스' 창이 나타납니다. 대부분의 유튜브 영상은 1080p 풀HD 사이즈로 편집합니다. ❶[시퀀스 사전 설정]에서 해당 규격을 선택할 수 있습니다. '사용 가능한 사전 설정' 패널에 카테고리 폴더별로 정리돼 있습니다. 카테고리 왼쪽의 펼침 버튼을 눌러 ❷[AVCHD] – ❸[1080p] – ❹[AVCHD 1080p30]을 순서대로 선택합니다. 해당 프리셋을 선택하면 오른쪽에 프리셋의 세부 정보가 나타납니다. 여기서 '1080p'는 비디오의 크기가 가로 1920픽셀, 세로 1080픽셀인 프로그레시브 스캔(Progressive Scan)[2] 방식을 쓰겠다는 뜻입니다. '30'은 30fps로, 1초당 30장의 멈춰진 프레임으로 영상을 구성하겠다는 뜻입니다. ❺시퀀스 이름을 '시퀀스 01'로 설정하고 ❻[확인] 버튼을 누르면 '시퀀스 01'이라는 이름으로 풀HD 규격의 시퀀스가 생성됩니다.

---

2 '프로그레시브 스캔(Progressive Scan)'은 화면을 표시하는 방식으로, 선을 위에서 아래로 순차적으로 표시한다고 해서 '순차 주사 방식'이라고 합니다. '1080p'는 1080개의 줄이 차례로 표시됨을 의미합니다. TV 전송에 쓰이는 인터레이스 스캔(Interlaced scan)과 비교하면 움직임이 더 부드럽고 사실적으로 보입니다. 오늘날 컴퓨터 모니터와 고해상도의 영상은 프로그레시브 스캔을 사용해 화면을 표시합니다.

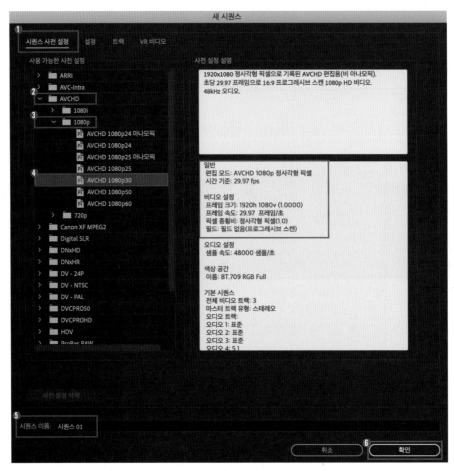

그림 5-5 시퀀스 사전 설정에서 [AVCHD 1080p30] 프리셋 선택

AVCHD는 무슨 뜻인가요?

프리미어 프로의 시퀀스 사전 설정에 있는 카테고리 폴더명은 대부분 카메라 회사(ARRI, Canon, XDCAM 등), 영상 코덱(DNxHD, ProRes RAW 등), 영상 포맷(AVCHD, DV, DVCPRO, HDV 등)에 따라 분류돼 있습니다.

AVCHD(Advanced Video Code High Definition)는 소니와 파나소닉이 공동으로 개발한 고해상도용 영상 포맷입니다. 포맷 자체가 720p, 1080i, 1080p 해상도까지 지원하므로 풀HD 1920×1080 규격에서는 좋지만, 4K 이상의 영상을 편집하려면 다른 프리셋을 선택해야 합니다. 소니 카메라의 AVCHD 모드로 촬영한 영상을 편집할 때는 AVCHD 설정을 이용하면 좋습니다. 하지만 꼭 소니 제품이 아니더라도 편집할 수 있습니다. 일반적인 DSLR이나 스마트폰으로 촬영한 영상도 AVCHD로 사전 설정한 시퀀스에 추가해 편집할 수 있습니다. 이 책에서는 AVCHD 설정이 무난하게 사용하기 좋은 설정이라서 AVCHD를 선택해 시퀀스를 생성했습니다.

03 새로운 시퀀스를 생성하면 다음과 같은 변화가 있습니다.

❶ 프로젝트 패널에는 새로 생성한 '시퀀스 01'이 나타납니다. 프로젝트 패널에서 시퀀스의 이름을 변경하거나 삭제하는 등의 관리를 할 수 있습니다.

❷ 타임라인 패널에는 '시퀀스 01'의 타임라인이 생성됩니다. 이 타임라인에 영상을 배치할 수 있으며 편집 작업을 할 수 있습니다.

❸ 프로그램 모니터 패널에는 '시퀀스 01'의 내용이 표시됩니다.

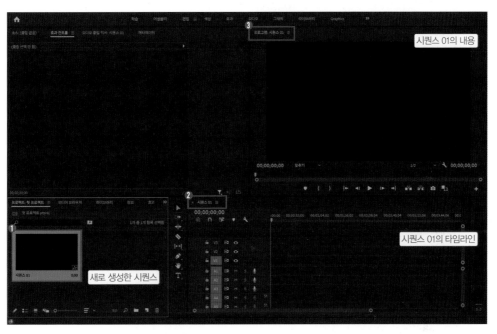

그림 5-6 새로운 시퀀스를 생성했을 때의 변화

04 프로젝트 패널의 '시퀀스 01'에서 마우스 오른쪽 버튼을 클릭하면 컨텍스트 메뉴가 나타납니다. '잘라내기'나 '복사' 기능을 이용해 해당 시퀀스의 내용을 잘라내거나 복사할 수 있습니다. 그뿐만 아니라 '지우기'를 이용해 시퀀스를 지울 수도 있고, '이름 바꾸기'를 이용해 해당 시퀀스의 이름을 변경할 수도 있습니다.

그림 5-7 시퀀스에서 마우스 오른쪽 버튼을 클릭하면 나타나는 컨텍스트 메뉴

05 이번에는 다른 방법으로 새로운 시퀀스를 만들어보겠습니다. 프로젝트 패널의 빈 곳을 마우스 오른쪽 버튼으로 클릭하면 컨텍스트 메뉴가 나타납니다. [새 항목] – [시퀀스]를 순서대로 선택합니다.

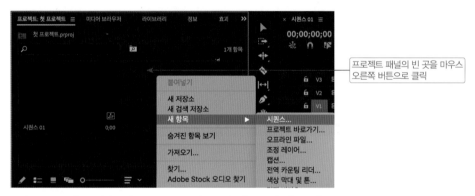

프로젝트 패널의 빈 곳을 마우스 오른쪽 버튼으로 클릭

그림 5-8 프로젝트 패널에서 마우스 오른쪽 버튼을 클릭하고 [새 항목] – [시퀀스] 선택

06 새 시퀀스 창이 열리면 다음과 같이 설정해 시퀀스를 생성합니다.

❶ [설정] 탭에서 시퀀스의 설정을 직접 만들어보겠습니다.

❷ 편집 모드의 드롭다운 메뉴를 클릭한 다음 맨 위에 있는 [사용자 정의]를 선택합니다.

❸ 시간 기준은 [29.97 프레임/초]로 선택합니다.

❹ 프레임 크기는 가로 '1920', 세로 '1080'으로 직접 숫자를 입력합니다.

❺ 픽셀 종횡비는 [정사각형 픽셀(1.0)]으로 선택합니다. 정사각형 픽셀(1.0)으로 선택해야 16:9의 화면 비율이 나타납니다.

❻ 필드는 [필드 없음(프로그레시브 스캔)]으로 설정합니다.

❼ 시퀀스 이름은 '시퀀스 02'로 설정합니다.

❽ [확인] 버튼을 눌러 시퀀스를 생성합니다.

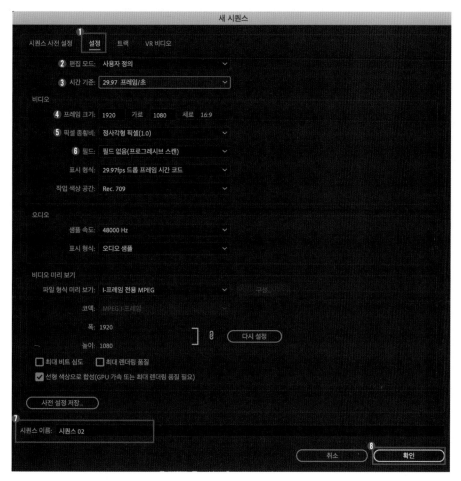

그림 5-9 새로운 시퀀스를 직접 설정해 만들기

07 새로운 '시퀀스 02'를 생성하고 다음과 같은 변화가 생겼습니다.

❶ 프로젝트 패널에는 새로 생성된 '시퀀스 02'가 나타납니다.

❷ 타임라인 패널에는 '시퀀스 02' 타임라인이 생겼습니다. 타임라인 상단에는 이전에 생성했던 '시퀀스 01' 탭도 있
습니다. 이를 클릭해 해당 시퀀스를 활성화할 수 있으며 시퀀스별로 다른 내용으로 구성할 수 있습니다.

❸ 프로그램 모니터 패널에는 '시퀀스 02'의 내용이 표시됩니다.

그림 5-10 새로운 시퀀스를 생성했을 때의 변화

이처럼 하나의 '프로젝트(Project)'에는 여러 '시퀀스(Sequence)'를 추가할 수 있습니다. 또한 다음 절에서 실습하는 것과 같이 프로젝트로 영상 파일도 가져올 수 있고, 음악 소스나 자막 그래픽 등도 추가할 수 있습니다. 프로젝트는 편집에 필요한 다양한 소스들을 한 곳에 '보관'하는 개념입니다.

'시퀀스(Sequence)'는 '이야기의 묶음'입니다. 프로젝트에 나열된 영상 소스들을 서로 엮어서 이야기로 만들 수 있습니다. 같은 영상 소스라 하더라도 다양한 구성과 조합으로 조금씩 다른 이야기를 만들 수 있습니다. 따라서 하나의 프로젝트에서는 다양한 시퀀스를 만들 수 있습니다.

5.2 영상 파일 가져오기(Import)

이번에는 편집에 사용할 영상 파일을 프로젝트로 가져오겠습니다. 영상 파일뿐만 아니라 이미지 파일, 오디오 파일 등을 가져오는 것을 '가져오기(Import)'라고 합니다. 가져오기를 실행하는 방법은 여러 가지가 있습니다.

01 첫 번째 방법은 상단 메뉴에서 [파일] – [가져오기]를 실행하는 방법입니다.

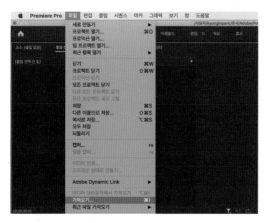

그림 5-11 상단 [파일] 메뉴에서 [가져오기] 실행

02 두 번째 방법은 프로젝트 패널에서 빈 공간을 더블 클릭하거나 마우스 오른쪽 버튼을 클릭하면 나타나는 컨텍스트 메뉴에서 [가져오기]를 실행하는 방법입니다.

그림 5-12 프로젝트 패널에서 마우스 오른쪽 버튼을 클릭해 [가져오기] 실행

03 이외에도 단축키를 이용하는 방법(Ctrl + I, command + I)과 파일 탐색기에서 프리미어 프로로 파일을 바로 드래그 앤드 드롭해 가져오는 방법이 있습니다. 어느 방법을 이용하든 외부에 저장된 영상 파일을 프리미어 프로로 가져옵니다. 영상 파일 이외에 오디오 파일(음악, 녹음, 효과음 등)과 이미지 파일(사진, 그림, 일러스트, 아이콘 등)도 프리미어 프로로 가져올 수 있습니다.

04 가져오기 기능을 실행한 다음 가져오고자 하는 영상 파일을 선택하고 [가져오기] 버튼을 클릭합니다. 한 개 또는 여러 개의 파일을 동시에 가져올 수 있습니다.

그림 5-13 파일 가져오기 창

05 영상 파일을 가져오면 프로젝트 패널에 영상 파일이 추가됩니다.

그림 5-14 가져오기를 실행하면 프로젝트 패널에 영상 파일이 추가됨

쉽게 이해할 수 있게 영상 편집을 요리에 비유해보겠습니다. 프로젝트 패널은 영상 편집에 소스 (Source)가 될 수 있는 재료를 모아놓은 곳입니다. 마치 요리 재료를 보관하는 '냉장고'와 같다고 할 수 있습니다. 냉장고에 어떤 재료가 있는지 잘 파악해야 하는 것처럼 프로젝트 패널에 어떤 소스들이 있는지 잘 살펴봐야 합니다. 지금은 영상을 3개만 가져온 상태지만, 편집을 계속하다 보면 영상 클립 수가 몇십 개가 넘을 것입니다. 이럴 때는 어떻게 해야 할까요? 아무래도 정리를 미리미

리 잘하고 어디에 무엇이 있는지 일목요연하게 볼 수 있어야 할 것입니다. 그럼, 여기서 프로젝트 패널의 옵션들을 미리 살펴보고 넘어가겠습니다.

5.3 │ 알면 도움 되는 프로젝트 패널의 옵션 살펴보기

01 프로젝트 패널의 가장 아래쪽에는 영상의 썸네일(Thumbnail, 미리보기) 화면을 어떻게 볼 것인지 설정하는 버튼이 있습니다. 크게 두 부분으로 나뉩니다. 글자만 있는 '목록형'으로 볼 것인지, 아니면 직관적인 '아이콘형'으로 볼 것인지 결정할 수 있습니다. 또한, 오른쪽에는 아이콘 및 썸네일의 크기를 조정할 수 있는 슬라이더가 있습니다. 슬라이더를 조정해 보기에 편한 크기로 맞춥니다.

목록 보기

아이콘 보기

그림 5-15 프로젝트 패널의 목록 보기와 아이콘 보기

02 프로젝트 패널의 오른쪽 하단에는 '시퀀스 자동화', '새 저장소 만들기', '삭제' 등의 기능 버튼이 있습니다. 그중에서 '새 저장소 만들기'는 파일 관리를 위한 '폴더'를 만들어줍니다. 비슷한 성격의 소스를 분류해서 폴더로 묶어두면 좀 더 쉽게 찾을 수 있습니다. 저장소를 만드는 것은 선택사항이며 실제 영상 편집 과정에 영향을 주지 않습니다. 다만 작업에 들어가는 소스가 많다면 미리 정리하면서 작업하는 것이 효율적입니다.

03 '새 저장소'를 만들면 빈 폴더가 생성됩니다. 이 폴더를 마우스 오른쪽 버튼으로 클릭한 다음 '이름 바꾸기'를 통해 이름을 변경할 수 있습니다. 그리고 폴더로 옮기고자 하는 파일들을 선택한 다음 폴더로 드래그 앤드 드롭합니다. 이렇게 하여 파일을 폴더 단위로 관리할 수 있습니다.

그림 5-16 저장소를 이용한 파일 관리 방법

영상을 타임라인에 배치하기

01 이번에는 가져온 영상을 시퀀스의 타임라인에 배치해보겠습니다. 프리미어 프로의 편집은 트랙 기반입니다. 그래서 비디오 트랙과 오디오 트랙으로 나눠서 편집할 수 있습니다. 비디오 트랙은 비디오(Video)의 앞글자를 따서 V1, V2, V3와 같이 V로 시작합니다. 오디오 트랙은 A1, A2, A3와 같이 A로 시작합니다. 프로젝트 패널에서 'Sample 01.mp4' 영상 파일을 타임라인의 V1 트랙으로 드래그 앤드 드롭해 배치하겠습니다.

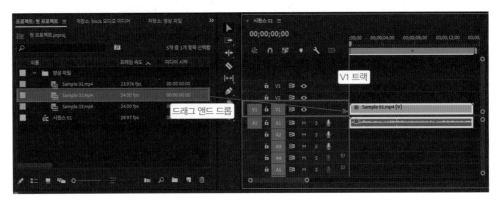

그림 5-17 타임라인으로 드래그 앤드 드롭해 영상 배치하기

02 영상을 배치한 상태에서 키보드의 스페이스 바를 눌러보겠습니다. 영상의 내용이 재생되면서 파란색 선이 왼쪽에서 오른쪽으로 이동하는 모습을 확인할 수 있습니다. 파란색 선이 바로 타임라인에서 가장 중요한 '플레이헤드(Playhead)'입니다. 파란색의 머리 부분을 드래그해 영

상의 어느 지점이든 쉽게 이동할 수 있습니다. 원하는 시간으로 자유롭게 이동한 다음 편집할 수 있기 때문에 이런 편집 방식을 '비선형 편집 방식(Non-Linear Editing)'이라고 합니다.

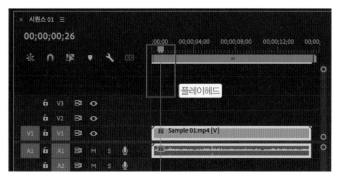

그림 5-18 타임라인의 플레이헤드(Playhead)

프리미어 프로의 트랙과 레이어 개념 이해하기

프리미어 프로는 트랙에 배치된 소스들을 서로 합성한 형태로 영상을 나타냅니다. 포토샵의 레이어 개념과 동일합니다. 그래서 프리미어 프로의 트랙은 레이어와 같다고 이해하면 됩니다. 트랙은 비디오와 오디오로 나눠볼 수 있습니다. 비디오 트랙은 V1, V2, V3, … , Vn과 같이 V로 시작하며 오디오 트랙은 A1, A2, A3 ,… , An과 같이 A로 시작합니다. 레이어는 위계가 있기 때문에 어디에 배치하느냐에 따라 최종적으로 나타나는 모습이 달라집니다. 비디오는 상단 레이어부터 우선 표시됩니다. 그래서 보통 배경이 되는 영상 클립은 아래쪽인 V1 트랙에 배치하고 자막이나 그래픽 등은 V2, V3 등에 배치합니다. 영상 클립을 상단 트랙 V2, V3 트랙에 배치하면 아래쪽에 위치한 레이어들은 영상 클립에 가려져서 보이지 않게 됩니다.

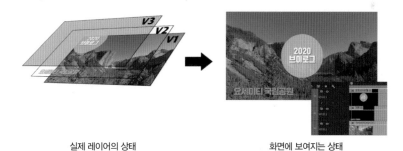

실제 레이어의 상태 → 화면에 보여지는 상태

그림 5-19 실제 레이어의 상태와 화면에 보여지는 상태

타임라인 패널에서 플레이헤드를 드래그해 옮기면 해당 부분이 가리키는 곳이 바로 위의 프로그램 패널에 나타납니다. '프로그램 패널'은 일종의 '모니터(Monitor)' 기능을 합니다. 지금 어떤 부분을 편집하는지 프로그램 패널에 표시되며 자막이나 특수효과, 애니메이션 효과를 추가했을 때 어떤 식으로 연출될지 보여줍니다.

타임라인 패널과 프로그램 패널은 서로 공통점이 있습니다. 바로 프리미어 프로 화면의 오른쪽에 있다는 점입니다. 그래서 영상 편집을 하면서 화면의 오른쪽 부분에 가장 많은 시선이 머무르게 됩니다.

그림 5-20 프로그램 패널과 타임라인 패널

01 프로그램 패널의 하단 영역에는 여러 기능 버튼이 있습니다. 그중에서 [재생] 버튼을 한 번 눌러보겠습니다. 재생 버튼을 누르면 플레이헤드가 오른쪽으로 움직이면서 영상이 재생됩니다. 재생 버튼의 단축키는 스페이스 바입니다. 해당 키를 눌러 재생 기능과 멈춤 기능을 간편하게 실행할 수 있습니다.

그림 5-21 프로그램 패널의 재생 버튼

--- 버튼 하나면 반복 재생할 수 있어요 ---

프로그램 모니터 패널에서 [+] 모양의 '단추 편집기' 버튼을 클릭하고 '반복 재생' 아이콘을 컨트롤 박스의 재생 버튼 오른쪽으로 드래그합니다. 버튼이 추가됐다면 [확인] 버튼을 클릭합니다.

그림 5-22 반복 재생 버튼 추가하기

반복 재생 버튼이 추가됐습니다. 반복 재생 버튼이 켜진 상태에서 재생하면 영상을 반복 재생할 수 있습니다.

그림 5-23 반복 재생 버튼

프로그램 모니터 패널에서 시작 표시(단축키 I), 종료 표시(단축키 O)를 이용해 영역을 설정한 후 반복 재생을 하면 특정 영역을 반복 재생할 수 있습니다.

그림 5-24 특정 영역 설정 후 반복 재생하기

02 타임라인 패널에서는 화면의 배율을 확대/축소하거나 트랙의 크기를 늘릴 수 있습니다. 프레임을 세세히 편집하고자 할 때는 화면의 배율을 확대하면 효율적으로 작업할 수 있습니다. 또한 편집하고자 하는 클립이 많을 때는 화면의 배율을 축소하면 한눈에 전체적인 모습을 볼 수 있어 효율적으로 접근할 수 있습니다. 트랙의 경계 부분을 드래그하면 크기를 늘릴 수 있습니다. 단순하게 클립의 이름만 나오는 것보다 클립의 화면을 표시하면 편집 작업을 좀 더 보기 좋게 수행할 수 있습니다.[3]

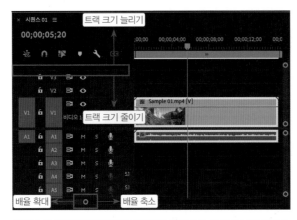

그림 5-25 타임라인 패널에서 화면 배율 확대/축소 및 트랙 크기 늘리기

[화면 배율을 축소했을 때]

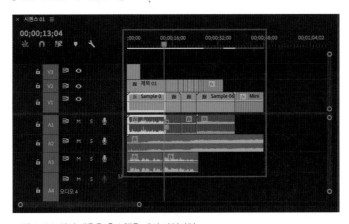

그림 5-26 화면 배율을 축소했을 때의 타임라인

---

3 Alt(⌘option) 키를 누른 채로 마우스 휠을 드래그하면 화면의 배율을 조정할 수 있습니다. 단축키 ₩를 누르면 타임라인의 모든 클립이 한눈에 들어올 수 있게 화면 배율이 자동으로 조정됩니다.

[화면 배율을 확대했을 때]

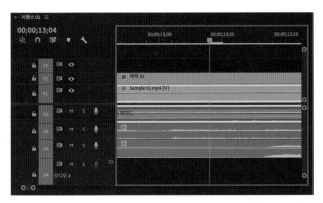

그림 5-27 화면 배율을 확대했을 때의 타임라인

[트랙 크기를 줄였을 때]

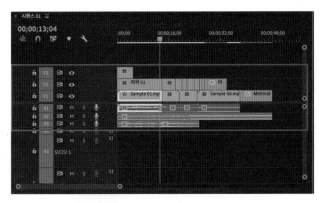

그림 5-28 트랙 크기를 줄였을 때의 타임라인

[트랙 크기를 늘렸을 때]

그림 5-29 트랙 크기를 늘렸을 때의 타임라인

--- 영상 전체 모습이 다 안 나오고 일부분만 잘려서 나와요. 어떻게 해결하면 될까요? ---

간혹 영상을 배치할 때 시퀀스의 크기와 영상 클립의 크기가 서로 일치하지 않으면 다음과 같이 '클립 불일치 경고' 메시지 창이 나타납니다.

그림 5-30 클립 불일치 경고 메시지 창

이런 메시지 창이 나타나면 [기존 설정 유지] 버튼을 클릭해 시퀀스의 크기는 그대로 유지합니다. 다만 영상을 배치했을 때 본래 영상 클립 화면의 일부분만 나타날 수 있습니다. 이런 경우에는 배치한 영상 클립의 비율(Scale)을 변경해야 하는데, 간단하게 변경할 방법이 있습니다. 비율을 변경하고자 하는 영상 클립에서 마우스 오른쪽 버튼을 클릭하고 [프레임 크기로 비율 조정]을 클릭합니다.

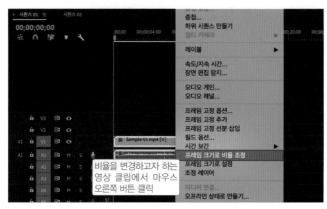

그림 5-31 프레임 크기로 비율 조정

이 기능을 실행하면 해상도가 큰 영상 클립의 비율이 시퀀스 크기에 맞게 자동으로 조정됩니다. 그리고 본래 영상 클립 화면이 온전하게 모두 나타납니다.

비율 조정 전   비율 조정 후

그림 5-32 프레임 크기로 비율 조정 전과 비율 조정 후

여러분이 영상 편집을 할 때 꼭 알아둬야 할 것이 있습니다. 바로 '타임 코드(Timecode)'를 읽는 방법입니다. 영상의 원리는 멈춰진 이미지(Still Image)를 연속으로 재생해 마치 움직이는 것처럼 보이는 원리입니다. 이 멈춰진 이미지를 영상에서는 '프레임(Frame)'이라고 합니다. 영화의 경우 1초당 24장의 프레임으로 구성되며 일반적인 TV 방송은 약 30프레임으로 구성됩니다. 이를 1초당 프레임 수라고 하여 Frame Per Second, 줄여서 FPS로 나타냅니다. 우리가 만든 시퀀스도 30fps입니다.

01 타임 코드는 '시;분;초;프레임'으로 구성됩니다. 다음 그림과 같이 타임 코드가 '00;00;02;26'이라면 '2초 26프레임'으로 읽습니다. 타임 코드를 읽을 수 있다면 플레이헤드가 어디를 가리키는지 명확하게 이야기할 수 있습니다. 또한 어느 부분을 기준으로 영상을 자르거나 이펙트를 추가해야 할지 세밀한 '편집 점(Edit Point)[4]'을 잡을 때 타임 코드를 참고해 기준을 세울 수 있습니다.

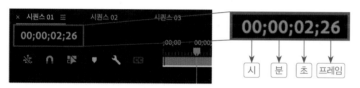

그림 5-33 타임 코드를 읽는 방법의 예

02 플레이헤드를 이동하는 방법은 플레이헤드의 머리 부분을 드래그하거나 타임라인의 눈금 부분을 클릭하는 것입니다. 이 방법은 간편하면서도 플레이헤드를 신속하게 이동시킬 수 있습니다. 하지만 세세하게 이동하거나 특정 시간대로 이동할 때 어려움이 있습니다.

03 이때 키보드의 방향키를 이용하면 플레이헤드를 좀 더 세밀하게 이동할 수 있습니다. 키보드의 왼쪽 방향키를 누르면 이전 프레임으로 이동합니다. 반대로 오른쪽 방향키를 누르면 다음 프레임으로 이동합니다. 이때 shift 키와 방향키를 함께 누르면 5프레임씩 이동할 수 있습니다. 다만 이때 어떤 패널을 선택했느냐에 따라 방향키가 적용되는 타임 코드가 달라집니다. 타임라인의 타임 코드를 이동하고 싶다면 타임라인 패널을 먼저 선택한 후에 키보드 방향키를 눌러야 합니다.

---

4 편집 점(Edit Point)은 보통 영상 클립의 시작 지점(In Point), 종료 지점(End Point)를 지칭합니다.

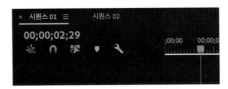

그림 5-34 2초 26프레임에서 오른쪽 방향키를 3번 눌렀을 때 타임 코드의 변화

04 또한 타임 코드 부분을 클릭하면 직접 숫자를 입력해 특정 타임 코드로 플레이헤드를 이동할 수 있습니다. 타임 코드를 클릭한 후 다음 숫자들을 입력해보세요.

❶ 10

❷ 20

❸ 30

❹ 300

❺ 333

❻ 1000

05 각각 숫자를 입력했을 때의 결과를 살펴보겠습니다.

❶ 10을 입력하면 타임 코드는 '10프레임'으로 이동합니다. '00;00;00;10'을 나타냅니다.

❷ 20을 입력하면 타임 코드는 '20프레임'으로 이동합니다. '00;00;00;20'을 나타냅니다.

❸ 30을 입력하면 타임 코드는 '30프레임=1초'로 이동합니다. 시퀀스의 프레임레이트(FPS)를 30으로 설정했기 때문에 30이 지날 때마다 1초씩 가산됩니다. 즉, '00;00;01;00'을 나타냅니다.

❹ 300을 입력하면 타임 코드는 '3초'로 이동합니다. 입력된 숫자가 3자리 이상이 되면 뒤에서부터 '시:분:초;프레임'으로 인식합니다. 따라서 '00;00;03;00'으로 이동합니다.

❺ 333을 입력하면 3초 33프레임으로 이동해야 합니다. 하지만 33프레임은 1초 3프레임으로 다시 변환할 수 있기 때문에 '3초+1초 3프레임=4초 3프레임'입니다. 즉, '00;00;04;03'을 나타냅니다.

❻ 1000을 입력하면 뒤에서부터 인식해 '00;00;10;00'을 나타내며 '10초'로 이동합니다.

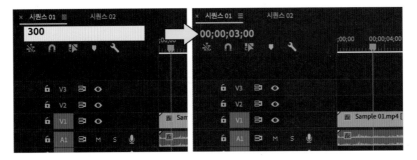

그림 5-35 타임 코드를 입력해 플레이헤드 이동하기

시작하세요! 빠르크의 유튜브 영상 편집 with 프리미어 프로

타임라인 패널에는 편집 작업을 위한 중요한 기능과 버튼이 배치돼 있습니다. 편리하고 효율적인 편집 작업을 위해 타임라인 패널의 주요 용어를 살펴보겠습니다.

① 시퀀스 이름(왼쪽 상단)

시퀀스를 더블 클릭해 활성화하면 타임라인 패널의 왼쪽 상단에 시퀀스 이름이 표시됩니다. 여러 시퀀스를 활성화하면 차곡차곡 왼쪽 상단에 탭 형식으로 배치됩니다. 각 시퀀스 이름 부분을 클릭하면 해당 시퀀스의 타임라인으로 전환됩니다.

그림 5-36 시퀀스 이름

② 패널 옵션

시퀀스 이름 오른쪽에 있는 아이콘을 클릭하면 타임라인 패널의 표시 형식 및 옵션을 설정할 수 있습니다.

그림 5-37 패널 옵션

③ 타임 코드

플레이헤드가 위치한 시간을 표시합니다. 타임 코드를 클릭해 값을 입력하면 원하는 시간으로 플레이헤드를 이동할 수 있습니다.

그림 5-38 타임 코드

④ 시간 표시 자(Time Ruler)

타임 라인 패널의 시간과 프레임을 표시합니다.

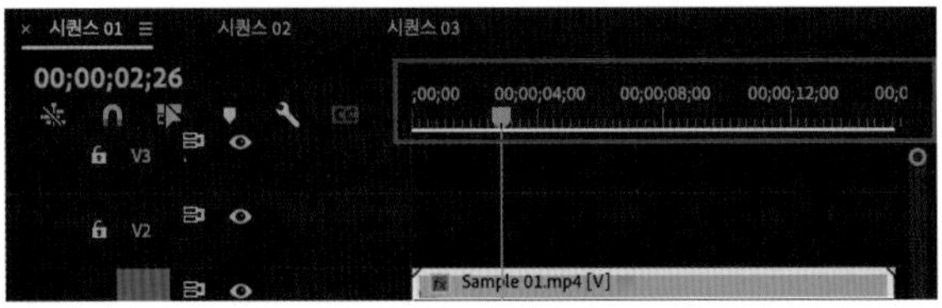

그림 5-39 시간 표시 자(Time Ruler)

⑤ 플레이헤드(Playhead)

플레이헤드를 드래그해 영상을 탐색하거나 편집의 기준점을 만듭니다. '편집 기준선', '타임 인디케이터' 등의 명칭으로도 불립니다.

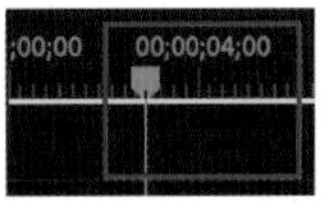

그림 5-40 플레이헤드(Playhead)

⑥ 작업 영역 표시 자(Work Area Bar)

평소에는 숨겨져 있기 때문에 '② 패널 옵션'에서 해당 기능을 활성화('작업 영역 막대')합니다. 이 기능은 출력 범위를 설정합니다. 보통 영상의 처음과 끝부분으로 설정돼 있습니다. 그래서 영상을 출력하면 처음부터 끝까지 출력됩니다. 특정 부분만 출력하고자 할 때는 '작업 영역 표시 자'를 조정합니다.

그림 5-41 작업 영역 표시 자(Work Area Bar)

⑦ 시퀀스를 중첩 또는 개별 클립으로 삽입 또는 덮어쓰기

프리미어 프로의 '중첩' 기능을 이용하면 여러 영상 클립을 일종의 그룹처럼 활용할 수 있습니다. '중첩 시퀀스' 안에 영상 클립들이 배치됩니다. 이 '중첩 시퀀스'를 다른 시퀀스에 삽입 또는 덮어쓰기 할 때 그룹으로 배치할 것인지 개별적으로 배치할 것인지를 설정할 수 있는 옵션입니다. 기능을 끌 경우 개별 클립으로 배치되며, 기능을 켜면 중첩 시퀀스로 타임라인에 배치됩니다.

그림 5-42 시퀀스를 중첩 또는 개별 클립으로 삽입 또는 덮어쓰기

⑧ 스냅(Snap)

이 기능을 켜면 클립을 이동해 다른 클립이나 플레이헤드에 붙일 때 자석에 붙이듯 착 달라붙습니다.

그림 5-43 스냅 기능

⑨ 연결된 선택

클립을 선택했을 때 보통 비디오와 오디오가 함께 선택됩니다. 비디오와 오디오를 따로 선택하고 싶다면 '연결된 선택' 기능을 끕니다. 기능이 꺼진 상태에서 클립을 클릭하면 비디오와 오디오가 따로 선택됩니다.

그림 5-44 연결된 선택 기능

⑩ 마커 추가

마커는 일종의 영상 작업 시 활용할 수 있는 메모 기능입니다. 작업과 관련한 메모를 남기거나 표시가 필요할 때 마커를 추가해 활용합니다.

그림 5-45 마커 추가

⑪ 타임라인 표시 설정

타임라인 패널에서 보여지는 형식을 설정합니다.

그림 5-46 타임라인 표시 설정

⑫ 타임라인 영역(Timeline Area)

중간 또는 끝점을 드래그해 타임라인을 이동하거나 표시되는 타임라인 화면의 배율을 확대/축소할 수 있습니다.

그림 5-47 타임라인 영역 (Timeline Area)

트랙을 추가하거나 삭제해 트랙 관리하기

프리미어 프로에서 시퀀스를 생성할 때 초기 비디오 트랙의 수는 3개입니다. 1~2개 정도의 비디오 트랙으로 웬만한 편집이 가능하기 때문에 간혹 프리미어 프로에서 트랙은 3개로 제한돼 있다는 오해(?)를 받기도 합니다. 트랙의 위쪽으로 영상 클립을 드래그하면 트랙을 추가할 수 있습니다. 예를 들어 V3 트랙에 있던 클립을 위쪽으로 드래그하면 V4 트랙이 추가됩니다.

그림 5-48 드래그해 트랙 추가하기

활성화된 트랙의 여백 부분을 마우스 오른쪽 버튼으로 클릭해 트랙을 추가하거나 여러 개의 트랙을 추가할 수 있습니다. 트랙의 삭제 기능 역시 이 메뉴에서 가능합니다.

그림 5-49 트랙의 추가 또는 삭제 메뉴

06장

기본 컷 편집과 도구 패널로
시작하는 영상 편집

영상 편집의 핵심 원리는 필요한 부분은 살리고 필요하지 않은 부분은 잘라내는 것입니다. 이런 과정을 계속하다 보면 한 편의 영상이 만들어집니다. 이렇게 필요한 부분은 살리고 필요하지 않은 부분을 잘라내는 것이 편집의 기본입니다. 프리미어 프로에서는 영상 편집을 하기 위해 '컷 편집 기능'을 사용할 수 있습니다.

6.1 마우스로 영상 클립의 가장자리를 드래그해 컷 편집하기

01 우선 마우스 드래그만으로 간단하게 영상의 편집 점을 변경할 수 있습니다. 타임라인 패널에서 영상 클립을 선택한 후 클립의 왼쪽/오른쪽 가장자리를 드래그하면 편집할 수 있습니다.

그림 6-1 영상 클립의 가장자리를 드래그해 컷 편집하기

02 타임라인에서 가장자리를 드래그해 컷 편집을 하다 보면 다음 그림과 같이 비어 있는 여백 부분이 발생합니다. 이 여백 부분은 영상에서 검은색 화면으로 나타나므로 타임라인에서 제거해야 합니다. 뒤에 있는 영상 클립을 앞으로 드래그해 제거할 수도 있지만, 좀 더 간편한 방법이 있습니다. 바로 여백 부분에서 마우스 오른쪽 버튼을 클릭한 다음 [잔물결 삭제 (Ripple Delete)] 기능을 이용하는 것입니다. 잔물결 삭제를 실행하면 여백 부분이 제거되면서 뒤에 있던 클립이 자동으로 앞쪽으로 앞당겨집니다. 잔물결 삭제 기능의 단축키는 Shift + delete(shift + fn + delete)입니다.

그림 6-2 잔물결 삭제 실행 후의 모습

잔물결 삭제가 비활성화 상태일 때는 어떻게 해야 하나요?

잔물결 삭제는 뒤쪽에 배치된 클립을 앞쪽으로 붙이면서 빈 여백을 제거하는 기능입니다. 간혹 편집 작업 도중에 잔물결 삭제를 하려는데, 이 기능이 비활성화 상태인 경우가 있습니다. 이 기능이 비활성화 상태라면 이 기능의 활성화를 막는 장애물이 있다는 뜻입니다. 따라서 그 장애물을 제거하면 잔물결 삭제 기능이 활성화됩니다.

1. 다른 트랙에서 비디오 클립이 서로 붙어 있는 경우

잔물결 삭제는 해당 트랙에만 영향을 주는 것이 아닌 전체 트랙에 영향을 줍니다. 따라서 다른 트랙의 비디오 클립이 서로 붙어 있어 빈 여백이 없을 때는 잔물결 삭제가 비활성화 상태가 됩니다. 그림 6-3은 V1 트랙의 비디오 클립이 서로 붙어 있어 여백이 없는 상태입니다. 그래서 V2 트랙에서 잔물결 삭제 기능이 비활성화되어 있습니다. 이 경우 V1 트랙의 비디오 클립 길이를 조정해 빈 여백을 만들어주면 잔물결 삭제 기능이 활성화됩니다.

그림 6-3 다른 트랙에 비디오 트랙이 붙어 있는 경우

그림 6-4 V1 트랙의 비디오 클립 길이를 조정해 잔물결 삭제 기능 활성화

2. 오디오 클립이 서로 붙어 있어 잔물결 삭제가 비활성화된 경우

비디오 클립은 서로 떨어져 있지만, 오디오 트랙에서 오디오 클립들이 서로 붙어 있어서 잔물결 삭제가 비활성화되기도 합니다. 이럴 때는 오디오 클립 중 하나를 다른 오디오 트랙으로 옮겨주면 문제가 해결됩니다. 영상 클립의 오디오 트랙 부분을 아래쪽으로 드래그하면 A1 트랙에서 A2 트랙으로 옮겨집니다. 그리고 다시 비디오 트랙의 빈 여백 부분에서 마우스 오른쪽 버튼을 클릭해보면 잔물결 삭제 기능이 활성화 상태가 됩니다.

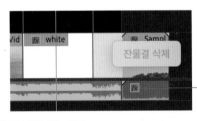

그림 6-5 오디오 클립이 서로 붙어 있는 경우

그림 6-6 오디오 트랙 변경으로 잔물결 삭제 기능 활성화

6.2 자르기 도구(단축키 C)와 선택 도구(단축키 V)를 이용한 컷 편집

프리미어 프로는 편집 기능을 위한 다양한 툴을 제공합니다. 프로젝트 패널과 타임라인 패널 사이에 위치한 '툴 패널'에서 관련 기능 버튼을 살펴볼 수 있습니다. 그중에서 컷 편집에 많이 사용되는 툴은 '자르기 도구(단축키 C)'와 '선택 도구(단축키 V)'입니다. 자르기 도구는 커터 칼 모양의 아이콘인데, 원하는 부분을 클릭해 영상 클립을 자를 수 있습니다. 선택 도구는 프리미어 프로 편집 작업의 가장 기본이 되는 툴로 클립을 선택할 때 사용합니다.

❶ 툴 패널에서 [자르기 도구]를 선택합니다. 단축키 C[1]를 눌러도 됩니다. 마우스 포인터 모양이 커터 칼 모양으로 바뀝니다.

❷ 원하는 부분을 클릭해 영상 클립을 자릅니다.

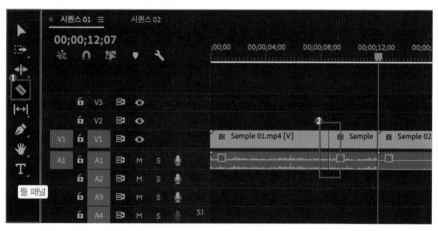

그림 6-7 자르기 도구로 영상 클립 자르기

❸ 툴 패널에서 [선택 도구]를 선택합니다. 단축키 V를 눌러도 됩니다. 선택 도구로 전환해야 클립을 선택하고 옮길 수 있습니다.

❹ 삭제하고자 하는 클립을 선택한 후 Delete 키를 누르거나 마우스 오른쪽 버튼으로 클릭한 다음 [지우기]를 선택해 영상 클립을 제거합니다. 영상 클립을 지우고 생긴 여백 부분은 앞에서 살펴본 잔물결 삭제 기능을 이용해 지웁니다.

---

1   macOS에서는 한글 입력 상태일 때 경고음과 함께 단축키가 적용되지 않습니다. 영어 입력 모드로 전환해 단축키를 입력하면 정상 작동합니다.

그림 6-8 선택 도구로 영상 클립 선택한 후 지우기

6.3 편집 추가 기능으로 간편하게 컷 편집하기

앞서 살펴본 자르기 도구와 선택 도구를 이용한 컷 편집은 단축키 C와 V를 번갈아 가며 눌러야 하지만, 이번에 소개하는 '편집 추가' 기능은 단축키 한 번으로 플레이헤드가 위치한 지점에서 영상 클립을 자를 수 있습니다. 이 기능은 상단 메뉴에서 [시퀀스] – [편집 추가]를 순서대로 클릭해 실행할 수도 있습니다.

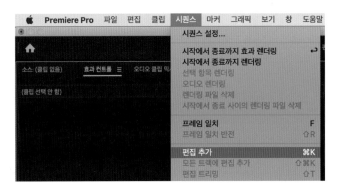

그림 6-9 상단 메뉴에서 [시퀀스] – [편집 추가] 기능 실행

단축키를 이용하면 편집 추가 기능을 더 간편하게 실행할 수 있습니다. 단축키 Ctrl + K(⌘ command + K)를 입력하면 플레이헤드가 위치한 지점에서 영상 클립을 자를 수 있습니다. 그다음 지우고자 하는 영상 클립을 선택해 지울 수 있습니다. 영상 클립을 지우고 난 후 생기는 여백 부분은 뒤에 있는 클립을 앞으로 드래그하거나 잔물결 삭제 기능을 이용해 제거합니다.

그림 6-10 편집 추가 기능 실행 (단축키 Ctrl + K, command + K)

6.4 소스 패널을 이용한 3점 편집

앞서 우리가 살펴본 컷 편집 방법은 모두 타임라인 패널에서 하는 컷 편집입니다. 바로 편집을 할 수 있다는 장점이 있지만, 불필요한 여백을 수시로 제거해야 하는 번거로움이 있습니다. '미리 필요한 부분만 설정해 놓고 타임라인에 추가해도 되지 않을까?'와 같은 고민이 드는 분에게 추천하는 편집 방법이 바로 '3점 편집(3 Point Edit)'입니다. 3점 편집에서 3점은 '시작 지점(In)', '종료 지점(Out)', '플레이헤드(Playhead)'를 뜻합니다.

01 3점 편집을 하기 위해 우선 ❶프로젝트 패널에서 소스 패널로 영상 클립을 드래그 앤드 드롭해 올려놓습니다. 'Sample 03.mp4' 영상을 프로젝트 패널에서 소스 패널로 드래그 앤드 드롭합니다.

그림 6-11 프로젝트 패널에서 소스 패널로 영상을 드래그 앤드 드롭

02 소스 패널에도 플레이헤드와 재생 버튼이 있습니다. 소스 패널에서 영상을 재생하면 자연스
    럽게 플레이헤드도 함께 움직이며 영상 내용을 확인할 수 있습니다. 또는 멈춘 플레이헤드를
    움직여 영상을 확인해볼 수 있습니다. ❷타임 코드를 '1초 29프레임'에 맞춥니다. ❸[시작 표
    시(I)] 버튼을 클릭(단축키 I)해 시작 지점을 생성합니다. 플레이헤드가 위치한 1초 29프레임
    을 기준으로, 그 이후는 회색 범위가 생성됐습니다.

그림 6-12 [시작 표시]를 클릭해 시작 지점 설정

03 이번에는 종료 지점을 만들어보겠습니다. ❹플레이헤드를 드래그해 '7초 13프레임'에 맞춥니
    다. ❺[종료 표시(O)] 버튼을 클릭(단축키 O)해 종료 지점을 생성합니다. 이렇게 해서 1초 29
    프레임부터 7초 13프레임까지의 범위가 만들어졌습니다.

그림 6-13 [종료 표시]를 클릭해 종료 시점 설정

04 타임라인 패널에 위치한 플레이헤드를 옮겨보겠습니다. ❻플레이헤드를 배치된 영상의 가장 마지막 프레임으로 이동시켜보겠습니다. 이때 아래쪽 방향키를 이용하면 쉽게 이동할 수 있습니다. 아래쪽 방향키를 누를 때마다 영상 클립의 마지막 프레임으로 이동하기 때문에 몇 번 누르다 보면 금방 영상의 가장 마지막 프레임으로 이동합니다.

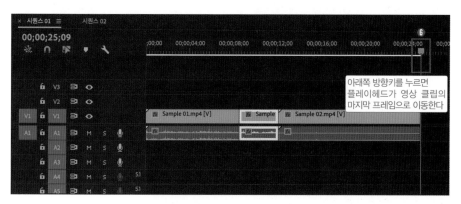

그림 6-14 타임라인 패널의 플레이헤드 이동시키기

05 ❼소스 패널의 영상을 프로그램 패널로 드래그합니다. 즉 왼쪽 영역에서 오른쪽 영역으로 드래그합니다. 다음 그림과 같이 6가지 옵션이 나타납니다. '다음 항목 앞에 삽입', '오버레이', '삽입', '바꾸기', '덮어쓰기', '다음 항목 뒤에 삽입' 등이 있습니다. ❽마우스를 떼면 해당 기능이 실행됩니다. 삽입 영역에서 마우스를 떼면 삽입 기능이 실행됩니다.

그림 6-15 소스 패널에서 프로그램 패널로 드래그 앤드 드롭

06 '삽입' 기능을 실행하면 플레이헤드를 기준으로 영상이 들어갑니다. 특정 범위만큼 영상이 들어갔기 때문에 별도의 컷 편집을 하지 않아도 되는 장점이 있습니다.

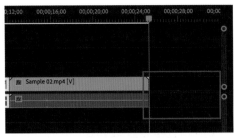

3점 편집 '삽입' 전   **3점 편집 '삽입' 후**

그림 6-16 3점 편집 삽입 전과 삽입 후 비교

07 같은 삽입 기능이어도 '소스 패치'를 어느 트랙에 하는가에 따라 영상 배치가 달라질 수 있습니다. 타임라인 패널의 왼쪽에 있는 소스 패치를 V2 트랙으로 지정하고 삽입 기능을 실행하면 V2 트랙에 영상이 삽입됩니다.

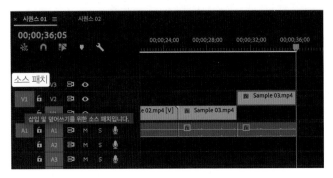

그림 6-17 소스 패치 변경 후 삽입 기능 실행

08 또한 단순히 삽입과 덮어쓰기 기능만 사용한다면 소스 패널에 위치한 [삽입] 버튼(단축키 ,)과 [덮어쓰기] 버튼(단축키 .)을 이용해도 같은 결과물을 얻을 수 있습니다.

그림 6-18 소스 패널에 위치한 삽입과 덮어쓰기 버튼

프리미어 프로는 트랙 중심의 영상 편집 방식을 사용합니다. 따라서 트랙에 영상을 배치하는 방법을 정확하게 알고 있어야 합니다. 단순히 마우스 드래그로 영상을 배치한다고 생각하기 쉽지만, 그렇지 않습니다. 영상을 트랙에 배치하는 기준이 있습니다. 바로 그 기준이 '소스 패치'입니다. 소스 패치는 타임라인의 가장 왼쪽에 있습니다. 소스 모니터 패널에 영상을 올려놓으면 소스 패치가 활성화됩니다. 소스 패치를 설정하면 파란색 바탕의 음영이 표시됩니다.

그림 6-19 소스 패치 설정

소스 패치는 비디오 트랙에서 최대 1개, 오디오 트랙에서 최대 1개만 설정할 수 있습니다. 파란색 음영은 소스 패치가 설정된 상태입니다. 파란색 음영을 한 번 더 클릭하면 소스 패치가 해제됩니다. 일종의 스위치처럼 사용할 수 있습니다. 비디오 소스 패치는 설정하고 오디오 소스 패치는 설정 해제하면 비디오만 타임라인에 배치할 수 있습니다. 그리고 소스 패치를 설정한 트랙에만 영상이 배치됩니다. 다음 그림을 보면 비디오 V2 트랙에 소스 패치가 설정돼 있고, 오디오 트랙은 소스 패치가 해제된 상태이므로 영상을 타임라인에 배치할 때 비디오 V2 트랙에만 영상이 배치됩니다.

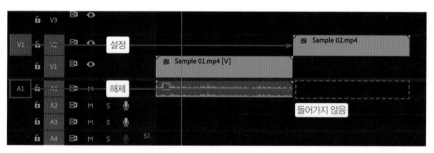

그림 6-20 소스 패치 설정 후 비디오만 배치하기

'트랙 대상 지정'은 소스 패치의 오른쪽에 있습니다. 여러 비디오/오디오 트랙을 설정할 수 있다는 점이 소스 패치와 다릅니다.

그림 6-21 트랙 대상 지정

트랙 대상 지정은 [복사/붙여넣기] 기능을 이용할 때 활용할 수 있습니다. 예를 들어 클립을 복사한 다음 붙여넣을 때 프리미어 프로는 어느 트랙에 복사한 클립을 붙여넣을까요? 바로 트랙 대상 지정을 기준으로 제일 숫자가 낮은 트랙에 붙여넣습니다. 예를 들어 다음 그림과 같이 트랙 대상 지정으로 모든 트랙이 설정된 경우에 'Sample 01.mp4' 파일을 복사해 붙여넣으면 제일 숫자가 낮은 V1, A1 트랙에 배치됩니다.

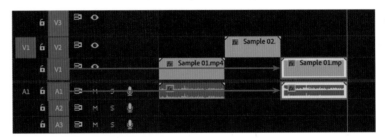

그림 6-22 모든 트랙 대상 지정 후 복사/붙여넣기

이번에는 트랙 대상 지정을 다음 그림과 같이 비디오는 V2, V3 트랙, 오디오는 A3, A4, A5 트랙으로 지정하겠습니다. 똑같은 클립을 복사하여 붙여넣으면 비디오는 대상으로 지정된 트랙(V2, V3) 중에서 숫자가 낮은 V2 트랙에 배치됩니다. 오디오는 대상으로 지정된 트랙(A3, A4, A5) 중에서 숫자가 낮은 A3 트랙에 배치됩니다.

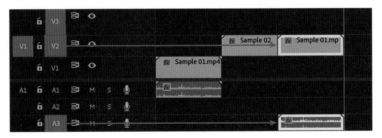

그림 6-23 특정 트랙 대상 지정 후 복사/붙여넣기

시작하세요! 빠르크의 유튜브 영상 편집 with 프리미어 프로

또한 트랙 대상 지정은 영상 클립을 탐색하며 플레이헤드를 이동할 때 사용할 수 있습니다. 키보드의 방향키 ↑, ↓를 이용하면 클립의 시작 지점, 종료 지점으로 빠르게 플레이헤드를 이동시킬 수 있습니다. 이때 트랙 대상 지정으로 이 탐색 기능을 적용할 트랙을 지정할 수 있습니다. 다음 그림은 트랙 대상 지정이 V1, A1 트랙에만 설정돼 있습니다. 그래서 키보드 방향키로 이동해보면 단축키가 V1, A1 트랙에만 적용됩니다. 트랙 대상 지정이 활성화되지 않은 V2, A2 트랙의 클립은 적용되지 않습니다.

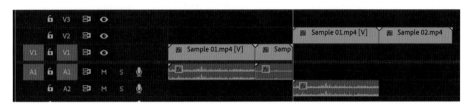

그림 6-24 트랙 대상 지정 후 방향키를 이용해 플레이헤드 이동하기

6.5 도구 패널 기능 살펴보기

도구 패널에는 쉽고 빠른 편집을 도와줄 도구들이 모여있습니다. 프리미어 프로 CC2021 버전을 기준으로 도구 패널에는 8개의 툴이 있습니다. 오른쪽 아래에 삼각형 표시가 있는 도구[2]를 길게 클릭해 보면 2~3개의 도구가 숨겨져 있기도 합니다. 이런 도구를 합치면 총 16개의 도구가 있습니다. 이 도구들과 단축키를 활용하면 작업 시간을 단축하고 더 효율적인 작업을 할 수 있습니다.[3]

오른쪽 아래에 삼각형 표시가 있는 도구

그림 6-25 도구 패널

---

2 1초 이상 길게 클릭하면 숨겨진 도구를 선택하는 창이 나타납니다.
3 macOS를 사용하는 유저는 Ctrl 키 대신 command 키, Alt 키 대신 option 키를 이용하세요.

❶ 선택 도구 (단축키 V)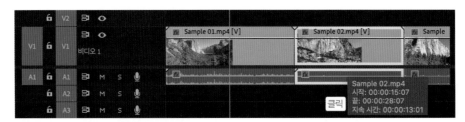

- 타임라인에서 클립을 선택하고 이동시킬 수 있습니다(선택된 클립은 회색으로 표시됩니다).

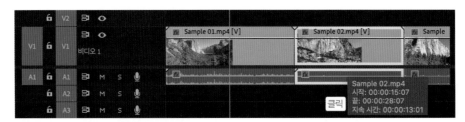

그림 6-26 선택 도구는 클립을 선택합니다.

- 드래그를 이용해 여러 개의 클립을 선택할 수 있습니다.

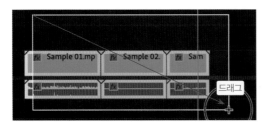

그림 6-27 드래그로 여러 개의 클립 선택하기

- Shift 키를 누른 채로 클립을 클릭하면 떨어져 있는 개별 클립을 선택할 수 있습니다.

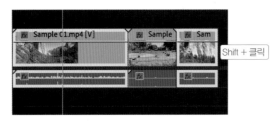

그림 6-28 Shift 키를 누른 채로 클립을 클릭해 개별 클립 선택하기

- Alt 키를 누른 채로 클립을 선택하면 비디오 또는 오디오 클립을 각각 선택할 수 있습니다.

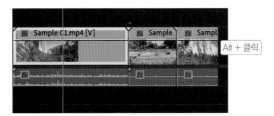

그림 6-29 Alt 키를 누른 채로 클릭해 비디오 클립만 선택하기

- 클립의 가장자리를 드래그해 재생 길이를 조정할 수 있습니다.

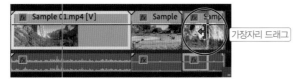

그림 6-30 클립의 가장자리를 드래그해 재생 길이 조정하기

- Alt 키를 누른 채로 드래그하면 클립을 복제할 수 있습니다.

그림 6-31 선택 도구를 이용해 간편하게 클립 복제하기

❷ 앞으로 트랙 선택 도구 (단축키 A) | 뒤로 트랙 선택 도구 (Shift + A)

- 트랙 단위로 전체 클립을 선택할 수 있는 확장된 개념의 선택 도구입니다. 트랙 선택 도구가 활성화된 상태에서는 클릭한 클립을 기준으로 타임라인의 오른쪽에 있는 모든 클립이 선택됩니다.

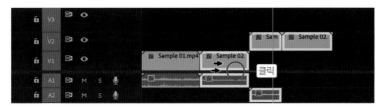

그림 6-32 앞으로 트랙 선택 도구

- Shift 키를 누른 채로 클릭하면 클릭한 곳을 기준으로 해당 트랙의 오른쪽에 있는 모든 클립이 선택됩니다.

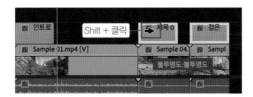

그림 6-33 Shift 키를 누른 채로 클릭하면 트랙에 있는 클립만 선택 가능

▪ Shift + Alt 키를 누른 채로 클릭하면 해당 트랙에 있는 비디오 또는 오디오 클립들만 선택됩니다.

그림 6-34 Shift + Alt 키를 누른 채로 클릭하면 비디오 또는 오디오 클립들만 선택 가능

▪ Alt 키를 누른 채로 드래그하면 트랙에서 선택된 모든 클립을 복제할 수 있습니다.

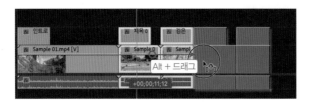

그림 6-35 Alt 키를 누른 채로 드래그해 클립 복제

▪ 뒤로 트랙 선택 도구[4]는 타임라인의 왼쪽에 있는 클립들을 선택합니다. 사용 방법은 트랙 선택 도구와 같습니다.

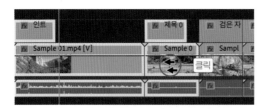

그림 6-36 뒤로 트랙 선택 도구

❸ 잔물결 편집 도구 (단축키 B) | 롤링 편집 도구 (단축키 N) | 속도 조정 도구 (단축키 R)

---

4 [앞으로 트랙 선택 도구] 버튼을 1초 이상 꾹 누르면 숨겨진 메뉴를 선택할 수 있는 창이 나타납니다. 이 창에서 [뒤로 트랙 선택 도구]를 선택할 수 있습니다.

▪ 잔물결 편집 도구는 영상의 길이를 조정하면서 생기는 공백을 메워줍니다. 뒤쪽의 클립들이 자동으로 당겨집니다.

그림 6-37 잔물결 편집 도구

▪ 롤링 편집 도구는 전체 시퀀스의 길이를 그대로 유지하면서 개별 클립 사이의 길이를 조정할 수 있는 기능입니다. 조정하는 길이만큼 원본 클립에 여분[5]이 있어야 활용할 수 있습니다.

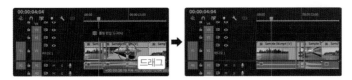

그림 6-38 롤링 편집 도구

▪ 속도 편집 도구는 영상 클립의 속도를 간편하게 조정할 수 있는 도구입니다. 속도 편집 도구를 선택한 상태에서 클립을 왼쪽으로 드래그하면 클립의 길이가 줄어들면서 재생 속도가 빨라집니다. 반대로 클립을 오른쪽으로 드래그하면 클립의 길이가 늘어나면서 재생 속도가 느려집니다. 재생 속도를 변경하면 클립 이름 옆에 조정된 속도가 표시됩니다. 100%를 기준으로 2배속은 200%, 4배속은 400%로 표시됩니다. 0.5배속은 50%로 표시됩니다.

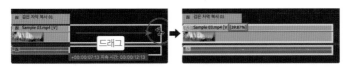

그림 6-39 속도 편집 도구를 선택한 다음 트랙을 오른쪽으로 드래그해 영상 속도 느리게 하기

❹ 자르기 도구 (단축키 C)

▪ 자르기 도구를 선택한 상태에서 영상 클립을 클릭하면 두 개의 클립으로 나뉩니다.

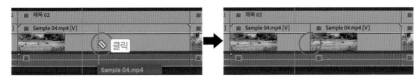

그림 6-40 자르기 도구

▪ Shift 키를 누른 상태에서 클릭하면 모든 트랙의 클립이 잘립니다.

---

5 예를 들어 10초 길이의 영상 클립이 0~5초는 타임라인에서 재생되고, 나머지 6~10초는 재생되지 않게 편집할 수 있습니다. 이때 재생 안 되는 6~10초가 원본 클립의 여분이 됩니다.

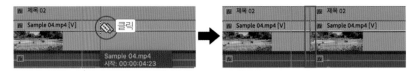

그림 6-41 Shift 키를 누른 채로 클릭하면 모든 트랙의 클립이 잘림

▪ Alt 키를 누른 상태에서 클릭하면 비디오 또는 오디오 클립만 따로 자를 수 있습니다.

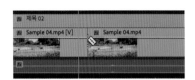

그림 6-42 Alt 키를 누른 상태에서 비디오 또는 오디오만 따로 자르기

❺ 밀어 넣기 도구 (단축키 Y) | 밀기 도구 (단축키 U)

▪ 밀어 넣기 도구는 전체 시퀀스 길이를 그대로 유지하면서 개별 클립의 시작점과 끝점의 위치를 조정합니다. 예를 들어 10초 길이의 클립을 0초에서 5초까지만 보여준다고 한다면 밀어 넣기 도구를 이용해 보여지는 부분을 4초에서 9초까지로 수정할 수 있습니다. 밀어 넣기 도구는 뮤직비디오 편집에 유용하게 쓰입니다. 음악의 비트마다 컷이 바뀌게 편집하고자 할 때 밀어 넣기 도구를 이용하면 전체 길이는 그대로 유지하면서 개별 클립에서 보여지는 부분만 달라지게 편집할 수 있습니다.

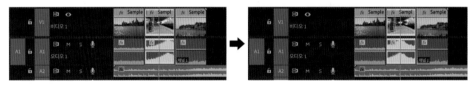

그림 6-43 밀어 넣기 도구로 편집한 예

▪ 밀기 도구는 선택된 클립의 길이는 그대로 유지되지만, 앞과 뒤에 위치한 클립의 길이를 조정하며 편집할 수 있습니다. 다음 그림에서는 가운데 클립을 선택한 상태에서 오른쪽으로 드래그했습니다. 결과적으로 첫 번째 클립은 길이가 늘어났고 세 번째 클립은 길이가 줄어들었습니다. 선택된 두 번째 클립의 길이는 그대로 유지됩니다.

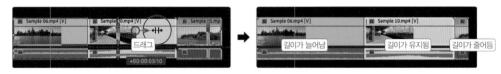

그림 6-44 밀기 도구로 편집한 예

❻ 펜 도구 (단축키 P) | 사각형 도구 | 타원 도구

▪ 펜 도구의 첫 번째 기능은 프로그램 모니터 패널에 자유로운 도형을 그리는 것입니다. 또한, 점을 클릭한 다음 드래그하면 베지어 곡선(Bezier curves)을 그릴 수 있습니다.

그림 6-45 펜 도구의 그래픽 기능

▪ 펜 도구의 두 번째 기능은 비디오 트랙의 불투명도 핸들과 오디오 트랙의 음량 핸들을 제어하는 것입니다. 타임라인 패널에서 영상 클립의 비디오 부분을 클릭해 핸들을 추가한 다음 이를 드래그하면 불투명도나 음량 등을 조정할 수 있습니다.

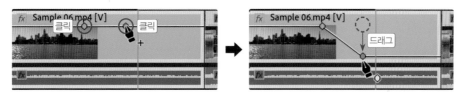

그림 6-46 펜 도구의 핸들 기능

❼ 손 도구 (단축키 H) | 확대/축소 도구(Z)

▪ 타임라인 패널의 작업 화면을 좌우로 드래그해 이동할 수 있습니다. 또는 프로그램 모니터 패널에서 화면이 확대된 경우[6] 화면을 드래그해 이동하면서 볼 수 있습니다.

---

6   프로그램 모니터 패널의 모니터 하단에서 화면 배율을 설정할 수 있습니다(그림 6-47 참조). 화면의 내용을 자세히 보고자 할 때 사용할 수 있습니다.

그림 6-47 프로그램 모니터 패널의 배율 조정과 손 도구

- 확대/축소 도구로는 타임라인 패널을 클릭해 타임라인을 확대할 수 있습니다. 축소하고자 할 때는 Alt 키를 누른 채로 클릭합니다(단축키 W를 이용하면 타임라인 패널에 화면을 맞출 수 있습니다).

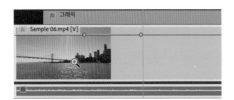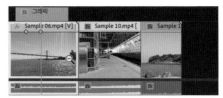

그림 6-48 확대/축소 도구

❽ 문자 도구 (단축키 T)

- 프로그램 모니터 패널에서 문자를 입력하고자 하는 위치를 클릭해 직접 문자를 입력할 수 있습니다.

그림 6-49 문자 도구 입력

▪ 입력한 문자는 효과 컨트롤 패널 및 기본 그래픽 패널에서 문자의 크기, 위치, 색상 등을 조정할 수 있습니다.

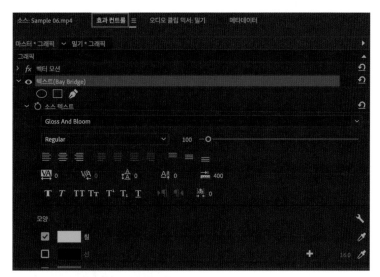

효과 컨트롤 패널에서 문자의 스타일 설정 가능

그림 6-50 효과 컨트롤 패널에서 문자 스타일 설정하기

07장

레거시 제목으로 연출하는
유튜브 영상 자막 작업

이전 장에서는 타임라인에 영상을 배치하고, 기본적인 컷 편집 방법을 살펴봤습니다. 이어서 이번 장에서는 자막을 넣는 방법과 색상, 외곽선, 그림자 등의 자막 스타일을 연출하는 방법을 살펴보겠습니다. 특히 유튜브 영상 편집에 있어서 자막은 꼭 필요한 작업입니다. 자막 작업을 반드시 해야 하는 두 가지 이유가 있는데, 첫 번째는 영상의 이해를 돕기 위함입니다. 예를 들면 현재 영상에 나오는 사람은 누구인지, 촬영하고 있는 장소는 어디인지, 어떤 이야기를 하는지 자막으로 표시하면 시청자들이 좀 더 편하게 시청할 수 있습니다. 두 번째 이유는 시청 시간을 길게 지속할 수 있습니다. 유튜브는 클릭 한 번으로 쉽게 다른 영상으로 넘어갈 수 있는 환경이기 때문에 시청자의 관심을 계속해서 유도하고 시선을 붙잡아 두려면 영상 자막이 필요합니다. 프리미어 프로에서는 다양한 방법으로 자막을 추가할 수 있습니다. 가장 전통적인 방식인 '레거시 제목'부터 '그래픽' 기능, 그리고 '모션 템플릿' 자막을 사용하는 방법까지 영상 편집을 위한 다양한 자막 작업 방법을 살펴보겠습니다.

> **--- 저작권에서 자유로운 폰트 내려받기 ---**
>
> 자막 작업의 절반은 폰트가 차지합니다. 같은 내용이어도 폰트에 따라 시각적인 느낌이 다릅니다. 또한 영상의 성격에 따라 어울리는 폰트가 있습니다. 예를 들어 정보를 제공하는 영상에서는 주로 돋움체 폰트가 어울리고, 감성적인 느낌을 주는 영상에서는 손 글씨체나 바탕체가 어울리는 경우가 많습니다. 이런 다양한 폰트들을 돋움체, 바탕체, 손 글씨체로 분류해 무료로 내려받을 수 있게 안내해주는 웹사이트가 있습니다. 게다가 대부분 저작권으로부터 자유로워 상업적으로 사용할 수 있는 폰트이니 안심하고 사용할 수 있습니다.

주소창에 '눈누(https://noonnu.cc/index)' 사이트의 주소를 입력하거나 검색 엔진에서 '눈누'라고 검색해 이동합니다.

그림 7-1 상업용 무료 한글 폰트 사이트 눈누

눈누 사이트의 상단 메뉴 중에서 [모든폰트] 탭을 누르면 사람들이 많이 내려받는 인기순으로 폰트가 표시됩니다. 검색창에 원하는 폰트 이름을 입력하거나 [폰트 형태] 목록을 눌러서 '고딕', '명조', '손글씨' 유형별로 검색할 수 있습니다. 원하는 폰트를 찾았다면 자막 작업에 활용할 수 있게 미리 컴퓨터에 설치해 둡니다.

그림 7-2 검색 메뉴

추천 폰트 목록

- 에스코어드림체 (굵기별로 1~9까지 제공됩니다)
- 여기어때 잘난체
- 티몬 몬소리체
- 검은고딕체
- Gmarket Sans체
- 구글xAdobe 본고딕
- 배민 주아체, 한나체, 을지로체
- 더페이스샵 잉크립퀴드체
- CJ E&M 즐거운이야기체

먼저 살펴볼 레거시 제목 방식은 프리미어 프로에서 예전부터 사용하던 자막 입력 방식입니다. 레거시 제목은 단순히 자막 입력뿐만 아니라 그래픽 소스를 직접 만들어 자막을 만들 수 있습니다. 기능을 살펴볼 겸 다음과 같은 자막 타이틀을 만들어보겠습니다.

그림 7-3 이번 절에서 만들 레거시 제목 방식으로 만든 자막

01 레거시 제목은 별도의 기능 버튼이 없고 상단 메뉴에서 [파일] - [새로 만들기] - [레거시 제목]을 순서대로 클릭해 실행합니다.

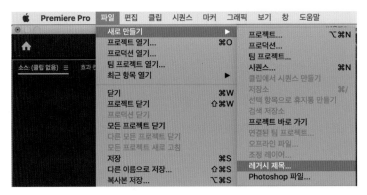

그림 7-4 레거시 제목 만들기

02 새롭게 만들 자막의 크기와 이름을 정하는 창이 나옵니다. 보통은 시퀀스 설정에 맞춰 자막의 크기가 자동으로 맞춰집니다. [확인] 버튼을 누릅니다.

시퀀스 설정에 맞춰 자막의
크기가 자동으로 맞춰짐

그림 7-5 새 제목 만들기

03 레거시 제목을 만들면 다음과 같이 레거시 제목 창이 나타납니다. 창의 중앙 부분에는 플레이
헤드가 가리키고 있는 프레임이 표시되며 화면을 미리 보며 자막을 입력할 수 있습니다. 창의
왼쪽 부분에는 자막을 입력하거나 그래픽을 그릴 수 있는 '도구 목록'이 있습니다. 창의 오른
쪽에는 여러 속성을 입력할 수 있는 '속성 패널'이 있습니다. 창의 아래쪽 영역에는 스타일을
적용할 수 있는 패널이 있습니다.

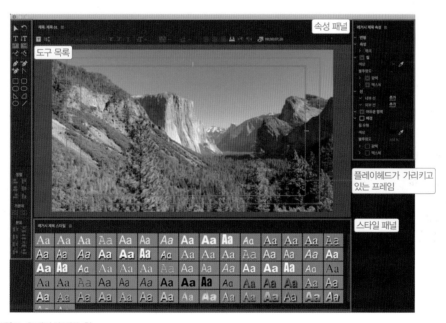

그림 7-6 레거시 제목 창

04 우선 텍스트를 입력해보겠습니다. ❶T 모양의 [문자 도구]를 클릭해 입력을 활성화합니다. ❷
화면의 적당한 영역에 텍스트를 입력합니다. 예제에서는 '요세미티 국립공원'이라고 입력했습
니다.

그림 7-7 화면에 텍스트 입력하기

❸폰트를 변경해보겠습니다. 간혹 한글을 입력했을 때 글자가 깨지는 현상이 발생한다면 폰트가 한글을 지원하지 않기 때문입니다. 한글을 지원하는 폰트로 변경하면 한글이 정상적으로 나타납니다. 예제에서는 '여기어때 잘난체 OTF' 폰트를 선택했습니다.

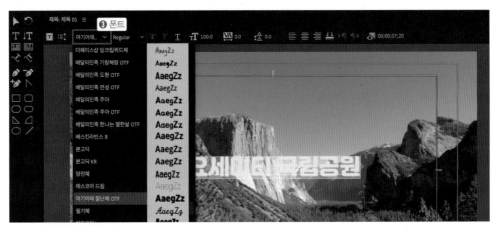

그림 7-8 폰트 변경하기

05 상단의 툴을 이용해 텍스트의 '크기', '커닝', '정렬 상태' 등을 변경할 수 있습니다. 예제에서는 ❹'텍스트의 크기'를 '100'에서 '200'으로 키우고, ❺'커닝(행간)'을 '-5'로 설정해 글자 사이의 간격을 좁혔습니다. 정렬은 ❻[가운데 정렬]로 텍스트의 기준점을 가운데에 맞췄습니다.

그림 7-9 텍스트의 크기, 행간, 정렬 상태 변경하기

06 화면 왼쪽 툴 바에서 약간 아래쪽을 보면 '가운데'로 맞춰주는 정렬 버튼이 있습니다. 이 버튼은 화면의 '가로 중앙'과 '세로 중앙'으로 맞춰주는 기능으로, [가로 중앙] 버튼과 [세로 중앙] 버튼을 한 번씩 눌러주면 텍스트를 화면의 정중앙에 위치시킬 수 있습니다.

그림 7-10 화면의 정중앙에 텍스트 위치시키기

07 화면의 오른쪽에 위치한 속성 창을 살펴보겠습니다. '레거시 제목 속성'은 크게 6가지가 있습니다. '변형', '속성', '칠', '선', '어두운 영역', '배경'입니다. 각 속성은 기본적으로 펼쳐진 상태라서 한눈에 전체를 보기에 어려움이 있지만, 펼침 버튼을 클릭해 속성을 닫거나 펼칠 수 있습니다.

여러 속성이 있는데, 그중에서 '변형' – '불투명도' 옵션을 변경해보겠습니다. '불투명도(Opacity)'는 0에서 100까지의 값으로 설정할 수 있는데 0에 가까워질수록 투명해지는 특성이 있습니다. ❽'불투명도' 값을 '100'에서 '70'으로 입력해보겠습니다. 텍스트가 처음보다 투명해졌습니다.

그림 7-11 불투명도 속성 값을 조정한 텍스트

08 이어서 텍스트의 색상을 변경해보겠습니다. 텍스트의 색상은 '칠(Fill)' – '색상'에서 변경할 수 있습니다. ❾사각형의 색상 영역을 클릭한 다음 원하는 색으로 변경해 적용합니다(예제에 사용한 색상은 '#0DFFD7'입니다).

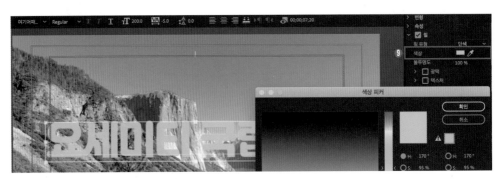

그림 7-12 텍스트 색상 변경하기

09 이번에는 텍스트의 외곽선을 추가해보겠습니다. 외곽선을 추가하면 영상의 배경에 크게 구애받지 않고 텍스트를 또렷하게 나타낼 수 있습니다. 외곽선은 ❿'외부 선'을 추가해야 합니다. 외부 선 오른쪽에 있는 [추가] 버튼을 클릭하면 아래에 외곽선과 관련된 속성이 나타나며 외곽선이 활성화됩니다. ⓫외곽선의 굵기는 '크기'에서 조정할 수 있습니다. 기본값 '10'에서 '7'로 값을 낮춰 입력합니다.

그림 7-13 외부 선 추가

⑩ 텍스트에 그림자를 추가하면 좀 더 부드러운 느낌으로 표현되며, 입체적인 글자를 연출할 수 있습니다. ❷'어두운 영역' 왼쪽에 있는 체크 박스에 체크하면 그림자를 추가할 수 있습니다. ❸그림자의 '불투명도'를 '50%'에서 '75%'로 높여 입력합니다. 그림자가 조금 더 뚜렷해진 모습을 볼 수 있습니다. ❹'거리'는 '10'으로 입력합니다. 거리가 0에 가까울수록 글자와 그림자의 거리가 가까워집니다. ❺'확산'은 '30'에서 '10'으로 입력합니다. 확산은 그림자의 경계 부분을 흐릿하게 만들어줍니다. 값이 낮아질수록 선명해지며 높아질수록 흐릿해집니다.

그림 7-14 그림자 추가하기

⑪ 텍스트의 크기와 위치를 변경하겠습니다. 화면 왼쪽의 툴 바에서 [선택 도구] 툴을 클릭합니다. 텍스트를 클릭하면 텍스트 박스가 나타납니다. 오른쪽 상단의 가장자리 쪽을 드래그하면 텍스트의 크기를 조정할 수 있습니다. 이때 Shift 키를 누른 채로 드래그하면 비율을 유지하며 크기를 조정할 수 있습니다. 적당한 크기로 줄인 뒤 그림과 같이 화면 왼쪽 하단에 텍스트를 배치했습니다. 텍스트의 가운데 부분을 드래그하면 텍스트를 이동시킬 수 있습니다.

그림 7-15 선택 도구로 텍스트를 선택하고 크기와 위치 변경

12 이제 레거시 제목을 이용한 '제목 01' 텍스트 입력 작업을 완료했습니다. 따로 저장 버튼이 없으므로 레거시 제목 창을 닫고 나가면 됩니다. 다시 프리미어 프로의 작업 화면을 보면 프로젝트 패널에 '제목 01'이라는 자막 클립이 생성됐습니다. 이 클립을 타임라인 패널의 V2 트랙으로 드래그 앤드 드롭해 자막을 적용합니다.

그림 7-16 레거시 제목으로 만든 자막 적용하기

13 자막을 적용하면 다음과 같이 자막이 프로그램 패널에 표시됩니다.

그림 7-17 자막을 적용한 모습

14 타임라인에 배치된 자막의 기본 지속 시간은 5초입니다. 가장자리 부분을 드래그해 자막의 지속 시간을 늘리거나 줄일 수 있습니다. 영상에서 나타내고 싶은 부분만큼 자막의 지속 시간을 조정합니다.

그림 7-18 자막의 지속 시간 조정하기

이미 입력한 레거시 제목을 수정하고자 할 때는 프로젝트 패널에 있는 자막 클립을 더블 클릭합니다. 자막을 더블 클릭하면 다시 레거시 제목 입력 창이 나타나며 여기에서 텍스트를 수정해 입력할 수 있습니다. 이 기능을 활용해 '현재 제목 기준 새 제목'을 생성해 기존 스타일을 바탕으로 새로운 내용의 자막을 입력할 수 있습니다.

01 ❶프로젝트 패널에서 자막 클립을 더블 클릭해 레거시 제목 창을 활성화합니다. ❷레거시 제목 창이 열립니다. 여기에서 왼쪽 상단에 있는 [현재 제목 기준 새 제목] 버튼을 클릭합니다.

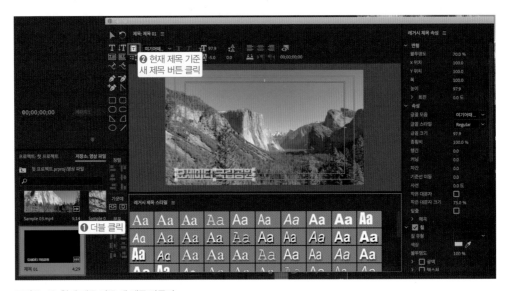

그림 7-19 현재 제목 기준 새 제목 만들기

02 ❸새로운 제목을 만들기 전에 크기와 이름을 입력하는 창이 나타납니다. [확인] 버튼을 누릅니다.

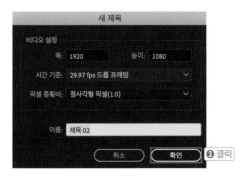

그림 7-20 새 제목 만들기 창

03 '제목 02'의 새로운 자막 입력 창으로 전환됐습니다. 여러분이 지금 입력하는 자막은 왼쪽 상단의 탭에서 이름을 확인할 수 있습니다. ❹텍스트를 클릭하면 자막을 다시 입력해 수정할 수 있습니다.

그림 7-21 새로운 제목에서 글자 입력하기

04 새로 입력한 글자가 기존에 입력한 글자와 겹쳐 보입니다. 이것은 플레이헤드가 가리키는 화면을 표시하고 있기 때문입니다. 자막을 넣었을 때 기존에 배치한 영상과 어떻게 조화를 이룰지 미리 볼 수 있어 편리하지만, 한편으로는 이런 불편함도 있습니다.

❺우측 상단에 있는 [배경 비디오 표시]를 꺼주면 입력한 글자만 확인할 수 있습니다.

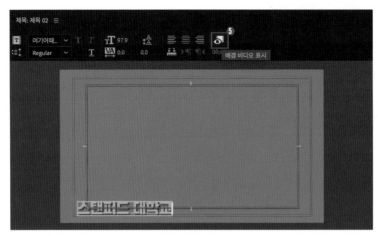

그림 7-22 배경 비디오 표시 끄기

05 현재 제목 기준 새 제목 기능의 장점은 기존에 적용된 자막의 스타일을 그대로 유지하면서 자막의 내용만 바꿀 수 있다는 점입니다. 수정을 완료했다면 레거시 제목 창을 닫습니다. 창을 닫고 난 후 프로젝트 패널에서 '제목 02' 자막 클립을 확인합니다.

그림 7-23 새로 입력한 '제목 02' 자막 클립

06 'Sample 04.mp4' 영상을 가져온 후 타임라인의 V1 트랙에 배치합니다. 그리고 '제목 02' 자막 클립은 V2 트랙에 배치해 다음과 같이 연출합니다.

그림 7-24 새로운 영상 클립에 적용한 자막 클립

7.3 그래픽이 들어간 인트로 타이틀 자막 만들기

레거시 제목 기능을 이용하면 그래픽을 추가해 자막을 만들 수 있습니다. 이번 절에서는 도형을 이용해 간단한 그래픽을 추가해 다음 그림과 같은 인트로 타이틀 자막을 만들어보겠습니다.

그림 7-25 이번 절에서 만들 그래픽을 추가한 레거시 제목 타이틀

01 새로운 레거시 제목 타이틀을 추가하겠습니다. 상단 메뉴에서 ❶[파일] – [새로 만들기] – [레거시 제목]을 순서대로 클릭합니다.

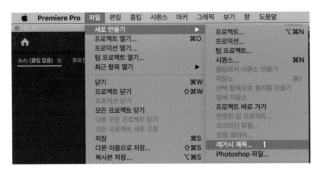

그림 7-26 레거시 제목 만들기

02 ❷새로운 레거시 제목의 이름은 '인트로 타이틀 01'로 입력합니다. ❸[확인] 버튼을 누르고 다음 단계로 진행합니다.

그림 7-27 새로운 레거시 제목 이름 입력하기

03 ❹왼쪽 툴 바에서 [타원 도구]를 선택합니다. ❺Shift 키를 누른 채로 드래그해 원을 그립니다.

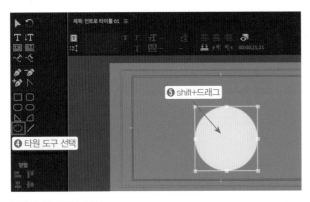

그림 7-28 타원 그리기

04 ❻원을 그린 후 왼쪽 툴 바에 있는 '가운데 정렬' 버튼을 누릅니다. [가로 정렬]과 [세로 정렬] 버튼을 각각 한 번씩 눌러 원을 화면의 정중앙에 위치시킵니다.

그림 7-29 화면 정중앙으로 정렬하기

05 ❼'변형' – '불투명도'의 값을 '100%'에서 '70%'로 조정합니다. 불투명도 값이 낮아짐에 따라 원이 다소 투명해집니다. ❽'칠' – '색상'에서 색상 영역을 클릭한 후 색상을 변경합니다(예제에서 사용한 색상 코드는 #FFE405입니다).

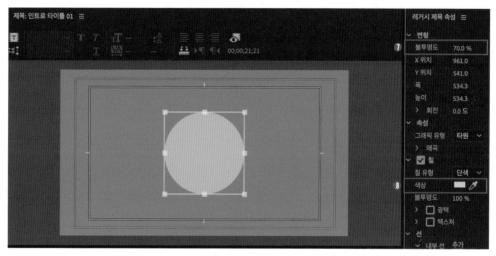

그림 7-30 원의 불투명도와 색상 변경하기

06 ❾왼쪽 툴 바에서 T 모양의 [문자 도구]를 클릭해 텍스트를 입력합니다. ❿원의 중간 영역을 클릭하고 '2020 브이로그'라는 텍스트를 입력합니다. ⓫폰트를 변경합니다. 예제에서는 'Tmon몬소리OTF'를 선택했습니다. 폰트는 여러분의 취향대로 선택합니다.

그림 7-31 텍스트 입력과 폰트 변경

07 ⑫텍스트 역시 [가로 정렬]과 [세로 정렬] 버튼을 각각 한 번씩 눌러 화면 정중앙에 텍스트를 위치시킵니다.

그림 7-32 텍스트를 화면 정중앙으로 정렬

08 ⑬'칠' – '색상'에서 텍스트의 색상을 흰색으로 변경합니다. ⑭'어두운 영역' 왼쪽에 있는 체크 박스에 체크해 그림자도 추가합니다.

그림 7-33 텍스트 색상 변경과 그림자 추가

09 ⑮'배경' 왼쪽에 있는 체크 박스에 체크해 배경을 적용합니다. 배경은 자막 클립의 배경 역할을 합니다. 특정 색의 단색 배경이나 그라디언트 배경 위에 자막을 나타낼 수 있습니다. ⑯배경의 '불투명도'는 '100%'에서 '50%'로 값을 낮춥니다. 불투명도를 낮추면 자막 클립과 배경이 함께 보이며 화면이 조금 더 자연스러워 보입니다.

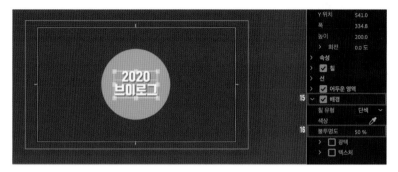

그림 7-34 텍스트에 배경 적용

10 이제 레거시 제목 창을 닫습니다. 프로젝트 패널에 방금 작업한 '인트로 타이틀 01' 자막 클립이 있습니다. ⑰이 자막 클립을 타임라인의 V3 트랙으로 드래그 앤드 드롭합니다.

그림 7-35 '인트로 타이틀 01' 자막 클립 적용하기

11 타임라인에서 처음 시작하는 앞부분에 '인트로 타이틀 01' 자막 클립을 추가했더니 기존에 V2 트랙에 추가한 '제목 01' 자막과 V1 트랙에 추가한 'Sample 01.mp4' 영상이 함께 나타납니다. 이렇게 기존 자막 클립과 새로운 자막 클립을 동시에 사용할 수 있습니다.

그림 7-36 영상에 '인트로 타이틀 01' 자막 클립을 추가한 예

7.4 유튜브 영상의 필수 요소 '검은색 배경 자막(자막 바)' 만들기

레거시 제목의 그래픽 기능을 이용하면 그림과 같은 '검은색 배경의 자막(자막 바)'을 쉽게 만들 수 있습니다. 또한 이런 형태의 자막은 주로 반복해서 입력하기 때문에 '현재 제목 기준 새 제목' 기능을 이용하면 같은 그래픽에서 자막의 내용만 수정하여 반복되는 자막을 쉽게 만들 수 있습니다. 실습을 통해 제작 방법을 살펴보겠습니다.

그림 7-37 이번 절에서 만들 검은색 배경 자막

01 ❶상단 메뉴에서 [파일] – [새로 만들기] – [레거시 제목]을 순서대로 선택합니다.

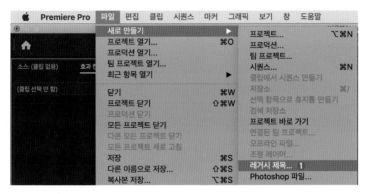

그림 7-38 레거시 제목 만들기

02 ❷새로 생성할 자막의 이름은 '검은자막바 01'로 설정합니다. ❸[확인] 버튼을 눌러 다음 단계
로 진행합니다.

그림 7-39 새로 생성할 자막의 이름 입력

03 ❹상단에 위치한 툴 바에서 [배경 비디오 표시]를 켜줍니다. 배경 비디오 표시를 켜면 영상
과 자막을 함께 볼 수 있어 자막이 어떤 식으로 들어갈지 미리 살펴볼 수 있습니다.

그림 7-40 배경 비디오 표시 켜기

04 ❺왼쪽 툴 바에서 [사각형 도구]를 선택합니다. ❻화면 영역에서 드래그해 사각형을 그립니다.

그림 7-41 사각형 그리기

05 ❼'칠' – '색상'의 '색상 영역'을 클릭해 사각형의 색상을 '검은색'으로 변경합니다(검은색의 색상 코드는 '#000000'입니다).

그림 7-42 사각형의 색상 변경하기

06 ❽왼쪽 툴 바에서 T 모양의 [문자 도구]를 클릭하면 텍스트를 입력할 수 있습니다. ❾검은색 배경의 자막 바를 기준으로 살짝 윗부분을 클릭한 후 텍스트를 입력합니다. 현재 텍스트의 색상이 검은색이기 때문에 검은색 배경의 자막 바와 겹쳐 텍스트가 잘 보이지 않는 상태입니다. ❿폰트를 변경하겠습니다. 주로 고딕 계열의 폰트를 많이 사용하는데 실습에서는 '본고딕' 폰트를 선택했습니다. 굵기는 'Bold'로 선택합니다.

그림 7-43 텍스트 입력과 폰트 변경

07 ⓫텍스트의 색상을 변경하겠습니다. 텍스트를 클릭한 다음 오른쪽 속성 창의 '칠' – '색상'에서 색상 영역을 클릭하고 흰색으로 변경합니다.

그림 7-44 텍스트의 색상 변경

08 ⓬상단 툴 바에서 [가운데 정렬] 버튼을 클릭합니다. 가운데 정렬을 하면 바로 보이는 변화는 없습니다. 이 기능은 텍스트 내부의 기준점을 중앙으로 설정하는 기능이기 때문입니다. 따라서 새로운 글자를 입력하면 중앙에서부터 글자가 입력됩니다. ⓭왼쪽 툴 바에서 [가로 정렬] 버튼을 클릭합니다. 가로 정렬을 하면 텍스트가 검은색 배경 자막 바의 중앙에 위치하게 됩니다.

그림 7-45 정렬 버튼을 이용해 가운데 정렬

09 이제 '검은자막바 01'의 작업이 끝났습니다. 레거시 제목 창을 닫은 후 브라우저 패널에서 '검은자막바 01'을 타임라인으로 드래그해 영상 편집에 활용하면 됩니다. 자막 클립은 항상 배경 영상의 위쪽 트랙으로 배치해야 누락 없이 나타납니다.

그림 7-46 자막 클립을 타임라인에 배치한 모습

10 '현재 제목 기준 새 제목' 기능을 이용하면 검은색 배경의 그래픽을 그대로 사용하면서 글자만 수정해 자막 클립을 계속 생성할 수 있습니다. 브라우저 패널에 위치한 '검은자막바 01'을 더블 클릭합니다.

그림 7-47 브라우저 패널에서 '검은자막바 01' 더블 클릭하기

11 레거시 제목 창이 다시 나타납니다. 여기에서 상단에 위치한 [현재 제목 기준 새 제목] 버튼을 클릭합니다.

그림 7-48 [현재 제목 기준 새 제목] 클릭

12 새로운 자막의 이름은 '검은자막바 02'로 설정하겠습니다. 자막의 이름에 숫자를 붙이면 계속 생성되는 자막을 순서대로 파악할 수 있어 편집에 도움이 됩니다.

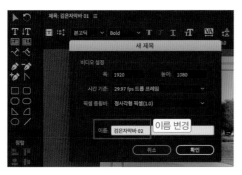

그림 7-49 새로운 자막의 이름 입력하기

13 '검은자막바 02'의 작업 화면입니다. 왼쪽 툴 바에서 T 모양의 [문자 도구]를 선택한 후 기존에 입력된 텍스트를 클릭해 내용을 수정합니다.

그림 7-50 자막 내용 수정하기

14 자막 작업이 완료되면 레거시 제목 창을 닫습니다. 창을 닫고 난 후 자막 클립을 타임라인에 배치해 자막을 영상에 삽입합니다. 이처럼 '현재 제목 기준 새 제목'을 이용해 영상에 들어갈 자막을 계속 만들 수 있습니다.

그림 7-51 새로 작업한 자막 삽입하기

08장

문자 도구 기능을 활용한 직관적인 자막 작업

프리미어 프로 CC 2017 이후 버전부터 새로운 텍스트 입력 방식이 도입됐습니다. 바로 '문자 도구 (T)'를 이용하는 방식입니다. 문자 도구 방식은 영상을 보면서 직관적으로 텍스트를 입력할 수 있습니다. 또한, 효과 컨트롤 패널에서 텍스트의 크기, 폰트, 색상 등의 스타일도 변경할 수 있기 때문에 기존의 레거시 제목 방식보다 더 간편해진 부분이 있습니다.[1] 이번 장에서는 문자 도구 기능을 활용해 텍스트를 입력해보겠습니다.

8.1 | 예능 스타일의 기본 자막 만들기

문자 도구 기능을 이용하면 간단한 설정만으로도 그림과 같은 예능 스타일의 기본 자막을 만들 수 있습니다.

---

[1] CC2020 버전까지 '문자 도구'로 만든 텍스트는 단색으로만 설정할 수 있었습니다. CC2021 버전에서는 기능 업데이트를 통해 텍스트에 단색 뿐만 아니라 그라디언트를 적용할 수 있습니다.

그림 8-1 이번 절에서 만들 예능 스타일의 자막

01　❶우선 'Sample 03.mp4' 영상을 타임라인의 V1 트랙에 배치합니다. ❷도구 패널에서 [문자 도구(T)]를 클릭합니다.

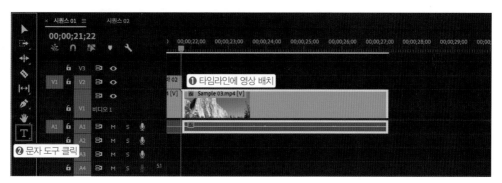

그림 8-2 도구 패널에서 문자 도구 선택

02　❸프로그램 모니터 패널(오른쪽 상단)에서 자막을 입력하고자 하는 위치를 클릭한 후 텍스트를 입력합니다.

그림 8-3 텍스트 입력하기

03 ❹입력된 텍스트는 '효과 컨트롤' 패널에서 수정할 수 있습니다. 효과 컨트롤 패널은 화면의 왼쪽 '소스 패널'에 있습니다. [효과 컨트롤] 패널을 클릭한 후 '텍스트' 왼쪽의 [펼침] 버튼을 클릭해 관련 속성이 모두 표시되게 펼쳐줍니다.

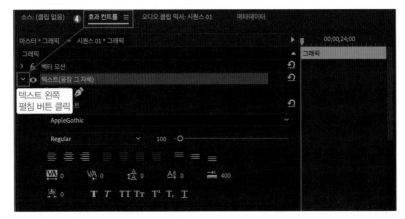

그림 8-4 효과 컨트롤 패널에서 텍스트 펼침 버튼 누르기

04 ❺폰트를 변경해보겠습니다. 문자 도구를 이용한 텍스트는 '소스 텍스트' 아래에서 폰트나 크기, 정렬 등의 주요 설정을 변경할 수 있습니다. 폰트는 소스 텍스트의 하단에서 폰트 목록을 클릭해 변경할 수 있습니다. 예제에서는 'Tmon몬소리체(TmonMonsoriOTF)'를 사용했습니다. 폰트 이름이 영어 이름으로 표시되니 주의해서 적용하면 됩니다.

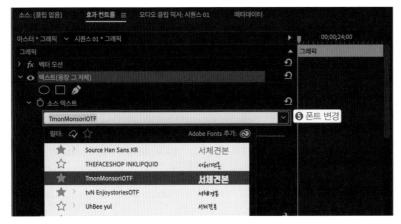

그림 8-5 소스 텍스트의 폰트 변경

05 ❻텍스트의 크기는 슬라이더를 드래그하거나 직접 입력해 조정할 수 있습니다. 기본값 '100'에서 '150'으로 드래그해 텍스트의 크기를 키웠습니다. ❼[가운데 정렬] 버튼을 클릭해 가운데 정렬이 되게 변경합니다. 정렬이 달라짐에 따라 텍스트의 위치가 변경됩니다. ❽'모양' – '칠'에서는 텍스트의 색상을 변경할 수 있습니다. 색상 영역을 클릭해 '흰색'이나 '노란색'으로 변경합니다.

그림 8-6 텍스트의 크기, 정렬, 색상 변경

06 ❾'선' 왼쪽에 있는 체크 박스에 체크해 '외곽선'을 적용합니다. 외곽선의 색상은 검은색으로 하고 굵기는 '5.0'으로 설정합니다. ❿'어두운 영역' 왼쪽에 있는 체크 박스에 체크해 '그림자'를 적용합니다. 그림자는 기본 설정값을 그대로 두겠습니다.

그림 8-7 텍스트의 외곽선과 그림자 적용

07 ⓫텍스트의 위치를 가운데로 변경해보겠습니다. 화면에서 보며 바로 위치를 변경할 수도 있지만, 눈대중으로 위치를 지정하는 방법은 다소 부정확합니다. 앞서 텍스트를 가운데 정렬 상

태로 변경했으므로 기준점이 텍스트의 중앙에 맞춰져 있습니다. 이 상태에서 '변형' – '위치'의 X축(왼쪽) 값을 '960.0'으로 설정하면 텍스트의 위치가 가운데로 맞춰집니다.

그림 8-8 텍스트의 위치를 가운데로 맞추기

'위치'의 두 숫자는 어떤 의미인가요?

[효과 컨트롤] 패널의 '변형' – '위치'에는 두 개의 숫자 값이 있습니다. 이 값은 각각 X 좌푯값과 Y 좌푯값을 의미합니다. 이 위칫값을 이용하면 쉽게 가운데 정렬을 할 수 있습니다. 화면의 가운데 위칫값은 생성된 시퀀스의 해상도에 따라 다릅니다. 앞서 이 책에서 생성한 시퀀스의 해상도는 가로 1920픽셀, 세로 1080픽셀입니다. 가운데 위칫값은 시퀀스의 해상도를 절반으로 나눈 값입니다. 1920을 2로 나누면 960이고, 1080을 2로 나누면 540이므로 가로 1920픽셀, 세로 1080픽셀의 풀HD 해상도의 가운데 위칫값은 (960, 540)입니다.

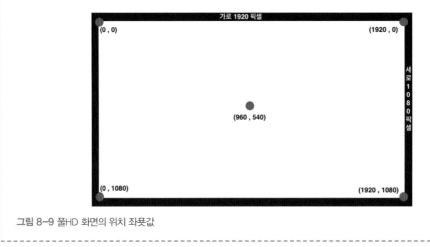

그림 8-9 풀HD 화면의 위치 좌푯값

---

08 ⑫특정 범위만 드래그해서 특정 글자의 색상만 변경할 수도 있습니다. 그림과 같이 '그 자체' 글자를 마우스로 드래그해 범위를 지정합니다. ⑬'모양' – '칠'에서 색상 영역을 클릭해 변경하고자 하는 색상을 선택합니다. 범위가 지정된 글자만 색상이 변경됩니다.

그림 8-10 특정 범위의 글자만 색상 변경

09 ⑮ 텍스트가 완성됐습니다. '문자 도구'에서는 간단하게 체크 박스를 클릭하는 것만으로도 멋진 타이틀을 만들 수 있습니다. 도구 패널에서 문자 도구가 선택된 상태이므로 [선택 도구]를 선택해 텍스트 입력 모드에서 벗어납니다.

그림 8-11 도구 패널에서 선택 도구 선택

--- 텍스트를 화면의 정중앙에 배치하는 다양한 방법 -------

텍스트를 화면의 정중앙에 배치하는 방법은 다양합니다. 여기에서는 다양한 방법으로 자막 텍스트가 화면의 정중앙에 올 수 있게 배치해 보겠습니다.

① 프로그램 모니터 패널에서 드래그를 이용해 배치하기
도구 패널에서 [선택 도구]를 선택한 다음 프로그램 모니터 패널에서 자막의 가운데 부분을 드래그하면 자막의 위치를 변경할 수 있습니다. 이때 Ctrl(⌘command) 키를 누른 채로 자막을 드래그하면 화면의 정중앙에 정렬할 수 있게 돕는 빨간색 가이드 선이 표시됩니다.

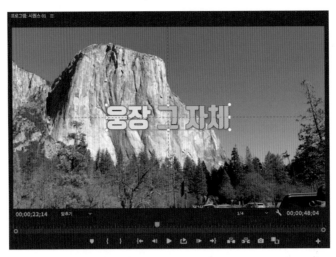

그림 8-12 프로그램 모니터 패널 화면에서 드래그를 이용해 자막 배치하기

② 기본 그래픽 패널 – [편집] 탭 – '정렬 및 변형'에서 정렬하기

상단 메뉴에서 [창] – [기본 그래픽]을 선택하면 기본 그래픽 패널이 활성화됩니다. 기본 그래픽 패널에서 [편집] 탭의 '정렬 및 변형' 영역에는 그래픽 요소를 정렬할 수 있는 다양한 아이콘이 있습니다. 이 아이콘을 클릭하면 화면의 특정 위치로 그래픽 요소를 배치할 수 있습니다. 이 중에서 [세로 가운데] 아이콘(▣)과 [가로 가운데] 아이콘(▣)을 차례로 클릭하면 화면의 정중앙으로 자막을 정렬할 수 있습니다.

그림 8-13 기본 그래픽 패널 – [편집] 탭 – '정렬 및 변형'의 위치 아이콘

③ 위치의 X 좌푯값, Y 좌푯값을 변경해 위치 변경하기

'정렬 및 변형'에서는 위치, 비율, 회전, 불투명도 값을 입력하거나 슬라이더를 드래그해 속성을 조정할 수 있습니다. 그중 위치의 X 좌푯값과 Y 좌푯값을 입력하면 위치를 설정할 수 있습니다. 가운데 좌푯값은 생성된 시퀀스의 해상도를 각각 절반으로 나눠 구할 수 있습니다. 예를 들어 가로 1920픽셀, 세로 1080픽셀로 생성된 시퀀스의 가운데 좌표는 (960, 540)이고, 가로 1280픽셀, 세로 720픽셀로 생성된 시퀀스의 가운데 좌표는 (540, 360)입니다.

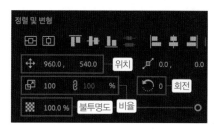

그림 8-14 '정렬 및 변형'의 위치, 비율, 회전, 불투명도 값 입력해 조정하기

8.2 ┃ 두 개의 자막이 함께 들어간 예능 자막 만들기

앞서 '문자 도구'로 만든 자막을 이용해 이번에는 두 개의 자막이 함께 들어간 예능 자막을 만들어보겠습니다. 이번에는 '배경' 기능을 활용해 그림과 같이 노란 테두리 안에 자막이 들어간 형태로 자막을 연출해보겠습니다.

그림 8-15 이번 절에서 만들 두 개의 자막을 활용한 예능 자막

01 ❶기존에 배치된 자막 클립을 복사합니다. 복사할 자막 클립을 Alt(option) 키를 누른 채로 오른쪽으로 드래그하면 자막 클립을 복사할 수 있습니다.

그림 8-16 자막 클립 복사하기

02 ❷텍스트의 내용을 수정합니다. 화면에 표시된 텍스트를 더블 클릭하면 텍스트를 수정할 수 있습니다. 또한 특정 범위를 드래그해 지정한 후 '모양' – '칠'에서 색상을 변경할 수 있습니다.

그림 8-17 텍스트의 내용 수정 및 색상 변경

03 ❸새로운 텍스트를 입력하기 위해 도구 패널에서 [문자 도구]를 클릭합니다. ❹프로그램 모니터 패널에서 자막을 입력하고자 하는 위치를 클릭한 후 새로운 텍스트('와 대박')를 입력합니다.

그림 8-18 새로운 텍스트 입력

04 ❺효과 컨트롤 패널에서 새로 입력한 텍스트 부분('텍스트(와 대박)')의 펼침 버튼을 클릭합니다. ❻폰트를 변경합니다. 예제에서는 'tvN 즐거운 이야기체'를 선택했습니다.

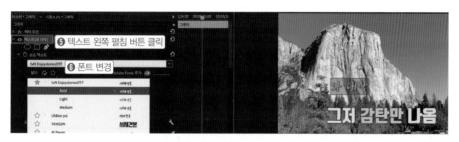

그림 8-19 새로 입력한 텍스트의 폰트 변경

05 ❼'모양' – '칠'에서 색상 영역을 클릭해 텍스트의 색상을 검은색으로 변경합니다. 그다음 ❽ '배경' 왼쪽에 있는 체크 박스에 체크해 배경을 적용합니다. 배경의 '색상'은 '노란색'으로 변경하고, '불투명도'는 '100%'로 변경합니다. '크기' 값은 '10.0'으로 설정합니다. 마지막으로 ❾프로그램 모니터 패널에서 박스를 드래그해 위치를 조정합니다. 위치를 자막의 시작 부분으로 맞추면 작업이 완료됩니다.

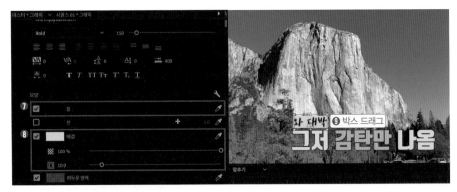

그림 8-20 텍스트에 배경을 추가하고 위치와 크기 조정

8.3 | 유튜브 영상 자막의 필수 요소인 반응형 자막 만들기

'반응형 자막'은 입력한 텍스트만큼 검은색의 배경이 만들어지는 자막 스타일입니다. 많은 분이 유
튜브 영상의 자막으로 활용하고 있습니다. 프리미어 프로에서는 이전 절에서 살펴본 배경 기능을
이용하면 이러한 반응형 자막도 쉽게 만들 수 있습니다.

그림 8-21 이번 절에서 만들 반응형 자막

01 ❶타임라인에서 플레이헤드를 자막 클립이 없는 위치로 옮깁니다. 그다음 ❷도구 패널에서
[문자 도구]를 선택합니다.

그림 8-22 플레이헤드를 옮기고 문자 도구 선택

02 ❸프로그램 모니터 패널에서 화면 영역을 클릭해 텍스트를 입력합니다. 현재는 이전에 입력
했던 속성이 그대로 남아 있어 배경이 적용된 상태로 입력됐습니다.

그림 8-23 텍스트 입력

03 ❹텍스트의 폰트를 변경합니다. 반응형 자막은 일반적으로 가독성이 좋은 고딕 계열의 폰트
를 사용합니다. 구글의 '본고딕'체나 'Source Han Sans KR'을 선택합니다. ❺텍스트의 크기는
'72'로 설정하고, ❻텍스트의 정렬을 '가운데 정렬'로 합니다. 이어서 ❼'모양' – '칠'의 색상 영
역을 클릭해 텍스트의 색상을 흰색으로 변경하고, ❽'모양' – '배경' 왼쪽의 체크 박스에 체크
한 다음 배경 색상을 검은색으로 변경합니다.

그림 8-24 반응형 자막의 스타일 설정

04 ❾'변형'–'위치'에서 X 좌표(왼쪽)의 값을 '960.0'으로 설정해 자막을 화면의 중앙에 위치시킵
니다. 이렇게 반응형 자막의 입력을 완료했습니다.

그림 8-25 자막의 위치 조정

05 ❿반응형 자막을 복사해 내용을 수정하는 식으로 계속 입력할 수 있습니다. 복사할 자막 클립을 Alt 키를 누른 채로 오른쪽으로 드래그하면 자막 클립을 복사할 수 있습니다.

그림 8-26 자막 복사하기

06 ⓫플레이헤드를 복사한 자막 클립으로 이동시킵니다. ⓬프로그램 모니터 패널에 표시된 텍스트를 더블 클릭해 원하는 자막 내용으로 수정합니다.

그림 8-27 복사한 자막의 내용 수정

09장

모션그래픽 템플릿을 활용한
화려한 모션 자막 작업

프리미어 프로의 모션그래픽 템플릿 자막을 이용하면 화려한 애니메이션이 들어간 자막을 쉽게 적용하고 수정해 사용할 수 있습니다. CC 2017 버전부터 도입된 모션그래픽 템플릿 자막 기능은 이후 버전이 업데이트되면서 계속해서 안정성이 높아지고 있습니다. 어도비사의 소스 공유 마켓 'Adobe Stock' 및 여러 유튜버를 통해 모션그래픽 템플릿 파일을 무료로 내려받을 수 있습니다. 이번 장에서는 손쉽게 여러분의 영상 퀄리티를 한 단계 높여줄 모션그래픽 템플릿의 사용 방법을 살펴보겠습니다.

9.1 구독, 좋아요 및 다음 영상 추천 화면 만들기

유튜브 영상 마지막을 보면 시청자들로 하여금 '구독'과 '좋아요'를 눌러 달라고 요청하는 화면을 쉽게 찾아볼 수 있습니다. 직접 제작한 영상의 '좋아요' 수가 올라가고 채널의 구독자 수가 늘어나는 것을 마다할 사람은 없습니다. 또한, 유튜브는 '최종 화면' 기능을 제공합니다. 최종 화면 기능은 영상이 끝난 이후 시청자가 다음에 시청할 영상이나 구독과 '좋아요'를 유도할 수 있는 프로필 화면을 크리에이터가 직접 구성할 수 있는 기능입니다. 이번 장에서 만들 화면이 바로 그런 상황에 적합한 화면입니다. 특히 영상을 마지막까지 시청한 시청자는 내 채널 영상에 대한 충성도가 높다고 할 수 있고, 따라서 추천 영상이 있으면 길을 잃지 않고 내 영상을 계속해서 볼 것입니다. 이러한 시청자를 생각해서라도 꼭 만들어야 하는 화면입니다.

그림 9-1 이번 장에서 만들 구독, 좋아요 및 다음 영상 추천 화면

01 ❶먼저 작업 환경을 [그래픽]으로 전환합니다. 상단 메뉴의 바로 아래에 있는 작업 환경 설정 버튼 중에서 [그래픽]을 클릭합니다.

그림 9-2 작업 환경을 그래픽으로 전환

02 작업 환경을 그래픽으로 전환하면 화면의 오른쪽에 '기본 그래픽' 패널이 나타납니다. 기본 그래픽 패널에서는 프리미어 프로가 설치되면서 기본으로 내장된 템플릿들을 확인할 수 있습니다. 또한 설치된 모션그래픽 템플릿을 살펴보거나 새로운 템플릿을 추가할 수 있습니다. 새로운 템플릿을 추가하는 방법으로는 수동으로 내려받은 파일을 추가하는 방법과 Adobe Stock에서 내려받아 설치하는 방법이 있습니다.

03 Adobe Stock에서 템플릿을 추가하기 위해 ❷[Adobe Stock] 버튼을 클릭합니다. ❸'무료' 왼쪽에 있는 체크 박스에 체크하면 무료로 제공되는 템플릿만 볼 수 있습니다. 검색 창에 'Minimal End Card'를 입력해 템플릿을 검색합니다. 템플릿 오른쪽 아래에는 내려받기 버튼이 있습니다. ❹[내려받기] 버튼을 클릭해 템플릿을 내 컴퓨터에 설치합니다.

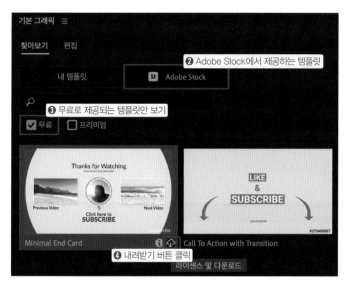

그림 9-3 Adobe Stock에서 템플릿 내려받기

04 기본 그래픽 패널에서 ❺[내 템플릿]을 클릭하고 ❻내려받은 'Minimal End Card' 템플릿을 찾습니다. 해당 템플릿을 타임라인으로 드래그 앤드 드롭해 적용합니다.

그림 9-4 내려받은 모션그래픽 템플릿을 타임라인에 적용

05 ❼기본 그래픽 패널에서 [편집] 탭을 클릭해 모션그래픽 템플릿의 세부 내용을 수정합니다. ❽'TEXT CONTROLS' 왼쪽의 [펼침] 버튼을 클릭한 다음 ❾'TITLE TEXT' 왼쪽의 [펼침] 버튼을 클릭합니다. ❿'Title Text 1'의 텍스트 박스를 클릭하고 텍스트를 수정합니다. ⓫'텍스트 속성'에서 폰트 목록을 클릭한 다음 폰트를 변경합니다. 예제에서는 'Black Han Sans(검은 고딕)' 폰트를 선택했습니다. ⓬'Title Text 2'의 텍스트 박스를 클릭하고 텍스트를 수정합니다. ⓭'텍스트 속성'에서 폰트 목록을 클릭해 폰트를 변경합니다. 예제에서는 'S-Core Dream – 5 Medium(에스코어 드림체)'을 선택했습니다.

그림 9-5 모션그래픽 템플릿의 세부 내용 수정

06 ⓮'SUBSCRIBE TEXT' 왼쪽의 [펼침] 버튼을 클릭합니다. ⓯'Subscribe Text 1'은 구독을 유도하는 문구의 첫 줄 내용입니다. 해당 텍스트 박스의 내용은 삭제해 공란으로 둡니다. ⓰ 'Subscribe Text 2'의 텍스트 박스를 클릭하고 텍스트를 수정합니다. 예제에서는 '구독 좋아요'라고 입력했습니다. ⓱'텍스트 속성'에서 폰트 목록을 클릭해 'Black Han Sans(검은 고딕)' 폰트로 변경합니다. ⓲'Subscribe Text 2 Position'의 'Y값'을 변경합니다. 'Y값'을 '850.0'으로 입력해 텍스트를 좀 더 위쪽으로 배치합니다.

그림 9-6 구독, 좋아요 문구 수정하기

07 ⓳아래쪽으로 스크롤해 'BACKGROUND CONTROLS' 왼쪽의 [펼침] 버튼을 클릭합니다. ⓴ 'Background Color 1'의 색상 영역을 클릭한 뒤 색상을 변경합니다. 예제에서는 색상 코드 '#7AACFF'로 설정했습니다.

그림 9-7 배경 색상 변경

08 이렇게 만든 모션그래픽 템플릿은 타임라인으로 드래그 앤드 드롭해 편집한 영상의 마지막 부분에 삽입합니다. 현재는 빈 화면으로 나타나지만, 추후 유튜브에 업로드한 이후 Youtube 스튜디오의 '동영상' – '세부정보' – '최종 화면'에서 프로필 구독 버튼과 다음에 시청할 영상을 추가할 수 있습니다.

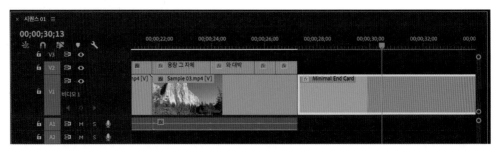

그림 9-8 타임라인에서 마지막에 배치된 구독, 좋아요 클립

9.2 자막 길이가 자동으로 조절되는 '반응형 투명 자막' 템플릿

반응형 투명 자막 템플릿은 텍스트 부분이 투명하게 뚫려있는 스타일로, 색상을 이용한 자막이 아닌 영상의 배경을 이용한 자막 스타일입니다. 프리미어 프로에서 '트랙 매트' 기능을 이용해 구현할 수 있지만, 구현 과정이 조금 번거롭기 때문에 빠른 편집을 원하는 분을 위해 '템플릿 MOGRT' 파일로 준비했습니다. 게다가 반응형으로 제작했기 때문에 자막의 내용만 입력하면 자막 바의 길이가 자동으로 맞춰집니다. '모션그래픽 템플릿' 파일의 확장자는 '.MOGRT'인데, 이 파일을 내려받은 다음 프리미어 프로에 설치하고 적용하는 과정을 살펴보겠습니다.

그림 9-9 이번 절에서 이용할 반응형 투명 자막 템플릿

01 ❶상단 메뉴에서 [그래픽] – [모션 그래픽 템플릿 설치]를 순서대로 클릭합니다.

그림 9-10 모션 그래픽 템플릿 설치

02 ❷예제 파일에 포함된 '반응형 투명 자막 템플릿(CC2020 한글판).mogrt' 파일을 선택하고,
    ❸[열기] 버튼을 클릭합니다.

그림 9-11 반응형 투명 자막 템플릿 파일 선택 및 열기

영문판 CC 2020, CC 2019, CC 2018 버전은 https://parkpictures.tistory.com/581에서 내려받을 수 있습니다.

03 ❹기본 그래픽 패널에서 [찾아보기] – [내 템플릿]으로 이동한 다음 검색창에서 '반응형'으로
    검색하면 해당 자막 템플릿을 쉽게 찾을 수 있습니다. ❺'반응형 투명 자막 템플릿'을 타임라
    인으로 드래그 앤 드롭해 적용합니다.

그림 9-12 반응형 투명 자막 템플릿 파일을 타임라인에 추가

04 ❻타임라인에 배치된 '반응형 투명 자막 템플릿' 클립을 클릭합니다. ❼기본 그래픽 패널에서 [편집] 탭을 클릭한 다음 'Text' 상자에서 해당 텍스트 내용을 수정해 입력합니다. 예제에서는 '도시의 스카이라인'이라고 입력했습니다. ❽입력을 마치고 빈 여백 부분을 클릭하면 수정한 텍스트가 반영됩니다. 자막 바의 길이 역시 입력된 텍스트에 맞춰 조절됩니다.

그림 9-13 텍스트 내용 수정

05 ❾화면의 왼쪽 위에 위치한 소스 패널에서 [효과 컨트롤] 패널을 클릭합니다. ❿'비디오' - '모션' - '위치' 매개변수를 클릭합니다. ⓫프로젝트 패널의 화면 영역에서 해당 자막 템플릿의 위치를 드래그해 아래쪽으로 이동시킵니다.

그림 9-14 자막 템플릿의 위치 변경

9.3 선이 나오며 제목으로 사용할 수 있는 '라인 타이틀' 템플릿

모션템플릿의 자막 템플릿은 동적인 애니메이션이 들어간 형태로도 연출할 수 있습니다. 이번에 소개할 자막 템플릿은 선이 나오며 영상의 제목으로 사용할 수 있는 라인 타이틀 템플릿입니다. 간단하게 클릭만으로도 프리미어 프로에 설치할 수 있으며 수정 또한 쉽게 할 수 있습니다.

그림 9-15 이번 절에서 이용할 라인 타이틀 템플릿

01 ❶[기본 그래픽] 패널의 아래쪽에 그림과 같이 [모션 그래픽 템플릿 설치] 버튼이 있습니다. 이 버튼을 클릭해 템플릿의 설치 작업을 진행할 수 있습니다.

그림 9-16 모션 그래픽 템플릿 설치

02 ❷예제 파일에 포함된 '라인 타이틀(CC2020 한글판).mogrt' 파일을 선택하고, ❸[열기] 버튼을 클릭합니다.

그림 9-17 라인 타이틀 템플릿 설치

03 ❹[찾아보기] – [내 템플릿]을 선택한 다음 검색창에서 '라인'으로 검색해 해당 자막 템플릿을 찾습니다. ❺'라인 타이틀(CC2020 한글판)'을 드래그 앤드 드롭해 타임라인으로 배치합니다.

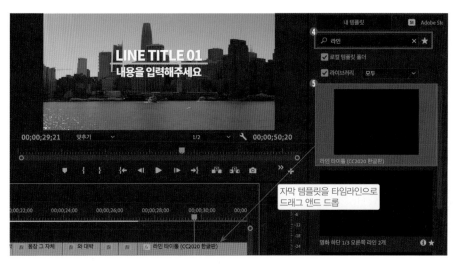

그림 9-18 라인 타이틀 템플릿을 타임라인으로 드래그 앤드 드롭해 배치

04 ❻타임라인에 배치된 템플릿을 클릭한 다음 기본 그래픽 패널에서 세부 내용을 수정합니다. 먼저 '01 Main Title' – 'Source Text'의 텍스트 상자를 클릭한 다음 내용을 수정합니다. ❼텍스트를 입력한 후 여백 부분을 클릭하면 수정된 텍스트가 반영됩니다.

그림 9-19 위쪽 텍스트 내용 수정

05 ❽'02 Line'에서는 선의 색상, 불투명도, 두께, 끝 모양, 길이 등을 조정할 수 있습니다. 각 매개변수 값을 조정해 선의 스타일을 연출할 수 있습니다. 입력한 텍스트의 길이에 맞춰 선의 길이인 'Line Width'를 조정합니다. 숫자를 입력하거나 슬라이더를 드래그해 선의 길이를 조정할 수 있습니다.

선 색상
선 불투명도
선 두께
선의 끝 모양
선 길이

그림 9-20 선 스타일 설정

06 ❾'03 Contents Text'에서는 선의 아래쪽 텍스트를 수정할 수 있습니다. 텍스트 상자를 클릭한 후 해당 텍스트 내용을 수정합니다. 빈 여백 부분을 클릭하면 수정된 텍스트가 반영됩니다.

❾ 텍스트 내용 수정

그림 9-21 아래쪽 텍스트 내용 수정

07 ❿ 위치와 크기를 변경하고자 할 때는 '04 Position & Scale'에서 'Position'과 'Scale' 값을 조정해 변경합니다. 위치는 'Position'의 X 좌표와 Y 좌푯값을 이용해 변경합니다. 그림과 같이 X 좌표 '430.0', Y 좌표 '130.0'으로 값을 변경하면 화면의 왼쪽 상단에 텍스트가 배치됩니다. 또한 ⓫'Scale'을 이용해 전체적인 비율을 줄이거나 늘릴 수 있습니다. 기준값 '100'을 기준으로 X와 Y 모두 '80.0'으로 설정하면 크기가 작아진 형태로 나타납니다.

그림 9-22 위치와 크기 변경

08 ⓬타임라인에서 자막 템플릿의 길이를 조정합니다. 기본 템플릿의 지속 시간은 10초입니다. 템플릿의 지속 시간은 타임라인에서 가장자리 부분을 드래그해 늘이거나 줄일 수 있습니다. 길이를 늘이거나 줄이는 것과 상관없이 앞부분과 뒷부분의 애니메이션 지속 시간은 속도 변화 없이 동일합니다. 자막 템플릿은 영상과 함께 사용할 수 있지만, 단독으로 배치해 사용할 수도 있습니다.

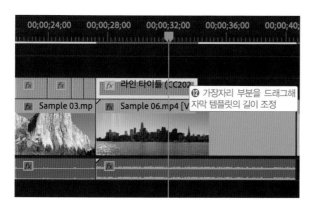

그림 9-23 자막 템플릿의 지속 시간 조정

10장

유튜브 영상 오디오
편집하기

영상은 어떤 오디오가 들어가느냐에 따라 분위기가 달라집니다. 같은 사람, 같은 사물을 촬영한 영상이어도 어떤 배경 음악을 넣느냐에 따라 영상의 의미가 정반대가 되기도 합니다. 그만큼 영상에서 음악이 차지하는 비중은 큽니다. 영상의 분위기뿐만 아니라 영상의 전체적인 퀄리티를 음향이 좌우하기도 합니다. 영상의 소리 크기가 일정하지 않거나 찢어지는 소리나 노이즈가 들어가면 집중력을 저하시킵니다. 이처럼 오디오 편집은 영상의 분위기뿐만 아니라 영상 전체의 퀄리티를 쥐고 있는 중요한 요소입니다.

프리미어 프로에서는 오디오 편집을 위한 기본적인 기능뿐만 아니라 다양한 효과를 연출할 수 있는 이펙트가 준비돼 있습니다. 최근에는 Adobe Stock이라는 서비스를 통해 저작권에서 자유로운 음원을 쉽게 내려받고 영상에서 활용할 수 있게 제공하고 있습니다.

이번 장에서는 프리미어 프로로 오디오를 편집하는 방법을 살펴보겠습니다.

01 오디오 편집을 위해 화면 상단에 위치한 작업 환경을 [오디오]로 설정합니다.

그림 10-1 작업 환경을 오디오로 변경

02 작업 환경을 오디오로 변경함에 따라 다음 그림과 같이 패널이 재배치됐습니다. 주요 변화로 화면 중앙에 '오디오 믹서' 패널이 위치하고, 화면 오른쪽 영역에 '기본 사운드' 패널이 새로 등장했습니다.

그림 10-2 오디오 작업 환경

03 기본 사운드 패널에서 오디오를 추가하겠습니다. 약 3~4만 개의 음악을 검색이나 무드, 장르, 필터에 따라 분류해 찾을 수 있습니다. 그중 추천하는 음악 목록은 패널에 나타납니다. 기본 사운드 패널에서 '미리 듣기' 기능을 이용해 바로 음악을 재생할 수 있으며, 프로젝트와 어울리는지 확인해 볼 수 있습니다.

❶ 추가하고자 하는 음악을 선택하고 ❷[…] 모양의 메뉴 버튼을 클릭합니다. 컨텍스트 메뉴가 나오면 ❸[프로젝트에 추가] 버튼을 클릭합니다.

그림 10-3 음악 추가

04 음악을 추가하면 프로젝트 패널에 'Stock 오디오 미디어' 폴더가 생성됩니다. 이렇게 Adobe
    Stock에서 추가한 음악은 이 폴더에 추가됩니다. ❹'Stock 오디오 미디어' 폴더를 더블 클릭합
    니다.

그림 10-4 'Stock 오디오 미디어' 폴더 더블 클릭

05 ❺음원 파일을 타임라인의 오디오 트랙으로 드래그 앤드 드롭해 적용합니다. 현재 V1 영상 트랙의 오디오가 A1 트랙에서 사용되고 있습니다. 따라서 음원 파일은 A2 오디오 트랙으로 드래그 앤드 드롭해 적용합니다.

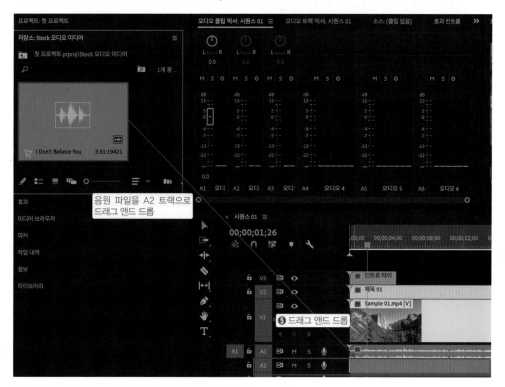

그림 10-5 음원 파일을 타임라인으로 드래그 앤드 드롭해 적용

배경 음악으로 적용된 음악 클립이므로 현장음으로 들어간 기존 영상 클립과 조화를 이루도록 볼륨을 조정해야 합니다. 프리미어 프로에서는 이런 기능을 목록에서 좀 더 간단하게 적용할 수 있습니다.

06 ❻오디오 트랙에 적용된 오디오 클립을 클릭해 선택합니다. ❼기본 오디오 패널에서 [편집] 탭을 클릭합니다. ❽'사전 설정'의 목록을 클릭한 다음 [음악] – [균형 맞춤된 배경 음악]을 선택합니다.

그림 10-6 사전 설정을 균형 맞춤된 배경 음악으로 선택

07 재생해보면 배경 음악의 음량이 기존에 적용된 영상 클립의 현장음과 잘 어울리게 조정됐음을 알 수 있습니다. 소리가 조금 작다고 느껴진다면 기본 사운드 패널에 있는 ❾'클립 볼륨'의 '레벨' 슬라이더를 오른쪽으로 드래그해 음량을 키울 수 있습니다. 이때 오디오 미터에 표시되는 오디오의 색깔이 붉은색으로 표시되지 않을 정도로 음량을 조정합니다. 오디오의 피크 (Peak)에 도달해 오디오 미터에 붉은색 영역이 표시된다면 클립 볼륨의 레벨을 조금 낮추는 식으로 조정합니다.

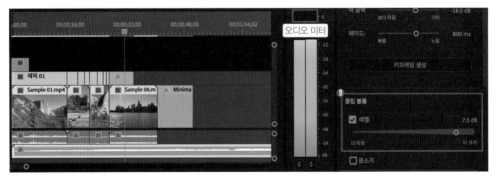

그림 10-7 오디오 클립의 볼륨 조정

프리미어 프로에서는 오디오 미터를 이용해 오디오 레벨을 모니터링할 수 있습니다. 오디오 미터는 상단의 주메뉴에서 [창] − [오디오 미터]를 체크해 활성화할 수 있습니다. 오디오 레벨은 '데시벨(dB)'로 측정되며, 오디오를 재생하면 오디오 미터 패널의 색상을 통해 오디오의 상태를 살펴볼 수 있습니다. 맨 위는 0dB이고, 맨 아래는 약 −60dB입니다. 오디오가 0dB을 넘어서 빨간색의 높은 레벨까지 도달하면 오디오의 레벨을 줄이고 왜곡이 일어나지 않게 해야 합니다.

그림 10-8 오디오 미터

오디오 미터를 마우스 오른쪽 버튼으로 클릭하면 보기 옵션을 설정할 수 있습니다.

▪ 최저점 표시: 오디오가 재생되는 동안 최저 레벨을 표시합니다.

▪ 색상 그라디언트 표시: 오디오 미터에 나타나는 오디오 색상을 단색으로 나타낼지 연속적인 그라이언트로 나타낼지 선택할 수 있습니다.

▪ 오디오 레벨 표시 범위 선택: 최저 24dB에서 최대 120dB 범위까지 표시할 수 있습니다.

▪ 동적 최고점/정적 최고점: 오디오 레벨의 최고점을 재생할 때마다 바뀌게 하려면 동적 최고점을 선택합니다. 반대로 정적 최고점을 선택하면 가장 최고 레벨을 그대로 표시합니다.

그림 10-9 오디오 미터 보기 옵션

유튜브에서 오디오 음원 파일 내려받기

유튜브에서는 크리에이터를 위해 '오디오 보관함' 서비스를 제공하고 있습니다. 오디오 보관함을 통해 유튜브에서 제공하는 배경 음악 및 효과음을 쉽게 내려받아 영상 편집에 적용할 수 있습니다. 다양한 검색 기능을 통해 장르별, 길이별, 분위기별로 배경 음악을 검색할 수 있으며 효과음 또한 카테고리가 세분돼 있습니다. 오디오 보관함에서 제공하는 음원은 여러분이 직접 제작한 동영상 등의 콘텐츠에서만 사용하는 조건으로 제공됩니다. 유튜브에서 수익을 창출하는 동영상에서도 사용할 수 있는 라이선스이므로 적극적으로 사용하는 것을 추천합니다.

01 ❶웹 브라우저를 열고 유튜브(www.youtube.com)에 접속한 후 화면 오른쪽 상단에 있는 자신의 프로필을 클릭합니다. 프로필을 클릭하면 나오는 메뉴에서 ❷[YouTube 스튜디오]를 클릭합니다.

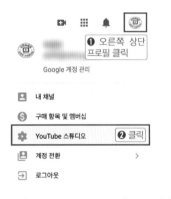

그림 10-10 YouTube 스튜디오로 들어가기

02 ❸[내 채널] – [오디오 보관함]을 클릭합니다. ❹상단에 있는 [음향 효과] 탭을 클릭합니다.

오디오 보관함

무료 음악 　음향 효과 　별표표시 　❹ 클릭

내 채널
kyungin park

- 내 시보드
- 콘텐츠
- 재생목록
- 분석
- 댓글
- 자막
- 저작권
- 수익 창출
- 맞춤설정 　❸ 클릭
- 오디오 보관함

사운드 효과	길이	카테고리	추가된 날짜 ↓
Kids Playing	3:34	현장음	2014년 7월
Kids Playing	3:52	현장음	2014년 7월
Kids Playing	3:37	현장음	2014년 7월
Factory Background	0:38	현장음	2014년 7월
Truck Driving in Parking Structure	3:01	교통수단	2014년 7월
Truck Driving in Parking Structure	3:01	교통수단	2014년 7월
Truck Driving in Parking Structure	3:01	교통수단	2014년 7월
Truck Driving in Parking Structure	3:01	교통수단	2014년 7월
Truck Driving in Parking Structure	3:01	교통수단	2014년 7월
Straw Squeak	0:14	만화	2014년 7월

그림 10-11 오디오 보관함에서 음향 효과로 이동하기

03 ❺[보관함 검색 또는 필터링]을 클릭합니다. ❻카테고리를 클릭하면 세부 목록을 체크해 검색할 수 있습니다.

그림 10-12 음향 효과 탭에서 효과음 살펴보기

04 ❼검색창에 'chimes'를 입력하고 검색합니다. ❽검색 결과 중 'Wind Chimes'의 오른쪽에 있는 [다운로드] 버튼을 클릭해 효과음을 내려받습니다.

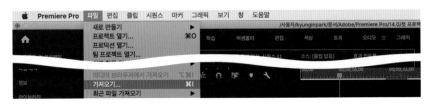

그림 10-13 효과음 내려받기

05 다시 프리미어 프로로 돌아와 내려받은 음원 파일을 가져오겠습니다. 상단 메뉴에서 [파일] – [가져오기]를 클릭한 다음 내려받은 음원 파일을 선택합니다. 가져온 음원 파일은 브라우저 패널에 위치합니다.

그림 10-14 내려받은 음원 파일 가져오기

음원 파일을 프로젝트로 가져오기

음원 파일은 타임라인으로 바로 드래그 앤드 드롭해 적용할 수 있습니다. 이 방법은 간편하긴 하지만, 타임라인에서 원하는 효과음 부분만 나타나게 별도로 편집해야 할 때가 있습니다. 좀 더 효율적인 작업을 위해 음원 파일을 소스 패널로 가져와 범위를 편집하는 과정을 거친 다음 타임라인에 배치하는 방법으로 연습해보겠습니다.

01 ❶상단에 있는 [소스 패널]을 클릭해 활성화합니다. ❷브라우저 패널에 위치한 음원 파일을 소스 패널로 드래그 앤드 드롭해 파일을 끌어옵니다.

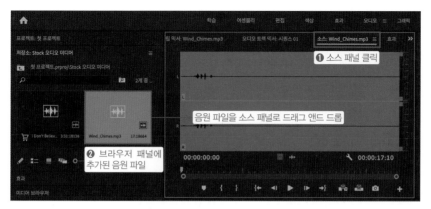

그림 10-15 소스 패널로 음원 파일을 드래그 앤드 드롭

02 ❸소스 패널의 플레이헤드를 음원의 파형이 끝나는 부분에서 조금 떨어진 위치에 둡니다. ❹ [종료 표시](단축키 O) 버튼을 클릭해 범위를 설정합니다.

그림 10-16 소스 패널에서 음원 파일의 범위 설정

03 ❺타임라인의 플레이헤드를 효과음을 넣고자 하는 위치로 옮깁니다. ❻소스 패치를 [A3] 트랙으로 지정합니다. '소스 패치'는 소스 모니터 패널에서 삽입 및 덮어쓰기를 할 때 지정된 트랙으로 적용하는 기준 역할을 합니다(6장 참조). ❼소스 패널의 [덮어쓰기] 버튼을 클릭해 효과음을 타임라인에 추가합니다.

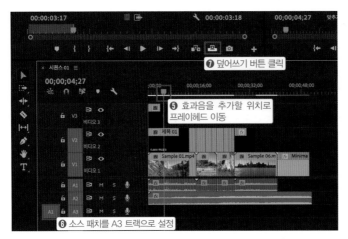
그림 10-17 소스 패널에서 타임라인으로 효과음 추가하기

소스 패널에서 효과음을 '덮어쓰기' 하면 소스 패치로 지정한 트랙(예제에서는 A3 트랙)으로 효과음이 들어가는 것을 볼 수 있습니다. 덮어쓰기가 아닌 '삽입'을 하면 다음 그림과 같이 다른 트랙에 있는 비디오와 오디오 소스 모두 뒤로 밀리는 형태로 추가됩니다. 따라서 소스 패널에서 효과음을 넣을 때는 덮어쓰기 기능을 이용하는 것이 좋습니다.

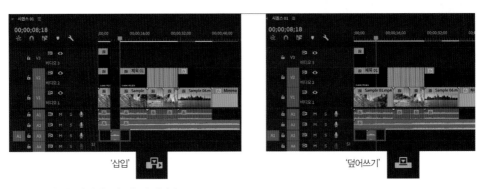
그림 10-18 삽입 기능과 덮어쓰기 기능의 차이점

소스 패널에서는 이와 같은 방법으로 원하는 효과음 부분을 타임라인에 배치할 수 있습니다. 또한 이 방법은 배경 음악에도 똑같이 적용할 수 있습니다. 유튜브 스튜디오의 오디오 보관함에서 배경음악을 내려받은 후 한 번 적용해보기 바랍니다.

10.2 오디오 볼륨 조정하기

음원 파일의 소리가 너무 크거나 너무 작을 때는 소리를 듣기 좋게 볼륨을 조정해야 합니다. 일정한 음량의 크기를 유지하는 것이 관건인데 오디오 미터(Audio Meter)나 타임라인에 표시되는 오디오의 파형을 통해 음량을 모니터링할 수 있습니다. 이번 절에서는 오디오의 볼륨을 조정하는 방법을 살펴보겠습니다.

오디오 게인을 이용해 조정하기

01 ❶볼륨을 조정하고자 하는 오디오 클립을 마우스 오른쪽 버튼으로 클릭합니다. ❷메뉴에서 [오디오 게인](Audio Gain)을 선택합니다.

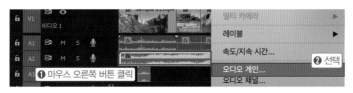

그림 10-19 오디오 게인 선택

02 ❸오디오 게인 대화 상자에서 '게인 조정'의 값을 변경해 오디오의 볼륨을 높이거나 줄일 수 있습니다. 음수 값 '-5'를 입력해 볼륨을 현재보다 줄여보겠습니다. 값을 입력했으면 ❹[확인] 버튼을 클릭합니다.

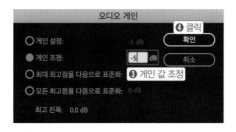

그림 10-20 오디오 게인을 이용해 볼륨 줄이기

03 타임라인에 표시된 오디오 클립의 파형을 통해 볼륨이 줄어든 모습을 시각적으로 확인할 수 있습니다. 실제 오디오 클립을 재생해 보면 처음보다 소리가 줄어들었음을 알 수 있습니다.

0dB 상태 → 게인 조정 –5dB

그림 10-21 게인을 조정해 줄어든 볼륨

--- 오디오 게인의 대화 상자 속 옵션 살펴보기 ---

- 게인 설정: 오디오 클립의 볼륨을 사용자가 지정한 dB 값으로 변경합니다. 일종의 절댓값 개념으로 볼륨을 설정하는데, –96dB에서 96dB까지 설정할 수 있습니다.

- 게인 조정: 현재 오디오 클립의 볼륨을 기준으로 사용자가 지정한 dB 값을 해당 오디오 클립에 적용합니다. 예를 들어 현재 오디오 클립의 볼륨이 '–5dB'인데, 게인 조정 값에 –10dB을 입력하면 최종 오디오 클립의 볼륨은 '–15dB'이 됩니다. 여러 오디오 클립에 동시에 적용할 수 있습니다.

- 최대 최고점을 다음으로 표준화: 선택한 오디오 클립의 볼륨 최고점을 사용자가 지정한 dB 값으로 설정합니다. 여러 클립을 선택하고 이 기능을 실행하면 선택한 각 오디오 클립 간의 차이를 유지하면서 볼륨이 조정됩니다.

- 모든 최고점을 다음으로 표준화: 선택한 오디오 클립의 볼륨 최고점을 사용자가 지정한 dB 값으로 설정한다는 점에서 앞에서 살펴본 '최대 최고점을 다음으로 표준화' 기능과 유사합니다. 하지만 '모든 최고점 표준화'는 각 클립마다 최고점을 표준화하기 때문에 선택한 클립들의 볼륨이 모두 균일하게 조정됩니다.

그림 10-22 오디오 게인의 대화 상자 옵션

타임라인 패널에서 직접 오디오 레벨 조정하기

타임라인 패널에서 직접 오디오 레벨을 간편하게 조정할 수 있습니다.

01 ❶타임라인에서 오디오 클립의 왼쪽 위에 있는 [fx] 아이콘을 마우스 오른쪽 버튼으로 클릭합니다. ❷[볼륨] – [레벨]이 체크돼 있는지 확인합니다.

그림 10-23 레벨 컨트롤 라인 표시

02 ❸오디오 클립의 가운데를 위아래로 나누는 라인이 있습니다. 이 라인을 위아래로 드래그해 오디오 클립의 볼륨을 조정할 수 있습니다. 위로 드래그하면 볼륨이 커지고 아래로 드래그하면 볼륨이 작아집니다.

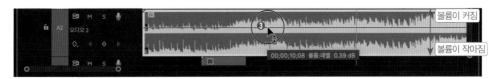

그림 10-24 레벨 컨트롤 라인을 드래그해 볼륨 조정

효과 컨트롤 패널에서 오디오 레벨 조정하기

❶왼쪽 상단의 소스 패널에서 [효과 컨트롤] 패널을 클릭합니다. ❷'오디오' – '볼륨' – '레벨'에 숫자로 입력된 값을 조정합니다. 마우스 포인터를 숫자 위에 놓고 좌우로 드래그하면 값을 변경할 수 있습니다. 또는 숫자 값을 클릭한 다음 원하는 값을 직접 입력할 수도 있습니다. ❸레벨 값이 바뀌면 그림과 같이 '키 프레임'이 추가됩니다.

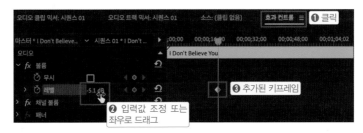

그림 10-25 효과 컨트롤 패널에서 오디오 레벨 조정하기

오디오 클립 믹서 패널에서 오디오 레벨 조정하기

❶소스 패널에서 [오디오 클립 믹서] 패널을 클릭합니다. ❷오디오 레벨을 조정할 클립이 위치한 트랙을 확인합니다. 현재는 A2 오디오 트랙에 배경 음악 클립이 들어가 있습니다. ❸믹서 슬라이더를 위아래로 드래그하거나 숫자 값을 변경해 오디오 레벨을 조정합니다.

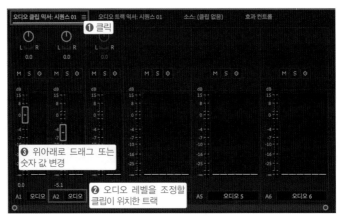

그림 10-26 오디오 클립 믹서 패널에서 오디오 레벨 조정하기

키프레임을 이용해 소리가 줄어드는 구간 만들기

지금까지 단순하게 오디오 클립의 볼륨을 전체 범위에서 높이거나 줄이는 식으로 조정하는 방법을 살펴봤습니다. 이번에는 특정 구간에서만 클립의 소리를 줄이는 방법을 살펴보겠습니다. 특정 구간에서 소리를 줄이려면 '키프레임'을 이용해야 합니다. 키프레임을 추가하는 단축키인 'Ctrl + 클릭(🍎command + 클릭)'을 이용하면 어렵지 않게 할 수 있습니다.

01 ❶소리가 줄어드는 구간의 시작점을 만들어보겠습니다. 소리를 줄이고자 하는 구간의 시작점을 추가하기 위해 Ctrl 키를 누른 채로 오디오 트랙에서 키프레임을 추가할 지점을 클릭합니다.

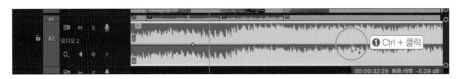

그림 10-27 단축키를 이용해 키프레임 추가

02 ❷키프레임이 성공적으로 추가됐고, 소리가 줄어드는 구간의 시작점을 추가했습니다. ❸이번에는 다른 위치에 키프레임을 추가해보겠습니다. 마찬가지로 ctrl 키를 누른 채로 오디오 트랙에서 키프레임을 추가할 지점을 클릭합니다.

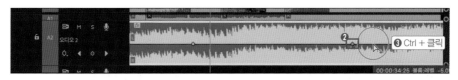

그림 10-28 다른 위치에 또 다른 키프레임 추가

03 추가된 키프레임을 아래쪽으로 최대한 드래그합니다. 그림과 같은 모양으로 하얀 선이 아래쪽에 위치하게 됩니다. 해당 구간을 재생해보면 소리가 재생되다가 점점 줄어들면서 음소거되는 것을 확인할 수 있습니다.

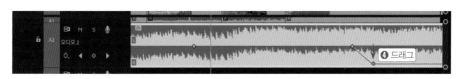

그림 10-29 소리가 줄어드는 구간 만들기

앞서 실습을 통해서 키프레임을 추가했습니다. 그리고 소리가 줄어드는 구간을 만들었습니다. 이때 추가한 키프레임은 시작점과 종료점 2개였습니다. 이처럼 애니메이션과 같은 동작을 주고자 할 때는 키프레임을 이용합니다. 키프레임은 간단합니다. 처음과 끝을 지정하고, 그저 차이만 있으면 됩니다. 그 차이는 '소리의 크기'가 될 수도 있고 '위치(Position)'나 '비율(Scale)'이 될 수도 있습니다. '위치'를 다르게 하면 움직임을 줄 수 있고, '비율'을 다르게 하면 점점 커지거나 작아지는 애니메이션을 만들 수 있습니다.

키프레임 이용해 소리가 높아지는 구간 만들기

이전 실습에서는 타임라인에서 키프레임을 추가하는 단축키(Ctrl + 클릭, command + 클릭)를 이용해 소리가 줄어드는 구간을 만들었습니다. 이번에는 소스 패널의 효과 컨트롤에서 키프레임을 추가해 소리가 높아지는 구간을 만들어보겠습니다.

01 소스 모니터 패널의 [효과 컨트롤] 패널을 클릭합니다. 효과 컨트롤을 클릭해보면 오디오에 추가한 키프레임들을 볼 수 있습니다. 그다음 살펴봐야 할 버튼이 있는데, 바로 [키프레임 추가/제거] 버튼입니다. 키프레임이 없는 곳에 플레이헤드를 위치시키고 [키프레임 추가/제거] 버튼을 클릭하면 키프레임이 추가됩니다. 반대로 키프레임이 있는 상태에서 [키프레임 추가/제거] 버튼을 클릭하면 키프레임이 삭제됩니다.

그림 10-30 효과 컨트롤 패널의 키프레임 추가/제거 버튼

02 ❶[이전 키프레임으로 이동] 버튼을 클릭합니다. 이전 키프레임으로 이동 버튼을 이용하면 플레이헤드를 키프레임으로 쉽게 맞출 수 있습니다. ❷[키프레임 추가/제거] 버튼을 클릭해 이미 생성된 키프레임을 제거합니다.

그림 10-31 기존 키프레임 제거

03 ❸플레이헤드를 맨 처음 위치로 옮깁니다. ❹[키프레임 추가/제거] 버튼을 클릭해 키프레임을 추가합니다.

그림 10-32 키프레임 추가

04 ❺키프레임이 추가됐습니다. 효과 컨트롤의 '오디오' – '볼륨' – '레벨'에서 값을 클릭한 후 '-30'을 입력합니다.

그림 10-33 오디오 볼륨의 레벨 변경

05 ❻플레이헤드를 이동합니다. 이번에는 ❼'오디오' – '볼륨' – '레벨'의 값을 '0.0'으로 입력합니
다. 이전 키프레임에서의 오디오 볼륨 레벨(−30dB)과 차이가 있으므로 자동으로 키프레임이
추가됩니다.

그림 10-34 소리가 올라가는 구간의 키프레임 완성하기

06 ❽[다음 키프레임 이동] 버튼을 클릭합니다. ❾'오디오' – '볼륨' – '레벨'의 값을 '0.0'으로 입력
합니다. 이 작업을 하는 이유는 소리의 크기를 균일하게 맞추기 위해서입니다. 현재 타임라인
에 총 4개의 키프레임이 추가된 상태입니다. 왼쪽에서부터 첫 번째와 두 번째 키프레임은 소
리가 높아지는 구간입니다. 그리고 세 번째와 네 번째 키프레임은 소리가 낮아지는 구간입니
다. 두 번째 키프레임(0.0dB)과 세 번째 키프레임(−5.1dB)의 볼륨 레벨 값이 차이가 나기 때
문에 재생해보면 소리가 점점 작아지는 것처럼 들립니다. 따라서 서로 같은 값(0dB)이 되게
맞춰주는 작업을 했습니다.

그림 10-35 두 번째 키프레임과 세 번째 키프레임의 오디오 볼륨 레벨을 같은 값으로 맞추기

07 ❿타임라인의 아래쪽에 있는 화면 배율 조정 바를 오른쪽으로 드래그해 타임라인의 전체 모습을 살펴볼 수 있게 합니다. ⓫네 번째 키프레임을 클릭해 선택합니다. ⓬세 번째 키프레임을 shift 키를 누른 채로 클릭한 다음 오른쪽으로 드래그합니다. 이렇게 하면 세 번째와 네 번째 키프레임을 같이 옮길 수 있습니다. 영상의 끝부분에 맞춰 키프레임을 이동시킵니다.

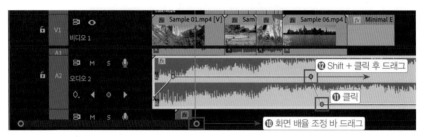

그림 10-36 두 개의 키프레임을 선택한 후 한 번에 옮기기

08 ⓭오디오 클립의 마지막 부분을 컷 편집합니다. 단축키 Ctrl + K(⌘command + K)를 이용하거나 클립의 가장자리를 왼쪽으로 드래그해 영상이 끝나는 부분과 오디오가 끝나는 부분이 일치하게 맞춥니다.

그림 10-37 오디오와 영상의 마지막 부분 맞추기

10.3 내레이션 녹음하기

프리미어 프로에서는 영상을 보면서 내레이션을 바로 녹음할 수 있습니다. 유튜브 영상 중에도 영상이나 사진과 함께 내레이션을 이용한 콘텐츠를 심심치 않게 찾아볼 수 있습니다. 이번 절에서는 영상에 내레이션을 추가하고, 내레이션의 볼륨을 조정하거나 관련 이펙트를 적용하는 실습을 해보겠습니다.

01 그림과 같이 오디오 트랙 쪽에 위치한 버튼 중에서 [음성 더빙 기록] 버튼을 클릭해 내레이션을 추가합니다.

그림 10-38 음성 더빙 기록 버튼

02 [음성 더빙 기록] 버튼을 클릭하면 카운트 다운이 시작되고, 3초 후에 녹음이 시작됩니다. 영상이 재생되면서 프로그램 패널에 '기록하는 중'이라는 문구가 나타납니다. 녹음을 중지하고자 할 때는 프로그램 패널에 있는 [정지] 버튼을 클릭합니다.

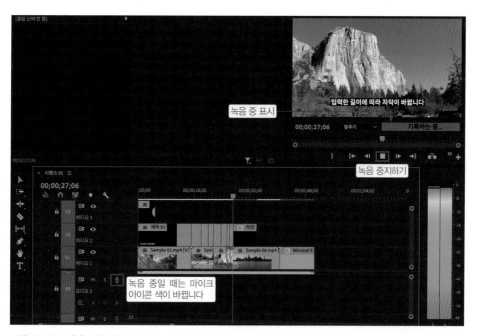

그림 10-39 녹음을 기록하는 중

03 첫 번째 내레이션을 녹음했습니다. 오디오 트랙 기능 버튼 중에서 S 모양의 [솔로] 버튼을 이용하면 다른 오디오 트랙은 모두 음소거가 되며, 솔로 기능을 활성화한 트랙의 소리만 들을 수 있습니다. 해당 버튼을 한 번 더 클릭하면 솔로 기능이 해제됩니다.

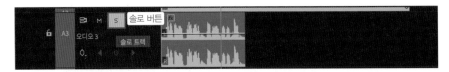

그림 10-40 솔로 트랙

04 만약 녹음한 부분이 마음에 들지 않는다면 해당 부분으로 플레이헤드를 이동시킨 후 다시 녹음을 진행할 수 있습니다. 이 경우 기존의 녹음된 부분은 새로 녹음된 부분에 덮어쓰기가 되어 타임라인에 추가됩니다.

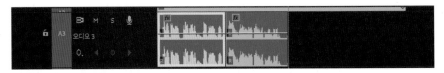

그림 10-41 내레이션을 다시 녹음하면 기존의 내레이션이 덮어쓰기 됨

05 그리고 내레이션 녹음을 했던 파일들은 프로젝트 패널에 차곡차곡 저장됩니다. 따라서 언제라도 녹음했던 파일들을 타임라인에 적용해 사용할 수 있습니다.

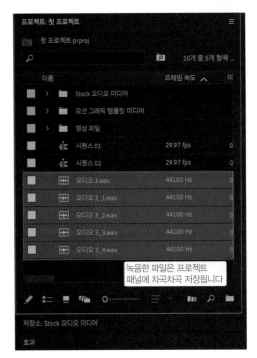

그림 10-42 녹음했던 파일은 프로젝트 패널에 차곡차곡 저장됨

기본 사운드 패널을 이용해 내레이션에 필터 효과 적용하기

화면 오른쪽에 있는 기본 사운드 패널에서는 녹음한 내레이션에 좀 더 다양한 효과를 적용할 수 있습니다.

01 ❶타임라인에 배치된 내레이션 음원을 드래그해 선택합니다. ❷기본 사운드 패널에서 [대화]를 선택합니다.

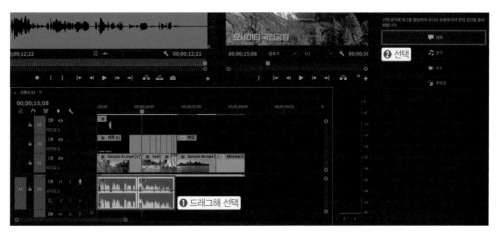

그림 10-43 내레이션 음원 클립에 역할을 부여

02 이어서 ❸'사전 설정' 목록을 클릭하면 ❹대화와 관련한 음성 필터 목록이 나타납니다. 예제에서는 [균형 맞춤된 남성 음성]을 선택했습니다. 해당 필터를 선택하면 남성의 음성 주파수 중에서 특정 주파수를 좀 더 강조하는 형태로 자동으로 맞춰줍니다.

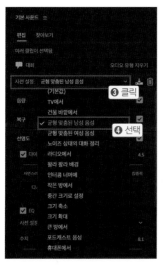

그림 10-44 대화 사전 설정에서 필터 선택

03 이번에는 내레이션이 나올 경우 배경 음악의 볼륨이 자동으로 줄어드는 '자동 더킹(ducking)' 기능을 살펴보겠습니다. 이 기능을 이용하면 별도로 키프레임을 추가하지 않아도 자동으로 오디오를 인식해 키프레임을 생성해줍니다.

04 ❶타임라인에서 배경 음악으로 사용된 오디오 클립을 선택합니다. 기본 사운드 패널에서 ❷ 오디오 클립의 유형을 [음악]으로 선택합니다.

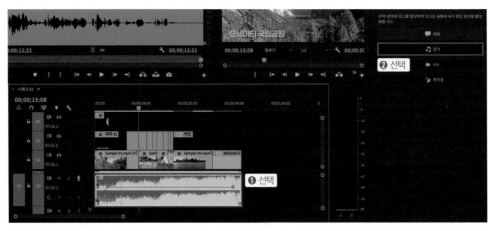

그림 10-45 배경 음악 클립을 선택한 다음 역할을 음악으로 지정

05 ❸기본 사운드 패널에서 '사전 설정' 목록을 클릭하고 ❹[매끄러운 보컬 더킹]을 선택합니다. ❺'더킹'에서 더킹 대상을 지정하기 위해 [대화] 모양의 아이콘을 클릭합니다. ❻[키프레임 생성] 버튼을 클릭하면 자동으로 키프레임이 생성됩니다.

그림 10-46 더킹 키프레임 생성하기

06 더킹 작업이 완료됐습니다. 타임라인에 배치된 배경 음악 음원에 키프레임이 생성됐습니다. 키프레임이 생성된 지점이 아래쪽 내레이션과 겹치지 않는 지점인 것을 확인할 수 있습니다. 이처럼 더킹 기능을 활용하면 프리미어 프로에서 자동으로 음성을 인식한 후 키프레임을 만들어 주기 때문에 좀 더 효율적으로 작업할 수 있습니다.

그림 10-47 더킹 작업으로 자동으로 생성된 키프레임

10.4 유튜브 영상 편집에 꼭 필요한 오디오 이펙트

프리미어 프로에는 다양한 오디오 이펙트가 있습니다. 하지만 그 많은 이펙트를 모두 다 알아야 할까요? 이번 절에서는 유튜브 영상 편집에 꼭 필요한 오디오 이펙트를 중심으로 주요 기능과 적용 방법을 알아보겠습니다.

효과 패널 활성화하기

오디오 이펙트는 효과 패널에서 찾을 수 있습니다. 상단 메뉴에서 [창] - [효과]를 순서대로 클릭해 효과 패널을 활성화하거나 왼쪽 패널에서 효과 패널을 클릭합니다.

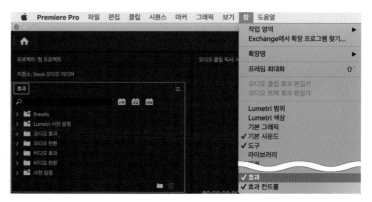

그림 10-48 효과 패널 활성화하기

오디오 전환 이펙트 살펴보기

효과 패널에서 '오디오 전환' – '크로스페이드' 카테고리를 클릭하면 크로스페이드와 관련된 오디오 전환 이펙트가 나타납니다. '가속 페이드(Exponential Fade)', '지속 가감속(Constant Power)', '지속 게인(Constant Gain)' 총 3가지의 전환 이펙트를 적용할 수 있습니다.

① 가속 페이드(Exponential Fade)

'Exponential'은 지수라는 뜻입니다. 지수 함수 그래프를 보면 처음에는 완만하게 시작했다가 점점 급격하게 높아지는 것을 볼 수 있습니다. 가속 페이드는 첫 번째 클립의 오디오와 두 번째 클립의 오디오를 페이드할 때 지수 함수 그래프의 모양처럼 완만하게 페이드합니다.

그림 10-49 가속 페이드(Exponential Fade)

② 지속 가감속(Constant Power)

두 개의 오디오를 교차하려면 첫 번째 오디오 클립의 소리는 점점 작아지고, 두 번째 오디오 클립의 소리는 점점 커져야 합니다. 이때 첫 번째 오디오 클립의 오디오 소리는 처음에는 천천히 감소하다가 전환이 끝나는 시점에는 빠르게 감소해야 합니다. 반대로 두 번째 오디오 클립의 오디오 소리는 처음에는 빠르게 높아지다가 전환이 끝나는 시점에는 천천히 높아집니다. 지속 가감속은 이처럼 자연스럽게 전환하도록 페이드합니다.

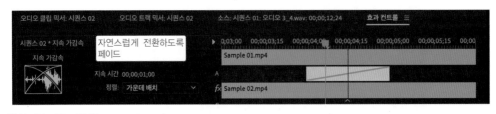

그림 10-50 지속 가감속(Constant Power)

③ 지속 게인(Constant Gain)

속도의 변화 없이 일정한 속도로 페이드 인과 페이드 아웃이 진행됩니다.

그림 10-51 지속 게인(Constant Gain)

01 오디오 전환 이펙트를 클립의 앞부분이나 뒷부분으로 드래그해 적용시키면 페이드 효과를 연출할 수 있습니다. 예를 들어 지속 가감속 이펙트를 클립의 앞부분으로 드래그 앤드 드롭해 적용하면 페이드 인(Fade In)으로 오디오가 들립니다.

그림 10-52 지속 가감속 이펙트를 클립의 앞부분에 적용해 페이드 인 효과 연출

02 오디오 전환 이펙트를 적용하면 전환이 지속되는 시간은 1초입니다. 마우스를 오디오 전환 이펙트의 가장자리 부분으로 가져간 후 오른쪽으로 드래그하면 전환이 지속되는 시간을 늘릴 수 있습니다.

그림 10-53 이펙트 길이 늘이기

03 혹은 오디오 전환 이펙트를 더블 클릭해 임의의 값을 입력하는 식으로 전환 지속 시간을 조정할 수 있습니다. 이때 숫자는 타임 코드에 맞춰 입력합니다. 예를 들어 2초로 길이를 늘이고자 한다면 '200'으로, 3초로 길이를 늘이고자 한다면 '300'으로 입력합니다.

그림 10-54 오디오 전환 이펙트를 더블 클릭한 다음 전환 지속 시간 설정

04 클립과 클립 사이에 오디오 전환 이펙트를 적용하면 첫 번째 오디오 클립에서 두 번째 오디오 클립으로 자연스럽게 전환이 이뤄집니다.

그림 10-55 클립과 클립 사이에 오디오 전환 이펙트 적용하기

오디오의 잡음을 제거하는 노이즈 제거(DeNoise) 이펙트

노이즈 제거(DeNoise) 이펙트는 이름 그대로 영상과 오디오의 잡음을 제거해주는 이펙트입니다. 일반적으로 소음이 많이 들리는 장소에서 촬영한 경우 편집 시 노이즈 제거 이펙트를 이용해 소음이나 잡음을 억제하는 작업을 많이 합니다.

01 노이즈 제거 이펙트는 효과 패널에서 [오디오 효과] - [노이즈 감소/복원] 카테고리에 있습니다. 해당 이펙트를 노이즈를 제거하고자 하는 클립에 드래그 앤드 드롭해 적용합니다.

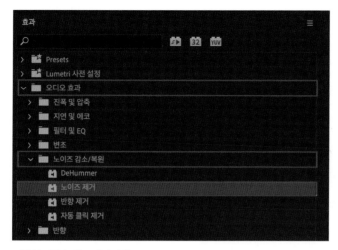

그림 10-56 노이즈 제거 이펙트

02 효과 컨트롤 패널에서 앞서 적용한 노이즈 제거 이펙트의 값을 조정합니다. '사용자 정의 설치' 오른쪽에 있는 [편집] 버튼을 클릭해 값을 조정합니다.

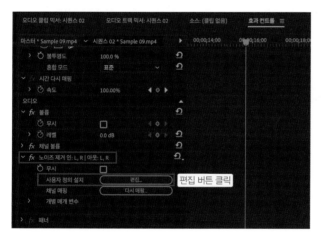

그림 10-57 효과 컨트롤 패널에서 편집 버튼 클릭

03 값을 조정하는 방법은 간단합니다. '사전 설정' 목록을 클릭한 다음 [강한 노이즈 감소]나 [약한 노이즈 감소] 중 하나를 선택합니다. 둘 중 하나를 선택하면 아래쪽에 '양(Amount)'의 값이 변경됩니다. 강한 노이즈 감소는 양이 '80%'로, 약한 노이즈 감소는 양이 '20%'로 사전 설정돼 있습니다. 두 개의 옵션과 상관없이 양의 값을 직접 조정해 설정할 수도 있습니다. 100%에 가까워질수록 잡음이 억제된 소리로 들립니다.

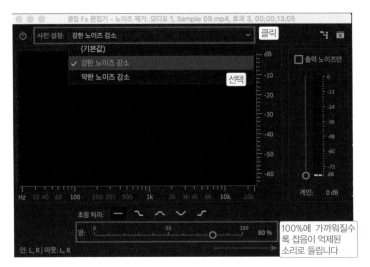

그림 10-58 노이즈 제거 상자

04 초점 처리에서는 어느 영역의 주파수에 좀 더 초점을 맞추고 잡음을 억제할지 설정할 수 있습니다. 기본값으로 '모든 주파수에 초점 지정'이 선택돼 있습니다. '낮은 주파수', '중간 주파수', '낮은 주파수 및 높은 주파수', '높은 주파수'에 각각 초점을 지정해 잡음을 억제할 수 있습니다.

그림 10-59 초점 처리 주파수 선택 옵션 버튼

오디오 보정을 완성하는 멀티밴드 압축기(Multiband Compressor) 이펙트

멀티밴드 압축기(Multiband Compressor) 이펙트는 오디오를 명료하고 깔끔하게 보정해주는 이펙트입니다. 보통 유튜브 영상은 노트북이나 스마트폰의 스피커를 통해 전달됩니다. 때로는 영상의 소리가 너무 작거나 너무 커서 영상의 몰입을 방해하기도 합니다. 따라서 영상을 업로드 하기 전에 오디오 보정 작업은 필수입니다. 오디오를 압축해주는 컴프레서(Compressor) 이펙트는 오디오의 부드러운 부분은 더 커지게 하며 음량의 크기가 큰 부분은 더욱 부드럽게 만들어주는 특징이 있습니다. 소리의 전체적인 크기를 키워주지만, 그 크기를 일정한 볼륨(대부분은 0dB이 기준) 아래에서 조정하기 때문에 전체적으로 소리가 또렷하게 잘 들리게 해줍니다. 특히 멀티밴드 압축기는 프리미어에서 제공하는 여러 컴프레서 이펙트 중 가장 종합적이며 다양한 기능이 제공되는 이펙트입니다.

01 멀티밴드 압축기 이펙트는 효과 패널에서 [오디오 효과] – [진폭 및 압축] 카테고리에 있습니다. 해당 이펙트를 오디오를 보정하고자 하는 클립에 드래그 앤드 드롭합니다.

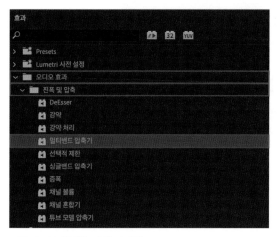

그림 10-60 멀티밴드 압축기 이펙트

02 효과 컨트롤 패널에서 오디오에 적용한 '멀티밴드 압축기' 이펙트를 확인할 수 있으며, '사용자 정의 설치'의 [편집] 버튼을 클릭해 이펙트의 세부 설정을 할 수 있습니다.

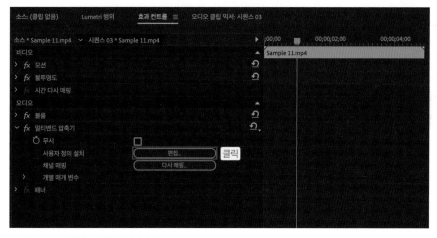

그림 10-61 멀티밴드 압축기 설정하기

03 멀티밴드 압축기의 대화 상자가 나타납니다. '사전 설정' 목록을 클릭한 다음 [기본값]에서 [브로드캐스트]로 변경합니다.

그림 10-62 사전 설정을 브로드캐스트로 변경

04 사전 설정을 브로드캐스트로 변경하면 자동으로 주파수별로 소리를 정돈해 줍니다. 영상을 재생하면 소리에 따라 그래프가 시시각각 변동하는 모습을 볼 수 있습니다. 이러한 시각적인 그래프를 색깔별로 구별했고 이를 통해 주파수별로 다르게 설정할 수 있습니다. 특히 [솔로(S)] 버튼을 이용해 특정 주파수의 소리만 따로 들어볼 수 있습니다.

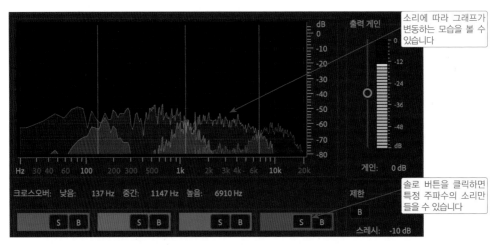

그림 10-63 멀티밴드 압축기의 그래프

간단한 설정이지만, 멀티밴드 압축기 이펙트를 적용했을 때와 그렇지 않을 때를 비교해보면 확연한 차이를 느낄 수 있습니다. 앞서 파도가 치는 예제 영상에 멀티밴드 압축기 이펙트를 적용하면 파도 소리가 더욱 명확하게 들리는 것을 알 수 있습니다. 다양한 영상 오디오의 소리를 조정해주므로 꼭 한번 사용해보기 바랍니다.

11장

유튜브 영상에서
자주 사용되는 편집 효과

유튜브에 올라오는 영상들은 기본적인 자막과 음악으로만 구성한 영상부터 화려한 특수효과가 들어간 영상까지 정말 다양합니다. 그래서 '이런 스타일이 진정한 유튜브 영상 스타일이다!'라고 단정 짓기가 무척 힘듭니다. 유튜브 편집자가 주로 사용하는 편집 효과도 저마다 다르고, 수많은 편집 효과가 있기 때문에 모든 편집 효과를 다룰 수는 없습니다. 따라서 이번 장에서는 유튜브 영상을 편집할 때 '이 정도는 알아두면 좋겠다'는 편집 효과를 엄선해 다루려고 합니다. 차근차근 함께 해보겠습니다.

11.1 영상 클립의 속도를 조정해 편집의 템포 높이기

실습을 위해 작업 환경을 다시 '편집'으로 변경하겠습니다. 화면 상단의 작업 환경 패널에서 [편집] 탭을 클릭합니다.

그림 11-1 [편집] 탭을 클릭해 작업 환경을 편집으로 변경

예제 영상으로 사용할 'Sample 10.mp4' 파일을 가져옵니다. 가져오기는 상단 메뉴에서 [파일] – [가져오기]를 순서대로 클릭하거나 단축키 Ctrl + I를 이용해 실행합니다. 샘플 파일을 가져온 다음, 그림 11-2와 같이 샘플 영상을 타임라인에 배치합니다.

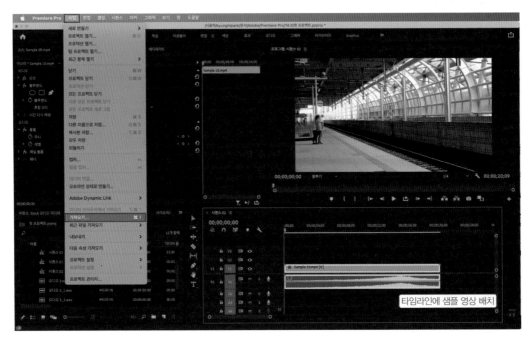

그림 11-2 샘플 영상을 타임라인에 배치

2배속으로 빠르게 재생되는 영상 연출하기

01 샘플 영상의 길이는 20초 정도 됩니다. 우선 영상이 빠르게 재생되게 연출해보겠습니다. 타임라인에 배치된 영상을 마우스 오른쪽 버튼으로 클릭합니다. 그리고 컨텍스트 메뉴에서 [속도/지속 시간(Speed/Duration)]을 클릭합니다.

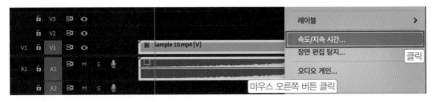

그림 11-3 속도/지속 시간 실행

02 '클립 속도/지속 시간' 대화 상자가 나타나면 2배속으로 빠르게 재생되는 영상으로 연출하기 위해 '속도'를 '100'에서 '200'으로 수정합니다. 속도를 '200'으로 입력하면 아래쪽에 '지속 시간'이 '10초 4프레임'으로 변경됩니다. 그리고 [확인] 버튼을 클릭합니다.

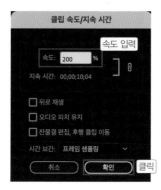

그림 11-4 2배속으로 재생하기 위해 속도 값을 변경

03 타임라인의 영상이 2배속으로 빨라졌습니다. 기존 20초 분량의 영상이 10초 정도로 줄어들었습니다. 또한 클립의 상단에 배속이 변경됐음을 알리는 숫자가 퍼센트 단위(약 199.8%)로 표시됩니다.

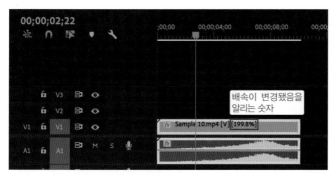

그림 11-5 2배속으로 빨라진 영상 클립

0.5배속으로 느리게 재생되는 영상 연출하기

2배속 빠른 영상은 속도를 '200%'로 입력했습니다. 4배속 빠른 영상은 어떻게 입력하면 될까요? '400%'로 입력하면 되겠죠. 그러면 0.5배속은 어떻게 나타낼까요? 1배속(=100%)의 절반이니 50%를 입력하면 됩니다. 그러면 이번에는 0.5배속의 영상으로 연출해보겠습니다.

01 타임라인에 배치된 영상 클립을 마우스 오른쪽 버튼으로 클릭한 다음 [속도/지속 시간]을 클릭합니다.

그림 11-6 영상 클립을 마우스 오른쪽 버튼으로 클릭하고 [속도/지속 시간] 실행

02 '클립 속도/지속 시간' 대화 상자가 나타나면 '속도'를 '50'으로 입력합니다. 아래쪽 '지속 시간'이 40초 18프레임으로 변경됩니다. [확인] 버튼을 클릭합니다.

그림 11-7 0.5배속으로 재생하기 위해 속도를 50%로 변경

03 타임라인에 배치된 영상 클립의 길이가 40초 18프레임으로 길어졌습니다. 재생해보면 기차가 천천히 들어오는 모습을 볼 수 있습니다. 클립 상단의 숫자는 49.99%로 표시됩니다.

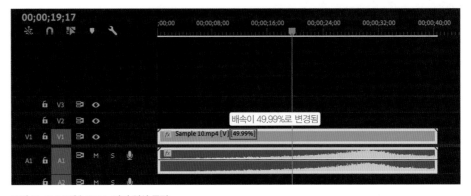

그림 11-8 0.5배속으로 느려진 영상 클립

특정 길이로 영상 조정하기

이번에는 특정 길이에 맞춰 영상 클립의 속도를 조정해보겠습니다. '클립 속도/지속 시간' 대화 상자에서 '지속 시간'을 입력하면 입력한 길이에 맞춰 영상 클립의 속도를 자동으로 계산해 조정합니다. 예를 들어 영상의 길이를 5초로 줄여보겠습니다. 이때 지속 시간은 타임코드로 입력해야 합니다.

타임코드란?

5초를 타임코드로 나타내면 '00:00:05:00'으로 나타낼 수 있습니다. 기호와 숫자를 생략해본다면 '500'으로 나타낼 수 있습니다.

01 영상 클립을 마우스 오른쪽 버튼으로 클릭한 다음 [속도/지속 시간]을 클릭합니다. '클립 속도/지속 시간' 대화 상자가 나오면 '지속 시간'을 클릭한 후 '500'을 입력합니다.

그림 11-9 클립의 길이를 5초로 조정하기 위해 지속 시간을 500으로 설정

02 타임라인의 영상 클립이 5초로 줄어들었습니다. 5초로 줄어든 만큼 영상이 빠르게 재생됩니다. 약 4배속 정도로 빨라졌음을 알 수 있습니다.

그림 11-10 5초 길이로 줄어든 영상 클립

속도에 상관없이 오디오 음정 유지하기

영상을 재생해보면 배속이 빨라진 만큼 오디오의 음정이 높아졌음을 확인할 수 있습니다. 보통 영상을 빠르게 돌리면 음정이 높아지고 느리게 돌리면 음정이 낮아집니다. 이런 문제를 해결하기 위해 프리미어 프로에서는 '오디오 피치 유지' 기능을 지원합니다. 이 기능을 이용하면 소리의 음정이 속도에 상관없이 원본 클립과 비슷한 수준으로 조정됩니다.

영상 클립을 마우스 오른쪽 버튼으로 클릭한 다음 [속도/지속 시간]을 클릭합니다. '클립 속도/지속 시간' 대화 상자에서 '오디오 피치 유지' 왼쪽에 있는 체크 박스에 체크하고 [확인] 버튼을 클릭합니다.

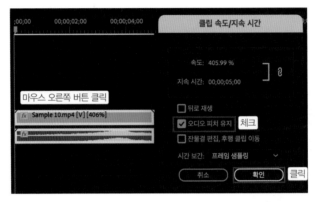

그림 11-11 오디오 피치 유지 기능

재생해보면 기차가 묵직한 소리를 내며 역으로 빠르게 들어오는 모습을 볼 수 있습니다. 체크 박스에 간단하게 체크하는 것만으로도 속도에 상관없이 오디오의 음정을 유지할 수 있습니다.

거꾸로 재생되는 영상 연출하기

이번에도 체크 박스에 간단하게 체크하는 것만으로 거꾸로 재생되는 영상을 연출할 수 있습니다.

01 '클립 속도/지속 시간' 대화 상자에서 '뒤로 재생' 왼쪽에 있는 체크 박스에 체크한 다음 [확인] 버튼을 클릭합니다.

그림 11-12 거꾸로 재생되는 클립 만들기

02 영상을 재생해보면 기차가 거꾸로 돌아가는 재미있는 영상으로 바뀌었습니다. 타임라인에서 클립 상단에 표시된 숫자는 '-406.26%'로 바뀌었습니다. 역재생되는 클립은 영상의 속도 표시가 마이너스로 표시됩니다.

그림 11-13 역재생되는 클립은 영상의 속도가 마이너스로 표시됨

영상 클립을 거꾸로 재생하는 방법은 간단하지만, 이를 응용하면 재미있는 영상을 만들 수 있습니다.

03 Alt 키를 누른 상태로 클립을 오른쪽으로 드래그하면 클립이 복제됩니다. 클립을 복제해 2개의 클립을 타임라인에 나란히 배치합니다.

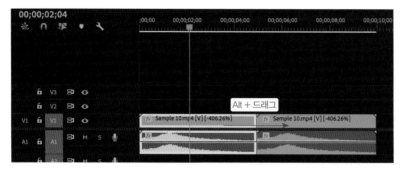

그림 11-14 Alt(⌥ option) 키를 이용해 클립을 복제한 다음 타임라인에 나란히 배치

04 왼쪽의 클립을 마우스 오른쪽 버튼으로 클릭한 다음 [속도/지속 시간] 대화 상자를 엽니다. 기존 클립은 '뒤로 재생'이 체크된 상태이므로 이를 해제합니다. [확인] 버튼을 클릭하고 타임 라인에 배치된 클립의 상태를 확인해보세요. 어느 클립이 순재생되고 어느 클립이 역재생될 까요? 실습을 통해 확인해보기 바랍니다.

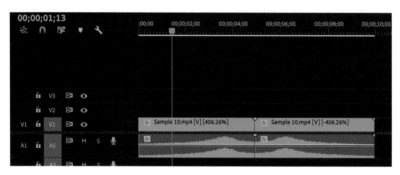

그림 11-15 순재생 클립과 역재생 클립

속도 조정 도구를 이용해 영상의 속도 조정하기

툴 바에서 속도 조정 도구(단축키 R)를 이용하면 별도의 숫자를 입력하지 않고도 직관적으로 클립 의 속도를 조정할 수 있습니다.

01 그림과 같이 [잔물결 편집 도구]를 길게 클릭하면 숨겨진 메뉴가 나타납니다. 그중에서 [속도 조정 도구]를 선택합니다.

그림 11-16 툴 바에서 [속도 조정 도구] 선택

02 속도 조정 도구를 선택하면 포인터 모양이 변합니다. 클립의 가장자리를 드래그해 클립의 길이를 조정합니다.

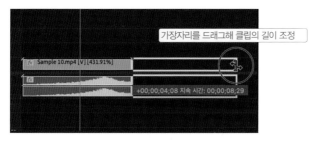

그림 11-17 속도 조정 도구를 선택한 다음 마우스 드래그로 길이 조정

03 속도 조정 도구를 이용해 조정을 마친 후에는 다시 [선택 도구](단축키 V)를 클릭해 이전과 같이 클립을 선택하는 상태로 돌아갑니다.

그림 11-18 툴 바에서 [선택 도구] 선택

원래의 속도로 되돌리기

영상 클립의 속도를 원래의 속도로 되돌려 보겠습니다. 영상 클립을 마우스 오른쪽 버튼으로 클릭한 다음 [속도/지속 시간]을 클릭합니다. '클립 속도/지속 시간' 대화 상자가 나오면 '속도' 값을 '100'으로 설정합니다. 속도를 100%로 설정하면 원래의 속도로 되돌아가게 됩니다.

그림 11-19 영상 클립을 원래 속도로 되돌리기

시간 다시 매핑으로 특정 구간의 속도 조정하기

특정 구간에서만 빠르게 재생하거나 느리게 재생하는 방법을 살펴보겠습니다. 물론 특정 구간을 컷 편집한 다음 앞서 살펴본 '속도/지속 시간'을 이용해 특정 부분만 빠르게/느리게 재생되게 연출할 수 있습니다. 이 방법도 좋지만, 프리미어 프로의 '시간 다시 매핑(Time Remapping)' 기능을 활용하면 조금 더 효율적으로 작업할 수 있습니다.

01 타임라인의 V1 트랙을 보면 눈 모양의 [트랙 출력 켜기/끄기] 버튼이 있습니다. 그 오른쪽 빈 공간을 더블 클릭해 트랙을 확장합니다.

그림 11-20 트랙의 빈 공간을 더블 클릭해 트랙을 확장

02 영상 클립의 앞쪽에 있는 [fx] 아이콘을 마우스 오른쪽 버튼으로 클릭합니다. 컨텍스트 메뉴에서 [시간 다시 매핑] – [속도]를 순서대로 선택합니다.

그림 11-21 시간 다시 매핑을 활성화

03 영상 클립의 가운데 부분을 보면 흰색 선이 있습니다. 이 선을 위아래로 드래그하면 속도를 조정할 수 있습니다. 위로 드래그하면 속도가 빨라지고 아래로 드래그하면 속도가 느려집니다.

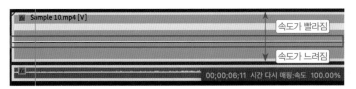

그림 11-22 시간 다시 매핑 선을 이용해 속도 조정

04 단순히 선을 위아래로 드래그하는 것은 이전에 '속도/지속 시간' 대화 상자에서 속도를 조절한 방법과 큰 차이가 없습니다. 따라서 '키프레임' 기능을 이용해 속도를 조정할 구간을 만들어야 합니다. 플레이헤드를 이동시킨 후 [키프레임 추가/제거] 버튼을 클릭해 첫 번째 키프레임을 추가합니다.

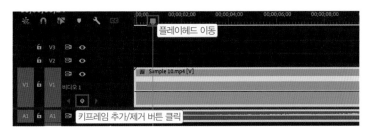

그림 11-23 [키프레임 추가/제거 버튼]을 클릭해 키프레임 추가

05 두 번째 키프레임을 추가하겠습니다. 플레이헤드를 옮긴 후 이번에는 단축키 Ctrl 키를 누른 채로 클릭해 두 번째 키프레임을 추가합니다.

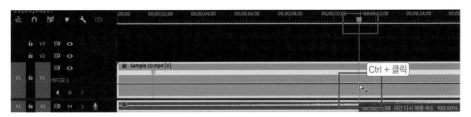

그림 11-24 단축키를 이용해 키프레임을 추가

06 첫 번째 키프레임과 두 번째 키프레임 사이의 실선을 위로 드래그합니다. 위로 드래그하면 키프레임 사이의 구간만 속도가 빨라집니다. 예제에서는 구간의 속도를 400%(=4배속)로 높였습니다.

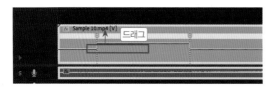

그림 11-25 구간의 선을 위로 올려 속도 높이기

07 이 상태로 재생해보면 속도가 갑작스럽게 빨라지는 형태로 재생됩니다. 이를 수정해 속도가 완만하게 점점 빨라지는 형태로 연출해보겠습니다. 첫 번째 키프레임을 클릭하여 선택하면 파란색 마커가 표시됩니다. 파란색 마커를 오른쪽으로 드래그합니다. 오른쪽으로 드래그하면 구간의 기울기가 완만해집니다.

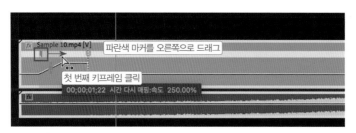

그림 11-26 키프레임을 드래그해 점점 빨라지는 영상 연출하기

08 이번에는 두 번째 키프레임에서 속도가 점점 느려지면서 원래 속도로 돌아오는 형태로 연출해보겠습니다. 역시 두 번째 키프레임을 클릭한 후 위쪽에 있는 파란색 마커를 오른쪽으로 드래그합니다.

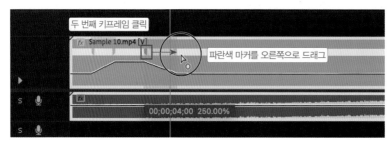

그림 11-27 키프레임을 드래그해 점점 느려지는 영상 연출하기

09 스페이스 키를 눌러 처음부터 재생해보겠습니다. 정상적인 속도로 재생되던 영상이 점점 빨라졌다가 다시 점점 느려지는 형태로 재생됩니다. 이렇게 시간 다시 매핑과 키프레임을 이용하면 영상의 부분 속도를 자유자재로 조정할 수 있습니다.

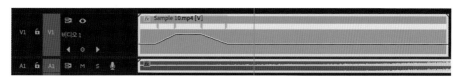

그림 11-28 시간 다시 매핑과 키프레임을 이용해 속도를 조정한 영상

거꾸로 재생됐다가 다시 순재생되는 재미있는 영상 연출하기

시간 다시 매핑 기능을 이용할 때 Ctrl 키를 이용해 키프레임을 추가했습니다. 이번에는 Ctrl 키를 활용해 거꾸로 재생됐다가 다시 순재생되는 재미있는 영상을 연출해보겠습니다.

01 플레이헤드를 오른쪽으로 조금 옮긴 다음 Ctrl 키를 누른 채로 영상 클립 위의 흰색 선을 클릭해 키프레임을 추가합니다.

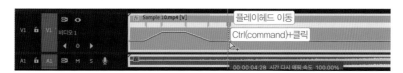

그림 11-29 단축키를 이용해 키프레임을 추가

02 이번에는 추가된 키프레임을 Ctrl 키를 누른 채로 오른쪽으로 드래그합니다. 역재생 아이콘이 표시되면서 그림과 같은 형태로 나타납니다.

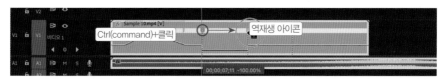

그림 11-30 Ctrl + 드래그로 역재생 구간 만들기

03 역재생 구간이 만들어지고 자동으로 순재생 구간도 만들어졌습니다. 재생해보면 거꾸로 재생되면서 기차가 뒤로 갔다가 다시 앞으로 들어오는 모습을 볼 수 있습니다.

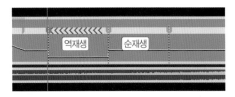

그림 11-31 역재생 구간과 순재생 구간

- - - **영상을 재생했을 때 끊겨 보인다면?** -

영상을 재생했을 때 뚝뚝 끊겨 보인다면 엔터키를 눌러 렌더링한 다음 다시 재생해보세요. 부드럽게 재생되는 모
습을 볼 수 있습니다.

일시 정지되는 구간 만들기

이번에는 일시 정지되는 구간을 만들어 보겠습니다. 역시 단축키를 이용하는데, Ctrl + Alt 키를
누른 채로 키프레임을 드래그하면 일시 정지 구간을 만들 수 있습니다.

01 먼저 일시 정지하고자 하는 프레임으로 플레이헤드를 옮기고, Ctrl 키를 누른 채로 영상 클립
위의 흰색 선을 클릭해 키프레임을 추가합니다.

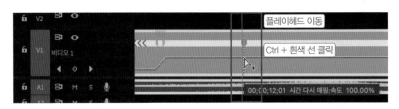

그림 11-32 단축키를 이용해 키프레임을 추가

02 이어서 Ctrl + Alt 키를 누른 채로 방금 생성한 키프레임을 오른쪽으로 드래그합니다. 마우스
포인터 모양이 일시 정지 아이콘으로 나타납니다. 일시 정지를 원하는 길이만큼 드래그합니다.

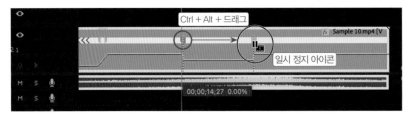

그림 11-33 일시 정지 구간 만들기

03 일시 정지된 구간은 연속된 수직선으로 나타납니다. 재생해보면 해당 구간에서는 영상이 일시 정지됐다가 다시 재생되는 모습을 살펴볼 수 있습니다.

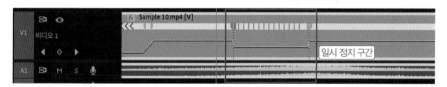

그림 11-34 일시 정지된 구간의 표시

키프레임을 이용해 속도를 조정한 구간 삭제하기

혹시라도 속도를 조정한 구간을 삭제하고자 한다면 키프레임을 선택한 후 [Delete] 키를 눌러 삭제합니다. 또는 효과 컨트롤 패널에서 조정하는 방법도 있습니다.

01 [효과 컨트롤] 패널을 클릭한 다음 '시간 다시 매핑' 왼쪽에 있는 [펼침] 버튼을 클릭합니다.

그림 11-35 효과 컨트롤에서 시간 다시 매핑의 펼침 버튼 클릭

02 효과 컨트롤 패널에서 키프레임을 하나씩 선택한 다음 삭제할 수도 있지만, 키프레임을 드래그해 여러 개의 키프레임을 선택한 다음 지울 수도 있습니다. 키프레임을 선택하고 마우스 오른쪽 버튼을 클릭하면 그림과 같이 컨텍스트 메뉴가 나타납니다. 컨텍스트 메뉴에서 [지우기]를 선택하면 키프레임이 삭제됩니다(복사, 붙여넣기를 선택하면 복사, 붙여넣기도 가능합니다).

그림 11-36 여러 키프레임을 선택한 다음 마우스 오른쪽 버튼 클릭

03 한 번에 전체 효과를 제거하고자 할 때는 '속도' 왼쪽에 있는 시계 모양의 [애니메이션 켜기/끄기] 버튼을 클릭합니다. 버튼을 클릭하면 키프레임을 모두 제거할 것인지 묻는 경고창이 나옵니다.

그림 11-37 [애니메이션 켜기/끄기] 버튼으로 키프레임을 모두 제거

04 [확인] 버튼을 누르면 그림과 같이 모든 키프레임이 사라지고, 클립의 재생 속도도 원래 속도로 돌아옵니다.

그림 11-38 모든 키프레임이 제거된 영상 클립

11.2 | 기본 속성과 키프레임을 활용한 애니메이션 편집

영상이나 이미지 등의 비디오 클립은 기본 속성이 있습니다. 바로 위치(Position), 비율(Scale), 회전(Rotation), 기준점(Anchor Point), 불투명도(Opacity)입니다. 이런 기본 속성을 매개 변수(Parameter)라고도 합니다. 주로 프로그래밍 분야에서 많이 사용하는 용어지만, 영상 편집을 할 때도 참고로 알아두면 좋습니다. 이 5가지 매개변수 혹은 속성의 값을 수정하면 다양한 형태의 영

상을 연출할 수 있습니다. 또는 키프레임을 추가해 애니메이션으로 연출할 수도 있습니다. 이번 절에서는 기본 속성과 키프레임을 영상 편집에 활용하는 방법을 살펴보겠습니다.

색상 매트와 비율(Scale) 조정으로 감성적인 영상 만들기

이번 실습에서 살펴볼 효과는 브이로그에서 많이 쓰이는 기법의 하나입니다. 파스텔 톤의 색상 매트를 배경으로 하고 영상 클립의 비율(Scale)을 작게 나타내는 연출 방법입니다. 생각보다 간단하게 연출할 수 있습니다.

그림 11-39 이번 절에서 실습할 색상 매트를 활용한 감성적인 영상

01 우선 색상 매트를 추가합니다. 프로젝트 패널의 아래쪽을 보면 [새 항목] 버튼이 있습니다. [새 항목] – [색상 매트]를 순서대로 선택합니다.

그림 11-40 [새 항목]에서 [색상 매트] 추가하기

02 비디오 설정을 할 수 있는 '새 색상 매트' 대화 상자가 나옵니다. 따로 수정할 부분은 없으므로 바로 [확인] 버튼을 클릭합니다.

그림 11-41 새 색상 매트의 비디오 설정

03 '색상 피커' 대화 상자가 나오면 색상을 선택합니다. 예제에서는 연노란색(색상 코드 #EEED77)을 선택했습니다. 색상을 선택했으면 [확인] 버튼을 클릭합니다.

그림 11-42 색상 피커에서 색상을 선택

04 이어서 '이름 선택' 대화 상자가 나옵니다. '새 매트에 사용할 이름 선택'은 기본 이름이 '색상 매트'입니다. 이름을 '배경 매트'로 변경하고 [확인] 버튼을 클릭합니다.

그림 11-43 새 매트에 사용할 이름 변경

05 이름이 '배경 매트'인 색상 매트가 추가됐습니다. 이 '배경 매트'를 타임라인의 V1 트랙으로 드래그 앤드 드롭해 배치합니다. 배경으로 적용해야 하므로 가장 아래쪽 트랙으로 배치해야 합니다.

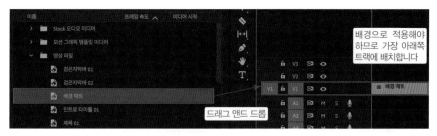

그림 11-44 색상 매트를 타임라인의 V1 트랙에 배치

06 이번에는 영상 클립을 타임라인의 V2 트랙으로 드래그 앤드 드롭해 배치합니다.

그림 11-45 영상 클립을 타임라인의 V2 트랙에 배치

07 영상 클립을 클릭해 선택합니다. 그리고 효과 컨트롤 패널에서 '모션'의 [펼침] 버튼을 클릭합니다. 여러 속성 중에서 '비율 조정'의 값을 '100'에서 '40'으로 변경합니다.

그림 11-46 영상 클립의 비율을 조정

08 그림과 같이 파스텔 톤의 배경 위로 영상이 나오는 모습을 볼 수 있습니다.

그림 11-47 파스텔 톤의 배경과 영상

09 타임라인에 적용된 색상 매트 클립을 더블 클릭하면 다른 색으로 변경할 수 있습니다.

그림 11-48 색상 매트 클립을 더블 클릭해 색상 매트의 색상을 변경

키프레임을 활용해 점점 작아지는 영상 만들기

옛날에 방영했던 예능 프로그램 중에 영상이 점점 작아지다가 아예 사라지는 효과들이 있었습니다. 이런 효과는 '비율'에 키프레임을 추가해 만들 수 있습니다. 이번 실습에서는 키프레임을 활용해 점점 작아지는 영상을 만들어보겠습니다.

그림 11-49 이번 절에서 실습할 키프레임을 활용한 점점 작아지는 영상

01 영상 클립의 해상도가 시퀀스의 해상도보다 더 높기 때문에 영상 클립 일부분이 보이지 않습니다. 영상 클립을 마우스 오른쪽 버튼으로 클릭한 다음 [프레임 크기로 비율 조정]을 클릭합니다. [프레임 크기로 비율 조정]은 큰 해상도의 영상을 시퀀스의 크기에 맞게 자동으로 맞춰주는 편리한 기능입니다.

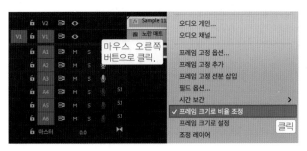

그림 11-50 프레임 크기로 비율 조정하기

02 효과 컨트롤 패널에서 '비율 조정' 왼쪽에 있는 [애니메이션 켜기/끄기] 버튼을 클릭해 키프레임을 추가합니다. 이때 비율 조정(Scale) 값은 '100'입니다.

그림 11-51 효과 컨트롤에서 키프레임을 추가

03 첫 번째 키프레임이 추가됐습니다. 플레이헤드를 오른쪽으로 이동합니다. 그리고 비율 조정(Scale)의 값을 '0'으로 입력합니다. 첫 번째 키프레임이 추가된 상태이므로 값을 변경하기만 해도 자동으로 두 번째 키프레임이 추가됩니다.

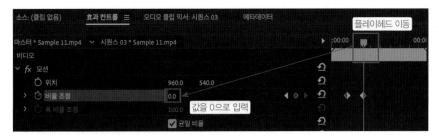

그림 11-52 플레이헤드를 이동하고 비율 조정 값을 0으로 변경

04 재생해보면 첫 번째 키프레임과 두 번째 키프레임 사이에서 영상의 크기가 점점 줄어들다가 두 번째 키프레임 이후로는 영상이 나타나지 않습니다.

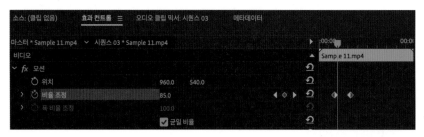

그림 11-53 영상이 줄어드는 애니메이션 연출

05 이때 두 키프레임 사이의 간격이 좁아질수록 더욱더 빠른 속도로 애니메이션이 연출됩니다. 반대로 간격이 넓을수록 느린 속도로 애니메이션이 연출됩니다. 두 키프레임의 간격을 좁히거나 넓히면서 비교해보기 바랍니다.

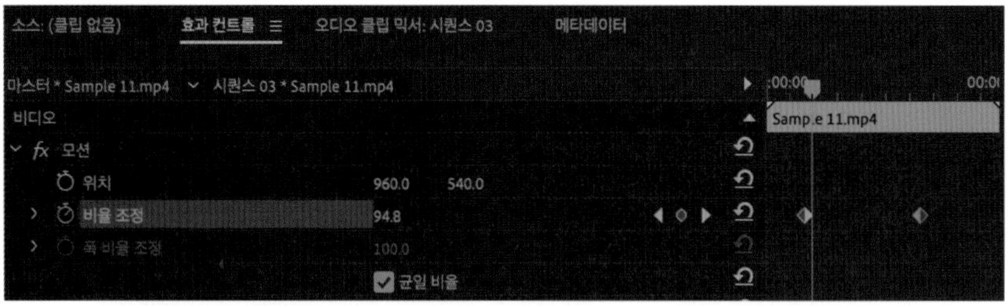

그림 11-54 키프레임의 간격을 변경해 애니메이션의 속도를 조정

06 '비율 조정' 왼쪽에 있는 [펼침] 버튼을 눌러보면 키프레임 '보간(Interpolation)'을 확인하고 수정할 수 있습니다. 보간은 키프레임과 키프레임 사이를 연결하는 방법이라고 생각하면 됩니다. 현재는 '선형(Linear)'이기 때문에 처음부터 끝까지 같은 속도로 애니메이션이 일정하게 나타납니다.

그림 11-55 키프레임의 애니메이션 보간

07 키프레임의 그래프에 기울기를 설정하면 처음에는 천천히 움직이다가 끝으로 갈수록 빨라지는 것처럼 애니메이션의 속도가 달라지게 연출할 수 있습니다. 그림과 같이 첫 번째 키프레임 아래에 있는 속도를 나타내는 핸들을 1시 방향으로 드래그하면 기울기를 줄 수 있습니다. 기울기를 설정하고 영상을 재생해보면 처음에는 천천히 움직이다 갈수록 빨라지는 형태로 애니메이션이 나타납니다.

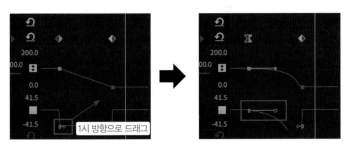

그림 11-56 키프레임에 기울기를 설정해 애니메이션의 속도를 조절

키프레임 한 번에 삭제하기

이번에는 키프레임을 삭제해보겠습니다.

01 키프레임을 선택한 다음 [Delete] 키를 눌러 삭제할 수 있습니다. 이때 여러 개의 키프레임을 선택하면 한 번에 삭제할 수 있습니다. 속성에 적용된 모든 키프레임을 삭제하고 싶다면 '비율 조정' 옆에 있는 [애니메이션 켜기/끄기] 버튼을 클릭합니다. 이 버튼을 클릭하면 모든 키프레임을 삭제할 것인지 묻는 대화 상자가 나옵니다.

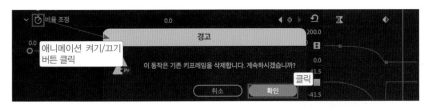

그림 11-57 모든 키프레임을 한 번에 삭제하기

02 [확인] 버튼을 클릭하면 적용된 키프레임이 모두 삭제됩니다. 이때 키프레임이 삭제되면서 표시된 값이 기준으로 설정됩니다. '비율 조정'의 값이 '100'이면 영상이 정상적으로 표시되지만, 만약 '0'이면 화면에 보이지 않을 것입니다.

03 이럴 때는 '비율 조정' 속성의 맨 오른쪽에 있는 [매개변수 재설정] 버튼을 클릭하면 원래의 상태로 되돌아갈 수 있습니다. 키프레임을 삭제하고 난 후에는 [매개변수 재설정] 버튼을 클릭하는 방법을 추천합니다.

그림 11-58 원래 값으로 되돌려주는 [매개 변수 재설정] 버튼

위치(Position)에 키프레임을 적용해 따라다니는 글자 만들기

이번에는 글자가 사람이나 사물을 따라다니는 영상을 만들어보겠습니다. 유튜브에 올라오는 예능 영상에서 자주 볼 수 있는 연출로, 위치(Position)에 키프레임을 적용해 만들 수 있습니다.

01 실습을 위해 새로운 시퀀스를 생성하고 타임라인에 샘플 영상(Sample 12.mp4)을 배치합니다.

그림 11-59 시퀀스를 새로 생성하고 타임라인에 영상을 배치

02 시퀀스의 크기와 영상의 크기를 비교했을 때 시퀀스가 영상보다 작다면 영상의 일부분만 나타나게 됩니다. 이때 영상 클립을 마우스 오른쪽 버튼으로 클릭한 다음 [프레임 크기로 비율 조절]을 선택하면 간단하게 시퀀스와 영상의 크기를 맞출 수 있습니다.

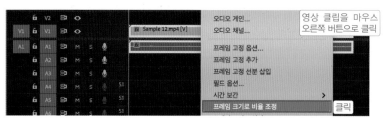

그림 11-60 프레임 크기로 비율 조정하기

03 먼저 텍스트를 입력해보겠습니다. 툴 바에서 [문자 도구](T)를 선택합니다.

그림 11-61 툴 바에서 문자 도구 선택

04 프로그램 패널에서 비어 있는 영역을 클릭하고 다음 그림과 같이 '비행기'라고 입력합니다.

그림 11-62 빈 영역을 클릭하고 텍스트 입력

05 텍스트를 입력했으면 다시 툴 바에서 [선택 도구]를 선택합니다.

그림 11-63 툴 바에서 선택 도구 선택

06 텍스트의 위치를 조정합니다. '비행기' 글자에서 '행'이 비행기의 윗부분에 올라오게 그림과 같이 위치를 조정합니다.

그림 11-64 비행기 텍스트의 위치를 조정

07 효과 컨트롤 패널에서 '그래픽' – '변형' – '위치' 왼쪽에 있는 [애니메이션 켜기/끄기] 버튼을 클릭해 키프레임을 추가합니다.

그림 11-65 위치에 키프레임을 추가

08 타임라인에 배치된 텍스트 클립의 가장자리를 드래그해 텍스트 클립의 길이(Duration)를 영상 클립의 길이와 똑같이 맞춥니다.

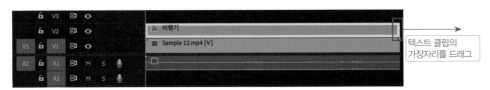

그림 11-66 텍스트의 길이 맞추기

09 플레이헤드를 4초로 이동시킵니다(타임코드 00:00:04:00). 프로그램 모니터 패널에서 텍스트를 클릭한 다음 텍스트의 위치를 옮깁니다(위칫값은 1517.1, 491.6). 키프레임이 추가된 상태에서는 위치를 변경하기만 해도 자동으로 새로운 키프레임이 추가됩니다.

그림 11-67 플레이헤드를 이동한 다음 텍스트의 위치 옮기기 (4초)

10 이번에는 플레이헤드를 8초로 이동합니다(타임코드 00:00:08:00). 동일한 방법으로 프로그램 모니터 패널에서 텍스트를 클릭한 다음 텍스트의 위치를 옮깁니다(위칫값은 1225.3, 494.6).

그림 11-68 플레이헤드를 이동한 다음 텍스트의 위치 옮기기 (8초)

11 같은 방법으로 플레이헤드를 12초, 16초, 마지막 프레임까지 이동시키면서 텍스트의 위치를 옮겨 키프레임을 추가합니다.

그림 11-69 추가된 키프레임

12 재생해보면 비행기가 왼쪽으로 이동하면서 텍스트도 함께 같은 방향으로 이동하는 모습을 확인할 수 있습니다. 다만 조금 더 면밀하게 관찰해보면 텍스트와 비행기가 아주 나란히 움직이지는 않는 것을 볼 수 있습니다. 이는 키프레임의 간격을 4초 정도의 시간으로 두었기 때문입니다. 키프레임 사이의 간격이 좁을수록 더욱 정밀하게 텍스트와 비행기의 위치를 일치시킬 수 있습니다. 하지만 그만큼 많은 시간을 들여야 합니다. 좀 더 정밀한 영상을 연출하고 싶은 분은 키프레임을 모두 삭제한 후 시간 간격을 좁혀서 다시 만들어보기 바랍니다.

불투명도(Opacity)를 이용한 페이드 인과 페이드 아웃 만들기

불투명도(Opacity) 속성과 키프레임을 이용하면 페이드 인(Fade In)과 페이드 아웃(Fade Out)을 연출할 수 있습니다. 물론 효과 패널에 있는 디졸브 효과를 적용해도 같은 결과가 나옵니다. 하지만 디졸브 효과는 영상 클립의 시작 부분과 마지막 부분에만 적용할 수 있습니다. 불투명도와 키프레임을 이용한 방법은 영상 클립의 시작과 마지막 부분은 물론 중간 부분에도 적용할 수 있습니다.

페이드 인(Fade In) 연출하기

01 현재 타임라인에는 텍스트 클립과 영상 클립이 각각 V1 트랙과 V2 트랙에 배치돼 있습니다. 이 두 클립을 선택한 다음 마우스 오른쪽 버튼을 클릭하고 [중첩]을 선택합니다. [중첩]은 일 종의 그룹 기능입니다.

그림 11-70 두 개의 클립을 선택한 다음 [중첩] 선택

02 중첩은 그룹 기능을 하면서 시퀀스를 새로 만듭니다. 시퀀스 이름을 묻는 대화 상자가 나오면 시퀀스의 이름을 '페이드 인과 아웃'으로 설정합니다.

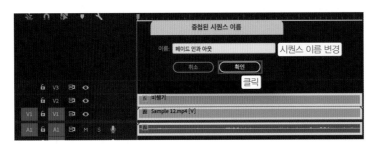

그림 11-71 중첩된 시퀀스 이름 설정

03 그림과 같이 '페이드 인과 아웃' 시퀀스가 V1 트랙에 배치됐습니다. 플레이헤드를 맨 처음으 로 이동합니다.

그림 11-72 중첩된 시퀀스가 생성되면 플레이헤드를 맨 처음으로 이동

04 소스 패널의 효과 컨트롤에서 '비디오' – '불투명도' 왼쪽에 있는 [애니메이션 켜기/끄기] 버튼을 클릭해 키프레임을 추가합니다.

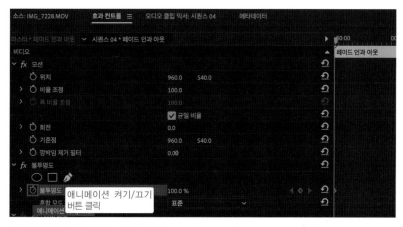

그림 11-73 불투명도에 키프레임을 추가

05 불투명도의 값을 '100.0%'에서 '0.0%'로 변경하겠습니다. 불투명도 오른쪽에 있는 숫자 값을 클릭한 다음 '0'을 입력합니다. 불투명도 값이 0이 되면서 영상이 나타나지 않습니다.

그림 11-74 불투명도 값을 0으로 설정

06 플레이헤드를 1초 후로 이동시킵니다(타임코드 00:00:01:00). 이번에는 불투명도의 값을 '0.0%'에서 '100.0%'로 변경합니다. 불투명도 오른쪽에 있는 숫자 값을 클릭한 다음 '100'을 입력합니다. 불투명도 값이 100이 되면서 영상이 나타났습니다.

그림 11-75 불투명도 값을 100으로 설정해 페이드 인 효과 만들기

07 현재 불투명도 속성에 두 개의 키프레임이 추가됐습니다. 플레이헤드를 맨 처음으로 이동한 다음 재생해보면 영상이 서서히 나타나는 페이드 인(Fade In) 효과가 적용된 모습을 볼 수 있습니다. 첫 번째 키프레임과 두 번째 키프레임의 간격에 따라 페이드 인 효과가 적용되는 길이가 달라집니다.

두 번째 키프레임이 현재는 1초에 있지만, 만약 두 번째 키프레임을 3초로 옮긴다면 페이드 인 효과는 3초 동안 천천히 나타납니다.

그림 11-76 페이드 인 효과의 길이(속도) 조정

08 이번에는 페이드 아웃(Fade Out)을 연출해보겠습니다. 앞서 페이드 인에서 2개의 키프레임을 추가했습니다. 이 상태에서 플레이헤드를 19초로 이동시킵니다(타임코드 00:00:19:00). 플레이헤드를 이동한 다음 소스 패널의 효과 컨트롤에서 '비디오' – '불투명도' 오른쪽에 있는 [키프레임 추가/제거] 버튼을 클릭해 세 번째 키프레임을 추가합니다.

그림 11-77 페이드 아웃을 위한 키프레임을 추가

09 플레이헤드를 맨 마지막 프레임으로 이동시킵니다. 그리고 효과 컨트롤에서 불투명도의 값을 '0'으로 입력하면 네 번째 키프레임이 자동으로 추가됩니다. 재생해보면 세 번째 키프레임과 네 번째 키프레임 사이를 지나면서 점점 영상이 사라지는 페이드 아웃이 연출된 모습을 확인할 수 있습니다.

그림 11-78 마지막 프레임의 불투명도 값을 0으로 설정

10 이렇게 불투명도 속성에 키프레임을 추가하면 페이드 인과 페이드 아웃을 연출할 수 있습니다. 영상의 시작과 마지막에 적용해보기 바랍니다.

<h2>11.3 | 마스크 기능을 활용한 영상 편집</h2>

마스크(Mask)는 특정 영역을 가리거나 보여주는 단순한 기능이지만, 이를 이용하면 영상을 다양하게 연출할 수 있습니다. 마스크 기능은 보통 영상을 합성할 때 많이 사용합니다. 이때 배경이 되는 영상은 아래쪽 트랙(주로 V1)에 배치하고, 마스크를 적용한 영상은 위쪽 트랙에 배치하면 어렵지 않게 구현할 수 있습니다.

원형 마스크로 컵 안에 바다 영상 넣기

가장 쉽게 구현할 수 있는 마스크는 기본 도형을 이용한 마스크입니다. 특히 원이나 사각형은 드래그만 하면 어렵지 않게 영역을 지정할 수 있기 때문에 쉽게 구현할 수 있습니다. 다음 그림과 같은 형태로 원형 마스크를 이용해 컵 안에 바다 영상을 넣어보겠습니다.

그림 11-79 이번 절에서 만들 컵 안에 바다 영상을 넣은 예제

01 이 영상은 컵 안의 영역을 마스크로 지정해 빈 영역으로 만들고, 빈 영역에 배경이 되는 '바다 영상' 클립이 나타나는 형태입니다. 우선 바다 영상 클립인 'Sample 13.mp4'를 V1 트랙에 배치합니다.

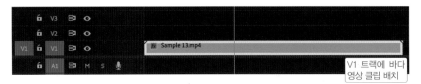

그림 11-80 바다 영상 클립(Sample 13.mp4)을 V1 트랙에 배치

02 컵 사진 파일인 'pexels-foodie-factor-539432.jpg'를 V2 트랙에 배치합니다. 사진은 타임라인에 배치하면 기본적으로 5초간 나타나므로 클립의 가장자리를 드래그해 길이를 영상과 동일하게 맞춥니다.

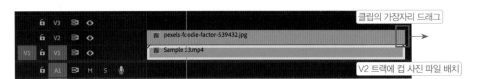

그림 11-81 사진을 V2 트랙에 배치

03 프로그램 모니터에서 컵이 잘려서 보이므로 비율을 조정합니다. 타임라인에서 컵 사진이 있는 클립을 선택합니다. 소스 패널의 효과 컨트롤에서 '비디오' – '모션' – '비율 조정'의 값을 '100%'에서 '40%'로 수정합니다. 비율이 작아지면서 컵의 모습이 온전하게 나타납니다.

그림 11-82 사진의 비율을 50%로 조정

04 컵 안에 마스크를 추가하겠습니다. 소스 패널의 효과 컨트롤을 보면 '비디오' – '모션' – '불투명도'에 마스크를 추가하는 버튼이 있습니다. 그중에서 [타원 마스크 만들기] 버튼을 클릭합니다.

그림 11-83 타원 마스크 만들기

05 타원 마스크가 추가됐습니다. 기본적으로 마스크를 추가하면 안쪽 영역을 보여주고 바깥쪽 영역을 표시하지 않습니다. 이때 '반전됨'을 체크하면 반대로 바깥쪽 영역을 보여주고 안쪽 영역은 보여주지 않습니다. 컵 안쪽을 보여주지 않아야 하므로 '반전됨' 왼쪽에 있는 체크 박스에 체크합니다.

그림 11-84 마스크를 반전시키기

06 마스크의 핸들을 드래그해 컵 영역에 맞춥니다. 기존에 컵에 담긴 내용물보다 조금 더 덮어준다는 느낌으로 영역을 맞추면 됩니다.

그림 11-85 마스크 핸들을 컵 영역에 맞추기

07 마스크 영역을 지정했으면 플레이헤드를 맨 처음으로 옮기고 재생해보겠습니다. 이때 상단 메뉴에서 [시퀀스] – [시작에서 종료까지 렌더링]을 진행한 다음 재생하면 영상이 끊김 없이 재생됩니다.

그림 11-86 시작에서 종료까지 렌더링 후 재생하기

사각형 마스크를 이용해 태블릿 안에 바다 영상 넣기

우리 주변에서 모니터, 태블릿과 같은 디스플레이는 사각형 모양입니다. 이런 물건에 사각형 마스크를 적용하고 영상을 넣으면 다양한 연출을 할 수 있습니다. 이번 실습에서는 태블릿 이미지에 사각형 마스크를 적용하고 태블릿 안에 바다 영상을 넣어보겠습니다.

01 타임라인의 V1 트랙에 합성에 사용할 바다 영상 클립(Sample 13.mp4)을 배치합니다. 그리고 V2 트랙에는 태블릿 이미지(pexels-olia-danilevich-5088023.jpg)를 배치합니다. 태블릿 이미지가 있는 클립의 가장자리를 드래그해 길이를 영상과 동일하게 맞춥니다.

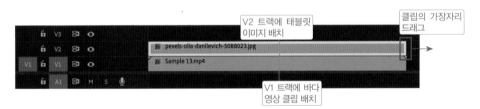

그림 11-87 타임라인에 사진과 영상 파일 배치

02 V2 트랙에 배치한 사진의 비율이 크기 때문에 비율을 줄여보겠습니다. 타임라인에서 태블릿 이미지가 있는 트랙을 선택합니다. 소스 패널의 효과 컨트롤에서 '비율 조정'의 값을 '100'에서 '34'로 줄입니다. 비율을 줄이면 전체 사진의 이미지가 화면에 맞춰지면서 모두 나타납니다.

그림 11-88 사진 이미지의 비율을 조정

03 이어서 사각형 마스크를 추가하겠습니다. 소스 패널의 효과 컨트롤에서 '불투명도' 속성 아래에 있는 [4지점 다각형 마스크 만들기] 버튼을 클릭합니다.

그림 11-89 4지점 다각형 마스크 만들기

04 효과 컨트롤에 '마스크(1)'이 추가됐습니다. 이번에도 사각형 바깥쪽 영역을 보여줘야 하므로 '반전됨' 왼쪽에 있는 체크 박스에 체크해 마스크를 반전시킵니다.

그림 11-90 마스크를 반전시키기

05 마스크의 꼭짓점에 있는 핸들을 드래그해 태블릿 화면 가장자리에 맞춥니다. 사각형으로 구성된 형태라 어렵지 않게 작업할 수 있습니다.

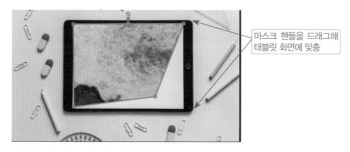

그림 11-91 마스크의 가장자리 맞추기

06 재생해보면 태블릿에서 바다 영상이 재생되는 느낌으로 연출된 것을 확인할 수 있습니다. 여기에서 한 단계 더 나아가 키프레임 애니메이션을 적용하면 화면이 확대되는 듯한 오프닝 영상을 만들 수 있습니다. 플레이헤드를 맨 처음으로 이동시킵니다. 소스 패널의 효과 컨트롤에서 '비율 조정' 속성 왼쪽에 있는 [애니메이션 켜기/끄기] 버튼을 클릭해 키프레임을 추가합니다.

그림 11-92 오프닝 영상을 만들기 위해 비율 조정 키프레임을 추가

07 플레이헤드를 3초로 이동시키고 비율 조정의 값을 변경해보겠습니다. '비율 조정'의 값을 '34'에서 '74'로 변경하면 두 번째 키프레임이 추가됩니다. 영상을 재생해보면 태블릿 사진이 사라지면서 바다 영상이 클로즈업되는 모습을 볼 수 있습니다.

그림 11-93 비율 값을 수정해 두 번째 키프레임을 추가

그림 11-94 키프레임과 마스크로 연출한 오프닝 영상

마스크 추적 기능을 이용해 따라다니는 모자이크 만들기

프리미어 프로의 마스크 기능에는 추적 기능이 내장돼 있습니다. 모자이크 효과를 적용한 다음 추적 기능을 적용하면 모자이크한 부분을 자동으로 따라다니게 연출할 수 있습니다.

01 새로운 시퀀스를 만들고 'Sample12.mp4'를 타임라인의 V1 트랙에 배치합니다. 배치한 영상 트랙을 마우스 오른쪽 버튼으로 클릭한 다음 [프레임 크기에 맞춰 비율 조정]을 클릭합니다.

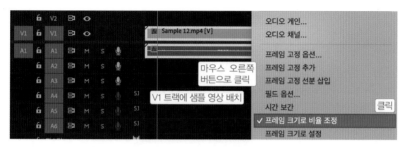

그림 11-95 트랙에 비디오를 배치하고 프레임 크기로 비율 조정

02 '모자이크' 효과를 적용하려면 프로젝트 패널의 효과(Effect) 패널에서 해당 효과를 찾은 다음 영상 클립에 적용해야 합니다. 현재 화면에는 효과 패널이 보이지 않습니다. 효과 패널을 활성화하기 위해 프로젝트 패널의 오른쪽에 있는 [▶▶] 버튼을 클릭한 다음 [효과]를 선택합니다. 그림과 같이 프로젝트 패널에 효과 패널이 나타납니다.

그림 11-96 효과 패널 활성화하기

03 검색창에서 '모자이크'를 검색합니다. 모자이크 효과는 '비디오 효과' – '스타일화' 카테고리에 있습니다. 모자이크 이펙트를 영상 클립으로 드래그 앤 드롭해 적용합니다.

그림 11-97 영상 클립에 모자이크 효과를 적용

04 모자이크 효과가 적용되면서 소스 패널의 효과 컨트롤에서 모자이크 효과를 제어할 수 있습니다. 예제에서는 [타원 마스크 추가하기] 버튼을 클릭해 마스크를 추가하겠습니다.

그림 11-98 효과 컨트롤에서 모자이크 효과에 타원 마스크 만들기

05 마스크한 영역만 모자이크가 적용된 모습을 볼 수 있습니다. 마스크의 핸들을 드래그해 크기를 조정합니다. 마스크의 위치는 가운데 부분을 드래그해 옮길 수 있습니다. 이렇게 마스크의 크기를 조정하고 위치를 옮겨서 원하는 인물과 사물에 모자이크를 적용할 수 있습니다.

그림 11-99 모자이크 핸들을 드래그해 크기 및 위치를 조정

06 이 상태로 재생하면 모자이크 영역은 가만히 있고 영상 속 사물은 계속해서 움직입니다. 따라서 추적 기능을 이용해 모자이크가 사물을 따라다니도록 연출하겠습니다. 프리미어 프로에 내장된 마스크 추적 기능을 활용하면 모자이크가 사물을 따라다닐 수 있습니다. 소스 패널의 효과 컨트롤에서 '모자이크' – '마스크(1)' – '마스크 패스' 오른쪽에 있는 [선택한 마스크 앞으로 추적] 버튼을 클릭합니다.

그림 11-100 선택한 마스크 앞으로 추적

07 '추적' 대화 상자가 나오고 추적 작업이 시작됩니다. 대화 상자에는 진행률이 표시되며, 추적이 완료될 때까지 기다립니다.

그림 11-101 추적 작업의 진행률 표시

08 추적 작업이 완료되면 효과 컨트롤 패널에서 자동으로 추가된 키프레임들을 확인할 수 있습니다. 영상을 재생해보면 움직이는 비행기를 따라 모자이크도 함께 움직이는 모습을 볼 수 있습니다.

그림 11-102 추적 기능을 이용해 자동으로 추가된 키프레임

11.4 크로마키 기능을 활용한 영상 편집

'크로마키(Chroma Key)'는 영상 클립의 특정 색상을 추출해 영상을 합성하는 방법입니다. 크로마키 색상으로는 주로 녹색과 파란색 계열을 이용합니다. 이는 사람의 피부색과 가장 대비되는 색이기 때문입니다. 크로마키 기법을 사용하는 대표적인 영상은 일기 예보입니다. 일기 예보를 실제 촬영할 때 파란색으로 된 벽을 보고 예보하는 모습을 한 번쯤은 봤을 것입니다. 유튜브 영상에서도 이런 크로마키 기법을 활용해 다양한 연출을 하고 있습니다. 이번 절에서는 프리미어 프로에서 크로마키 기법을 연출하는 방법을 알아보겠습니다.

울트라 키 이펙트로 크로마키 구현하기

01 새로운 시퀀스를 생성하고, 샘플 영상 파일(Sample 14.mp4)을 타임라인의 V1 트랙에 배치합니다.

그림 11-103 녹색 배경의 영상 클립

02 배치한 영상 클립에서 마우스 오른쪽 버튼을 클릭한 다음 [프레임 크기로 비율 조정]을 클릭합니다.

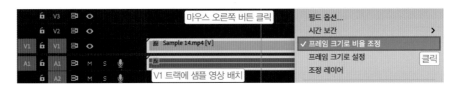

그림 11-104 영상 파일을 배치한 다음 프레임 크기로 비율 조정

03 프로젝트 패널의 효과 패널에서 '울트라 키(Ultra Key)'를 검색합니다. 울트라 키는 '비디오 효과' – '키잉' 카테고리에 있습니다. 울트라 키 이펙트를 타임라인의 영상 클립으로 드래그 앤드 드롭해 적용합니다.

그림 11-105 영상 클립에 울트라 키 효과를 적용

04 울트라 키 효과를 적용했지만 아무런 변화가 없습니다. 이는 '키 색상'이 검은색으로 돼 있어서 영상의 녹색 부분이 빠지지 않았기 때문입니다. 이를 설정하기 위해 소스 패널의 효과 컨트롤에서 '울트라 키' – '키 색상'의 오른쪽에 있는 스포이트 아이콘을 클릭한 다음 화면의 녹색 영역을 선택합니다. 키 색상이 녹색으로 설정되면서 영상 클립의 녹색 화면이 제거됩니다.

그림 11-106 키 색상이 녹색으로 설정됨

05 녹색 배경이 제거된 상태이므로 다른 영상을 합성할 수 있습니다. 기존 V1 트랙에 있던 영상 (녹색 배경의 영상 클립)을 V2 트랙으로 드래그해 옮깁니다. 오디오가 서로 겹칠 수 있기 때문에 오디오 트랙 역시 A1 트랙에 있던 클립을 A2 트랙으로 드래그해 옮깁니다(소스패치를 오디오의 다른 트랙으로 옮겨도 됩니다).

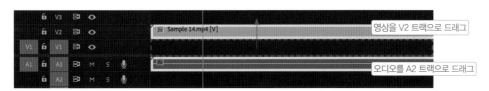

그림 11-107 영상 트랙을 V1 트랙에서 V2 트랙으로 드래그해 위치 옮기기

06 도시 배경의 'Sample 15.mp4' 파일을 타임라인의 V1 트랙으로 드래그 앤드 드롭해 배치합니다.

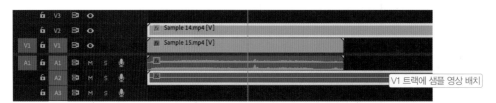

그림 11-108 배경 영상을 타임라인의 V1 트랙에 배치

07 도시 배경이 들어가면서 도시에서 전화 통화를 하는 영상으로 연출됐습니다. 어떤 배경이 들어가느냐에 따라 다양한 표현을 할 수 있습니다.

그림 11-109 크로마키 기법을 이용해 합성한 영상

08 이때 그린 스크린의 소스(녹색 배경의 영상)에 따라 녹색 배경이 깔끔하게 제거되지 않을 수도 있습니다. 보통 촬영할 때 조명이 균일하지 않아서 녹색의 범위가 넓어짐에 따라 생기는 현상입니다. 이 경우 울트라 키의 효과의 여러 가지 옵션값을 수정해 깔끔하게 분리할 수 있습니다. 소스 패널의 효과 컨트롤에서 '울트라 키' – '출력'을 '합성'에서 '알파 채널'로 변경합니다.

그림 11-110 출력을 알파 채널로 변경

09 출력을 알파 채널로 변경하면 영상이 흰색과 검은색으로만 표시됩니다. 흰색은 영상에서 표시되는 부분이고, 검은색은 투명하게 나타나는 부분입니다. 회색 영역은 노이즈로 보이는 부분인데, 옵션값의 설정을 변경해 회색 부분이 나타나지 않게 제거해야 합니다.

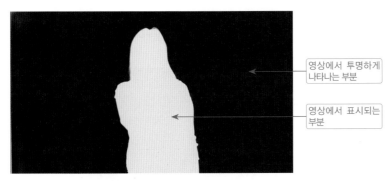

그림 11-111 알파 채널로 변경하면 나타나는 영상

10 소스 패널의 효과 컨트롤에서 '울트라 키' – '설정'을 '기본값'에서 '높음'으로 변경합니다. 간단하게 설정 옵션만 변경해도 회색 부분이 눈에 띄게 줄어듭니다.

그림 11-112 설정을 기본값에서 높음으로 변경

11 울트라 키의 출력 옵션을 다시 '합성'으로 변경하면 영상과 배경이 합성된 화면을 확인할 수 있습니다.

그림 11-113 출력 옵션을 다시 합성으로 변경

그린 스크린 소스를 자연스럽게 합성하기

울트라 키를 이용하면 녹색 배경으로 된 그린 스크린 소스를 자연스럽게 기존 영상에 합성할 수 있습니다. 이런 그린 스크린 소스를 이용하면 적은 노력을 통해 멋진 효과를 연출할 수 있습니다. 이번에 실습할 영상은 'Sample 16.mp4' 파일로, 카메라 녹화 그래픽 소스입니다. 이 소스를 활용하면 마치 카메라로 녹화를 진행하는 듯한 영상을 연출할 수 있습니다.

그림 11-114 이번 절에서 실습할 카메라로 녹화를 하는 듯한 영상

01 새로운 시퀀스를 만들고, 타임라인의 V1 트랙에 샘플 영상 파일(Sample 14.mp4)을 배치합니다.

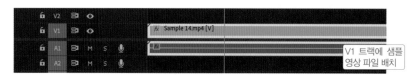

그림 11-115 타임라인의 V1 트랙에 샘플 영상을 배치

02 V2 트랙에는 카메라 녹화 그래픽 소스가 있는 영상 파일(Sample 16.mp4)을 배치합니다.

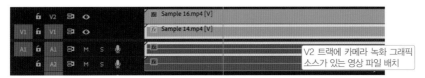

그림 11-116 타임라인의 V2 트랙에 카메라 녹화 그래픽 소스가 있는 영상을 배치

03 먼저 V2 트랙에 있는 영상 클립에 울트라 키 이펙트를 드래그 앤드 드롭해 적용합니다. 울트라 키 이펙트는 효과 패널의 '비디오 효과' – '키잉' 카테고리에 있습니다.

그림 11-117 영상 클립에 울트라 키 이펙트를 적용

04 타임라인에서 V2 트랙에 있는 영상 클립을 선택하고, 소스 패널의 효과 컨트롤에서 울트라 키의 세부 속성을 조정합니다. 가장 먼저 조정해야 할 속성은 '키 색상'입니다. 스포이트 아이콘을 클릭한 다음 영상의 녹색 영역을 선택합니다.

그림 11-118 울트라 키의 키 색상 변경

05 적용한 울트라 키 효과는 복사 및 붙여넣기를 할 수 있습니다. 효과 컨트롤 패널에서 울트라 키 이펙트를 마우스 오른쪽 버튼으로 클릭한 다음 컨텍스트 메뉴에서 [복사]를 선택합니다.

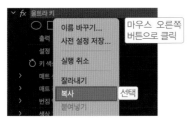

그림 11-119 Sample 16.mp4 영상 클립에 적용한 울트라 키 이펙트 복사하기

06 이번에는 타임라인에서 V1 트랙에 배치한 'Sample 14.mp4' 영상 클립을 선택합니다. 소스 패널의 효과 컨트롤에 'Sample 14.mp4' 파일의 속성이 나타납니다. 이 영상 클립에는 앞서 복사한 울트라 키 이펙트를 붙여넣을 것입니다. 효과 컨트롤 패널에서 빈 공간을 마우스 오른쪽 버튼으로 클릭한 다음 컨텍스트 메뉴에서 [붙여넣기]를 선택합니다.

그림 11-120 Sample 14.mp4 영상 클립에 울트라 키 이펙트 붙여넣기

07 붙여넣기 한 울트라 키 이펙트는 기존에 키 색상을 설정했기 때문에 별도로 색상을 선택하지 않아도 됩니다. 이렇게 두 개의 클립에 울트라 키 이펙트를 적용했습니다. 지금까지 작업한 결과는 다음 그림과 같습니다.

그림 11-121 그린 스크린 소스를 이용한 화면 연출

08 여기에 배경을 추가해보겠습니다. 배경은 가장 아래쪽 트랙인 V1 트랙에 배치해야 합니다. 현재 타임라인에는 V1 트랙과 V2 트랙에 영상 클립이 추가된 상태입니다. 이 두 개의 트랙을 선택하고 위쪽으로 드래그해 각각 V2, V3 트랙으로 옮깁니다.

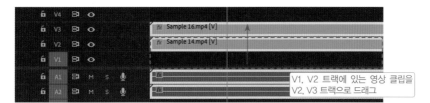

그림 11-122 두 개의 영상 클립을 V2, V3 트랙으로 이동

09 배경으로 사용할 색상 매트를 추가해보겠습니다. 프로젝트 패널의 아래쪽에서 [새 항목]을 클릭하고 [색상 매트]를 선택합니다.

그림 11-123 새 항목에서 색상 매트 추가하기

10 색상 매트의 색을 선택(예: 0FFBE9)하면 프로젝트 패널에 색상 매트가 추가됩니다. 이렇게 추가된 '색상 매트'를 V1 트랙으로 드래그 앤드 드롭해 배치합니다.

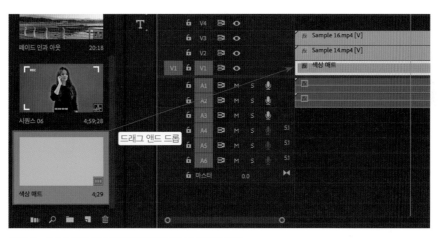

그림 11-124 추가된 색상 매트를 타임라인의 V1 트랙에 배치

11 색상 매트를 넣어 배경을 추가했고, 그림과 같은 결과물이 나오는 것을 확인할 수 있습니다. 색상 매트와 같이 배경 클립은 항상 아래쪽 트랙에 배치해야 하는 것이 포인트입니다.

그림 11-125 색상 매트를 배경으로 추가한 결과물

색 보정 용어를 혼용해서 사용하는 경우가 많습니다. 색 보정 작업은 크게 두 가지 작업으로 나누어 볼 수 있습니다.

하나는 '색 조정(Color Correction)'으로, 서로 다른 기기, 시간, 환경에서 촬영한 영상 소스의 색을 일관성 있게 맞추는 작업입니다. 똑같은 장소와 똑같은 시간에 촬영한 영상도 촬영 기기에 따라 다르게 나타납니다. 심지어 같은 기기라도 촬영 시의 밝기, 셔터 스피드, ISO 등 설정한 값에 따라 서로 다른 결과물이 나올 수 있습니다. 컷이 바뀔 때마다 색상이 변하고 이질적인 느낌을 준다면 보는 사람들이 집중하기 어려울 것입니다. Color Correction은 이처럼 촬영한 기기마다 서로 다른 영상의 색감을 일관성 있게 맞추고, 사람이 보는 색상과 다르지 않게 일치시키는 작업입니다.

다른 하나는 '색 보정(Color Grading)'입니다. 흔히 이야기하는 영화 같은 느낌의 드라마, 영상미가 느껴지는 작품이 바로 컬러 그레이딩 작업이 잘 된 결과물이라고 할 수 있습니다. 촬영할 때 다소 밋밋하게 찍은 영상 클립을 분위기에 맞춰 색상을 조정하고 개성 있게 연출함으로써 생명력을 불어넣는 작업입니다. 컬러 그레이딩(Color Grading)은 이처럼 사람이 눈으로 직접 보는 것과는 다소 다른 새로운 톤을 만드는 작업입니다.

프리미어 프로에서는 두 가지 의미의 색 보정 작업을 모두 할 수 있습니다. 심지어 초보자도 클릭 몇 번만으로 화려하면서도 영화에서 보던 느낌으로 색 보정 작업을 할 수 있습니다. 이번 장에서는 실습을 통해 프리미어 프로의 색 보정 기능을 익혀보겠습니다.

색 보정 작업을 위해 화면 상단에 위치한 작업 환경을 미리 [색상]으로 변경합니다. 작업 환경을 색상으로 변경하면 화면 오른쪽에 'Lumetri 색상' 패널이 활성화됩니다.

그림 12-1 작업 환경을 색상으로 변경

12.1 서로 다른 영상의 색상 일치시키기

이번 절에서 해볼 실습은 서로 다른 두 개의 영상 색상을 일치시키는 기능입니다. 이 기능은 '색상 일치'라고 부르는데, 두 개의 영상 클립이 필요합니다. 하나는 참조하는 클립으로 기준 역할을 하고, 나머지 하나는 색상을 적용할 클립입니다.

01 새로운 시퀀스를 생성하고 'Sample 06.mp4' 파일과 'Sample 10' 파일을 타임라인의 V1 트랙에 나란히 배치합니다.

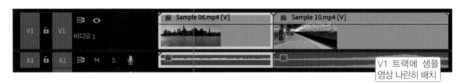

그림 12-2 타임라인에 샘플 영상 파일을 나란히 배치

02 두 개의 영상 파일을 서로 비교해보면 색상 차이가 뚜렷합니다. 도시의 마천루를 담고 있는 'Sample 06.mp4' 파일은 푸른색 계열이 많아 차가운 느낌이 납니다. 그와 반대로 기차가 들어오는 'Sample 10.mp4' 파일은 상대적으로 따뜻한 느낌입니다.

그림 12-3 두 영상 클립의 색상 비교. (왼쪽) Sample 06.mp4 / (오른쪽) Sample 10.mp4

03 화면 오른쪽 위치한 'Lumetri 색상' 패널을 살펴보겠습니다. 여기에는 색상을 조정할 수 있는 여러 패널이 모여 있습니다. '기본 교정', '크리에이티브', '곡선', '색상 휠 및 일치', 'HSL 보조', '비네팅' 등의 탭이 있습니다. 그중에서 [색상 휠 및 일치] 탭을 클릭합니다. 탭을 클릭하면 세부 옵션이 나타나는데, 색상 일치 오른쪽에 있는 [비교 보기] 버튼을 클릭합니다.

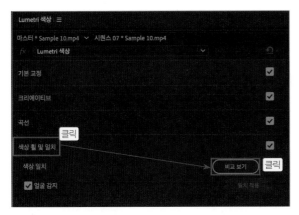

그림 12-4 색상 휠 및 일치 탭을 클릭한 다음 비교 보기 클릭

04 [비교 보기] 버튼을 클릭하면 프로그램 모니터 패널에 두 개의 영상 클립이 나란히 나타납니다. 왼쪽은 참조 영상 클립이고 오른쪽은 현재 영상 클립입니다. 혹시 같은 클립이 나타난다면 타임라인에 있는 플레이헤드를 옮겨봅니다.

그림 12-5 비교 보기의 프로그램 모니터

05 다시 화면 오른쪽의 'Lumetri 색상' 패널에서 색상 휠 및 일치 탭에 있는 [일치 적용] 버튼을 클릭합니다.

그림 12-6 Lumetri 색상 패널의 색상 휠 및 일치에서 [일치 적용]을 클릭

06 왼쪽에 있는 참조 클립의 색상을 분석해 오른쪽에 있는 현재 클립의 색상을 일치시킵니다. 푸른색 계열의 색상이 그대로 적용된 화면을 볼 수 있습니다.

그림 12-7 색상 일치를 적용한 클립

07 적용한 색상을 다시 되돌리려면 실행 취소(단축키 Ctrl + Z, command + Z)를 합니다. 전체적인 색상을 재설정해 처음 상태로 돌아가려면 그림과 같이 Lumetri 패널의 위쪽에 있는 [재설정] 버튼을 클릭합니다. 이 버튼을 클릭하면 처음 상태로 돌아가게 됩니다.

그림 12-8 재설정 버튼

08 이번에는 참조 클립을 변경해보겠습니다. 프로그램 모니터에서 참조 클립 아래쪽을 보면 슬라이더와 타임 코드가 있습니다. 이 부분을 옮겨서 참조 클립을 변경할 수 있습니다. 예시와 같이 참조 클립의 타임코드를 '00:00:23:22'로 옮겨보겠습니다. 혹은 슬라이더를 드래그해 'Sample 10.mp4'의 프레임이 나타날 수 있게 조정합니다.

그림 12-9 참조 클립의 타임코드 변경

09 타임라인의 플레이헤드는 왼쪽으로 옮겨서 'Sample 06.mp4'의 영상이 현재 클립에 나타나게 합니다. 이전과는 다르게 왼쪽 참조 클립과 오른쪽 현재 클립에 표시되는 영상이 달라졌습니다.

그림 12-10 뒤바뀐 참조 클립과 현재 클립

10 이전과 동일하게 Lumetri 색상 패널의 색상 휠 및 일치에서 [일치 적용] 버튼을 클릭합니다.

그림 12-11 일치 적용 버튼을 클릭

⑪ 왼쪽 참조 클립의 색상을 분석해 오른쪽 현재 클립의 색상을 일치시킵니다. 이번에는 이전과 다르게 따뜻한 계열의 색상이 오른쪽의 현재 클립에 적용된 모습을 볼 수 있습니다.

그림 12-12 색상 일치를 적용한 클립

⑫ 프로그램 모니터에 이전처럼 한 개의 영상 클립만 보고 싶다면 'Lumetri 패널' – '색상 휠 및 일치'에서 색상 일치 오른쪽에 있는 [비교 보기]를 클릭합니다. 비교 보기가 해제되면서 한 개의 영상 클립만 나타납니다.

그림 12-13 비교 보기 해제하기

- - - 색상 휠을 통해 보는 색상 -

색상 휠(Color Wheel) 패널을 열어보면 화려한 색상환이 시선을 사로잡습니다. 색상 휠은 크게 3가지 부분으로 나눌 수 있습니다. 바로 어두운 영역(Shadows), 미드톤(Midtones), 밝은 영역(Highlights)입니다. 축구에서 공격수, 미드필더, 수비수와 같이 포지션을 나눈 것처럼 영상도 3개의 부분으로 나눌 수 있습니다.

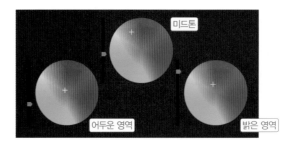

그림 12-14 색상 휠(Color Wheel)

프리미어 프로에서는 '색상 휠' 패널을 통해 영역별로 중심이 되는 색상을 지정하고 밝기를 조정할 수 있습니다. 마우스로 색상 휠의 색상을 클릭하면 그 색상을 중심 색상으로 지정하게 됩니다. 예를 들어 미드톤의 색상 휠에서 파란색을 클릭하면 영상의 미드톤을 중심으로 푸른빛이 돌게 됩니다.

그림 12-15 미드톤 색상을 파란색으로 지정했을 때

색상 휠의 왼쪽 부분에는 밝기를 조정할 수 있는 슬라이더가 있습니다. 이 슬라이더를 위아래로 드래그하면 밝기를 조정할 수 있습니다. 슬라이더를 아래로 내리면 영상이 어두워집니다. 영상에서 어두운 영역의 밝기를 최대한으로 낮추면 대비를 더 뚜렷하게 나타낼 수 있습니다.

그림 12-16 어두운 영역의 밝기를 최대한으로 낮췄을 때

색상환을 더블 클릭하면 색상이 처음 상태로 되돌아갑니다. 마찬가지로 슬라이더도 더블 클릭하면 밝기가 처음 상태로 되돌아갑니다.

12.2 클릭 한 번으로 영화 같은 느낌을 연출하는 크리에이티브

이번 절에서 살펴볼 기능은 영화 같은 영상을 연출하고자 하는 분들에게 유용한 기능입니다. 클릭
몇 번으로 영상을 영화에서 보던 것과 같이 멋지게 만들어줍니다.

01 Lumetri 색상 패널에서 [크리에이티브] 탭을 클릭합니다.

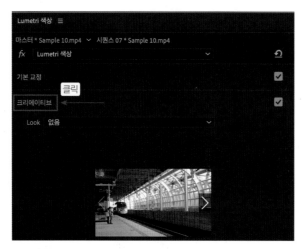

그림 12-17 Lumetri 색상 패널에서 크리에이티브 탭을 클릭

02 크리에이티브 탭에서는 사전에 만들어 놓은 '컬러 프리셋(color preset)'을 미리 보면서 적용
할 수 있습니다. 'Look' 목록을 클릭하면 무수히 많은 컬러 프리셋이 나옵니다. 그중 하나를
선택해보겠습니다.

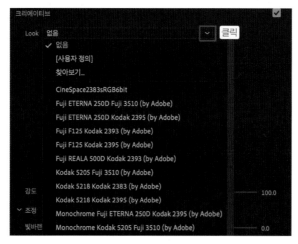

그림 12-18 크리에이티브 탭의 Look 목록

03 예제에서는 [Kodak 5205 Fuji 3510 (by Adobe)]을 선택했습니다. 놀랍게도 단숨에 영상의 느낌이 바뀌었습니다.

그림 12-19 컬러 프리셋 목록에서 [Kodak 5205 Fuji 3510 (by Adobe)]을 선택

04 미리보기가 표시되는 화면의 왼쪽과 오른쪽에 각각 [◁, ▷] 버튼이 있습니다. 오른쪽 [▷] 버튼을 클릭하면 다음 컬러 프리셋의 화면이 미리보기에 표시됩니다. 이 방법으로 목록을 일일이 클릭하지 않더라도 컬러 프리셋을 탐색할 수 있습니다. 이때 [◁, ▷] 버튼이 아닌 미리보기 화면 영역을 클릭하면 해당 컬러 프리셋이 적용됩니다.

그림 12-20 미리보기 화면에서 [◁, ▷] 버튼으로 컬러 프리셋을 탐색

05 컬러 프리셋을 적용한 후 아래쪽 속성값들을 조정합니다. 크리에이티브 탭에서는 '강도', '빛 바랜 필름', '선명', '생동감', '채도' 속성을 조정할 수 있습니다.

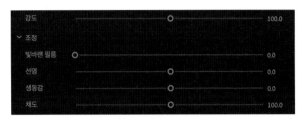

그림 12-21 크리에이티브 탭에서 조정할 수 있는 속성

① 강도

'0'부터 '200'까지의 값을 설정할 수 있습니다. 기본값은 '100'입니다. 값을 '0'으로 설정하면 컬러 프리셋이 전혀 영향을 주지 않는 상태가 됩니다. 반대로 값을 '200'으로 설정하면 컬러 프리셋이 최대치로 적용됩니다.

그림 12-22 강도 속성의 비교

② 빛바랜 필름

영상 클립에 빛바랜 필름 느낌을 적용합니다. '0'부터 '100'까지의 값을 설정할 수 있습니다. 기본값은 '0'입니다. 값이 커질수록 빈티지한 느낌으로 연출됩니다.

그림 12-23 빛바랜 필름 속성의 비교

③ 선명

'−100'부터 '100'까지의 값을 설정할 수 있습니다. 기본값은 '0'입니다. 값을 '−100'으로 설정하면 흐릿하게 뭉개지는 느낌으로 연출됩니다. 값을 '100'으로 설정하면 선명함이 강해져서 사물이 뚜렷하게 보입니다.

선명 −100　　　　　　　　　선명 0　　　　　　　　　선명 100

그림 12-24 선명 속성의 비교

④ 생동감

'−100'부터 '100'까지의 값을 설정할 수 있습니다. 기본값은 '0'입니다. 값이 커질수록 생동감을 줄 수 있습니다. 얼핏 보면 채도와 비슷한 느낌입니다. 하지만 생동감은 채도가 높은 색상 영역은 놔두고, 채도가 낮은 모든 색상 영역에 영향을 줍니다. 또한 사람의 피부 톤이 과포화되는 것을 방지하는 효과가 있습니다.

생동감 −100　　　　　　　　　생동감 0　　　　　　　　　생동감 100

그림 12-25 생동감 속성의 비교

⑤ 채도

'0'부터 '200'까지의 값을 설정할 수 있습니다. 기본값은 '100'입니다. 채도의 값을 '0'으로 설정하면 무채색인 흑백으로 표시됩니다. 채도의 값이 높을수록 색이 더욱 뚜렷해집니다.

채도 0　　　　　　　　　채도 100　　　　　　　　　채도 200

그림 12-26 채도 속성의 비교

⑥ 색조 휠과 색조 균형

촬영한 영상 클립의 어두운 영역과 밝은 영역에 각각 특정 색상을 강조해 색상 톤을 만들 수 있습니다. 가운데가 비어 있는 휠(Wheel)은 색상이 적용되지 않은 상태를 뜻합니다. 색조 휠에서 색상 부분을 클릭하면 선택한 색상 톤이 적용됩니다. 예를 들어 어두운 영역 색조 휠에서 파란색을 클릭하면 어두운 그림자 영역을 중심으로 파란색 톤이 강조되며 차가운 느낌을 연출합니다. 반면 노란색을 클릭하면 노란색 톤이 강조되면서 따뜻한 느낌을 연출할 수 있습니다. 색조 휠을 더블 클릭하면 색상 적용이 취소됩니다.

아래쪽에 있는 색조 균형 슬라이더에서는 영상 클립에서 자홍색(마젠타)이나 녹색이 과도하게 나타나지 않도록 '−100'에서 '100' 사이의 값으로 조정할 수 있습니다.

그림 12-27 색조 휠과 색조 균형

06 크리에이티브 탭의 오른쪽 상단에는 체크 버튼이 있습니다. 이 체크 버튼을 클릭해 효과를 적용하거나 해제할 수 있습니다. 저는 이 기능을 'Before & After'처럼 효과를 적용하기 전의 모습과 효과를 적용한 후의 모습을 비교하는 데 사용합니다. 때로는 속성값을 이리저리 수정하다 보면 눈이 보정한 화면에 익숙해집니다. 보정 전 모습을 보면 자신이 얼마나 멋진 작업을 하고 있는지 깨닫게 될 것입니다. 체크 버튼은 크리에이티브 탭뿐만 아니라 Lumetri 색상 패널의 다른 탭에도 모두 있습니다.

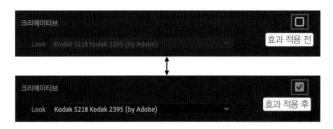

그림 12-28 효과 적용 체크 버튼

12.3 | 비네팅 효과 연출하기

비네팅(Vignette) 효과는 영상의 가장자리 부분을 희미하게 만들어 상대적으로 중앙 영역을 밝게 만들어 줍니다. 이 효과는 자연스럽게 관객의 눈이 중앙으로 집중하게 만듭니다.

그림 12-29 비네팅 효과를 적용한 예

프리미어 프로에서는 매우 간편하게 비네팅 효과를 적용할 수 있습니다. 타임라인에서 클립을 선택한 다음 Lumetri 색상 패널에서 [비네팅] 탭을 클릭합니다.

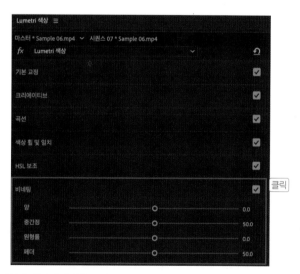

그림 12-30 Lumetri 색상 패널에서 [비네팅] 탭을 클릭

① 양

가장자리를 어둡게 연출하기 위해 슬라이더를 왼쪽으로 드래그해 '양(Amount)'의 값을 음수로 설정합니다. 값을 설정할 수 있는 범위는 '-3.0'부터 '3.0'까지입니다. 양의 값을 '-2.0'으로 설정하면 그림과 같이 가장자리 부분이 어두워집니다.

비네팅 양 0   비네팅 양 -2.0

그림 12-31 비네팅 - 양의 값을 '-2.0'으로 설정해 가장자리를 어둡게 만들기

반대로 양의 값을 양수로 설정하면 가장자리 부분이 밝아집니다. 슬라이더를 오른쪽으로 드래그
해 양의 값을 '2.0'으로 설정하면 그림과 같이 가장자리 부분이 밝아집니다.

비네팅 양 0   비네팅 양 +2.0

그림 12-32 비네팅 - 양의 값을 '2.0'으로 설정해 가장자리를 밝게 만들기

② 중간점

앞서 살펴본 양이 비네팅 효과의 가장자리 부분을 조정한다면 '중간점'은 그 나머지 영역을 조정합
니다. 중간점의 값은 '0'부터 '100'까지 설정할 수 있습니다. '0'에 가까워질수록 중간점이 작아지고,
'100'에 가까워질수록 중간점이 커집니다. 프로그램 모니터에 표시되는 화면을 보며 적당한 값으
로 조정합니다.

중간점 0   중간점 50   중간점 100

그림 12-33 중간점 속성의 비교

③ 원형률

비네팅 효과는 기본적으로 타원형으로 화면을 연출합니다. 이러한 형태를 조정하는 옵션이 '원형률'입니다. 원형률의 값은 '-100'부터 '100'까지 설정할 수 있습니다. '-100'에 가까워질수록 사각형 형태가 되며 '100'에 가까워질수록 원형이 됩니다.

그림 12-34 원형률 속성의 비교

④ 페더

가장자리와 중간점 영역을 흐릿하게 처리하는 옵션입니다. 페더 값은 '0'부터 '100'까지 설정할 수 있습니다. '0'에 가까워질수록 구분이 뚜렷해지고 '100'에 가까워질수록 경계를 흐릿하게 처리해 자연스러운 느낌으로 연출됩니다.

그림 12-35 페더 속성의 비교

12.4 마음마저 맑아지는 하늘 색상 보정하기

푸른 하늘을 보고 있으면 마음마저 맑아지는 느낌입니다. 촬영한 영상 속 하늘 색상을 간단한 색 보정 작업을 통해 더욱더 푸르고 맑게 연출할 수 있습니다. 'Sample 11.mp4' 파일을 이용해 하늘 영역의 색을 보정해보겠습니다.

01 타임라인에 영상을 배치한 다음 마우스 오른쪽 버튼을 클릭하고 [프레임 크기로 비율 조정]을
선택합니다.

그림 12-36 영상을 배치한 다음 프레임 크기로 비율 조정

02 타임라인에서 영상 클립을 선택한 다음 Lumetri 색상 패널에서 [곡선] 탭을 클릭합니다. 곡선
에는 'RGB 곡선'과 '색조 채도 곡선' 두 개의 섹션이 있습니다. 'RGB 곡선'은 이번에는 사용하
지 않으니 [펼침] 버튼을 클릭해 닫아줍니다.

그림 12-37 Lumetri 색상 패널의 곡선 탭

03 '색조 및 채도'의 오른쪽에 있는 [스포이트] 아이콘을 클릭한 다음 프로그램 모니터에 표시된
하늘 영역을 클릭합니다.

그림 12-38 스포이트로 색상 추출하기

04 색상을 추출하면 색조 및 채도에 3개의 조절점이 생깁니다. 그중 가운데에 있는 점을 위쪽으로 드래그합니다. 그림과 같은 형태로 최상단까지 드래그해보겠습니다.

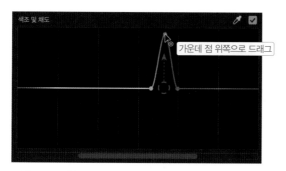

그림 12-39 색조 및 채도에서 가운데에 있는 점을 위로 드래그

05 색조 및 채도 오른쪽에 있는 체크 박스를 체크 및 체크 해제하면서 적용 전 모습과 적용 후 모습을 비교해보면 하늘의 색상이 더 진해지고 뚜렷해졌음을 확인할 수 있습니다. 이는 특정 색상 영역에만 채도가 높게 적용된 것입니다. 스포이트를 이용해 하늘색을 선택했고, 영상에서 그 색을 사용하는 부분의 채도를 높여 색상을 더 뚜렷하게 연출했습니다.

적용 전

적용 후

그림 12-40 하늘색 영역만 높아진 채도

06 이번에는 반대로 위로 드래그했던 점을 아래로 드래그해보겠습니다.

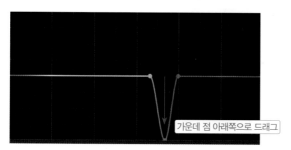

그림 12-41 색조 및 채도에서 가운데에 있는 점을 아래쪽으로 드래그

07 프로그램 모니터에 표시된 화면을 보면 하늘과 바다의 색이 무채색으로 표시됩니다. 다소 어둡고 무거운 느낌, 회상하는 느낌으로 표현됐습니다.

적용 전   적용 후

그림 12-42 하늘색 영역만 무채색으로 표현됨

12.5 영화 '씬시티'처럼 특정 색상만 표현하기

이러한 색조 및 채도 기능을 응용하면 영화 '씬시티'처럼 한 가지 색상만 표현한 독특한 영상을 연출할 수 있습니다. 사진과 영상 모두 적용할 수 있습니다.

01 타임라인에서 적용하고자 하는 클립을 선택하고 Lumetri 색상 패널에서 [곡선] 탭을 클릭합니다. '색조 및 채도'에서 스포이트를 이용해 남기고자 하는 색상을 선택합니다. 저는 다른 사진을 불러와서 '붉은색'을 선택했습니다.

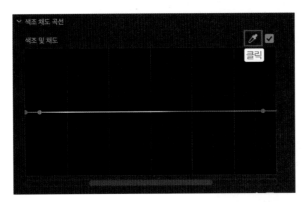

그림 12-43 색조 및 채도에 있는 스포이트 툴을 이용해 붉은색을 추출

02 3개의 조절점이 생성됐습니다. 그런데 각 조절점이 화면의 가장자리에 위치해 있어서 드래그하기가 불편합니다. 이럴 때는 아래쪽에 있는 슬라이더를 드래그해 3개의 조절점이 나란히 위치하게 조정합니다. 슬라이더를 계속 드래그하다 보면 색상이 서로 연결돼 있음을 알 수 있습니다.

그림 12-44 슬라이더를 드래그해 3개의 조절점을 나란히 배치

03 오른쪽에 위치한 점을 아래쪽으로 드래그하면 그림과 같은 모양이 됩니다

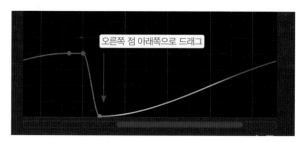

그림 12-45 오른쪽 점을 아래쪽으로 드래그

04 이번에는 왼쪽에 위치한 점을 아래쪽으로 드래그해보겠습니다. 가운데만 솟아 있는 산 모양으로 그래프가 만들어졌습니다.

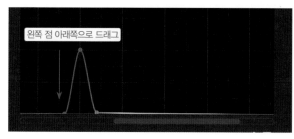

그림 12-46 왼쪽 점을 아래쪽으로 드래그

05 적용 전과 적용 후의 모습을 비교해보면 다음 그림과 같습니다. 예시에서는 붉은색을 추출했지만 다른 색상을 추출해 표현할 수도 있습니다. 여러분이 가진 사진과 영상을 이용해 실습해보기 바랍니다.

적용 전   적용 후

그림 12-47 특정 색상만 표현하기

13장

동영상 파일로 출력하고
유튜브에 업로드하기

편집 작업의 마지막 과정이라 할 수 있는 영상 파일로 출력하는 단계까지 왔습니다. 지금까지 만든 영상은 파일로 출력해야 유튜브에 업로드할 수 있습니다. 이번 장에서는 프리미어 프로에서 영상 파일로 출력하는 방법을 알아보겠습니다. 또한, 유튜브에 업로드한 후 썸네일을 만드는 방법까지 알아보겠습니다.

13.1 | 프리미어 프로에서 mp4 파일로 바로 출력하기

프리미어 프로에서 바로 출력하는 방법을 순서대로 살펴보겠습니다.

01 먼저 타임라인에서 활성화된 시퀀스를 선택하거나 브라우저 패널에서 시퀀스를 선택합니다. 시퀀스를 선택하면 파란색 외곽선이 나타납니다. 그림에서는 타임라인의 '시퀀스 07' 부분을 클릭해 해당 시퀀스를 선택한 상태입니다.

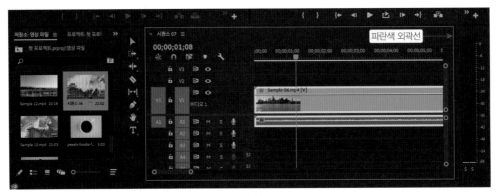
그림 13-1 시퀀스를 선택 (시퀀스를 선택하면 파란색 외곽선이 나타난다.)

02 상단 메뉴에서 [파일] - [내보내기] - [미디어]를 선택합니다. 가끔 이 메뉴가 활성화되지 않을 때가 있는데, 시퀀스가 선택되지 않았을 때 이런 현상이 나타납니다. 시퀀스가 선택됐다면 메뉴가 활성화되며 클릭해 실행할 수 있습니다.

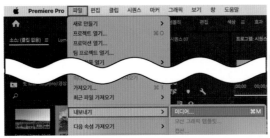
그림 13-2 상단 메뉴에서 [파일] - [내보내기] - [미디어] 선택

03 '내보내기 설정' 대화 상자가 나타났습니다. 여기에서는 내보내기와 관련된 설정을 할 수 있으며, 크게 왼쪽과 오른쪽 부분으로 나눠볼 수 있습니다.

왼쪽에는 영상 화면이 나타납니다. 왼쪽 아래에 있는 플레이헤드를 옮겨보면 해당 프레임이 표시되는 구조입니다. 또한, 영상의 출력 범위를 지정할 수 있습니다. 기본적으로 시퀀스의 처음부터 마지막까지 설정돼 있습니다.

오른쪽에는 '내보내기 설정' 패널들이 있습니다. 내보내기 설정에서는 영상 파일의 '형식', '사전 설정(해상도)', '출력 이름'을 설정할 수 있습니다. 기본적으로 비디오와 오디오를 함께 출력하지만, '비디오 내보내기'에 체크하거나 '오디오 내보내기'에 체크해 비디오만 출력하거나 오디오만 출력할 수 있습니다. 설정한 후 오른쪽 아래에 있는 [대기열], [내보내기] 버튼을 클릭하면 출력이 시작됩니다.

그림 13-3 내보내기 설정

04 오른쪽 '내보내기 설정' 패널에서 설정해보겠습니다. '형식'을 클릭하면 프리미어 프로에서 지원하는 코덱 목록이 나옵니다. 다양한 코덱을 지원하는데, 배포용 코덱으로 많이 사용하는 'H.264' 코덱을 선택하겠습니다.

그림 13-4 내보내기 형식을 H.264로 설정

05 '사전 설정'에서는 여러 복잡한 옵션을 일일이 설정하지 않아도 간편하게 출력할 수 있습니다. 특히 유튜브, 페이스북, 비메오 등과 같은 SNS 플랫폼에 최적화된 영상을 출력할 때 사전 설정을 이용하면 더 좋습니다. 유튜브에 업로드하기 위한 영상을 출력하기 위해 '사전 설정'을 'YouTube 1080p Full HD'로 설정합니다(유튜브용 4K 영상은 YouTube 2160p 4K Ultra HD로 설정합니다).

그림 13-5 사전 설정에서 유튜브용 1080p 풀HD 해상도 선택

06 '출력 이름' 오른쪽에 있는 파란색 글씨 부분을 클릭하면 출력할 파일의 이름과 저장 위치를 설정할 수 있습니다. macOS에서는 '위치' 오른쪽에 있는 [펼침] 버튼을 클릭하면 파일을 저장할 위치를 좀 더 자세하게 설정할 수 있습니다.

그림 13-6 출력 이름에서 파일 이름과 저장 위치 설정

07 '비디오 내보내기'와 '오디오 내보내기' 왼쪽에 있는 체크 상자는 모두 체크합니다. 모두 체크한 다음 출력하면 비디오와 오디오가 같이 출력됩니다. 경우에 따라 오디오 없이 비디오만 출력하거나 오디오만 따로 출력하고 싶다면 해당 옵션을 이용할 수 있습니다. 예를 들어 오디오 없이 비디오만 출력하고자 할 때는 '비디오 내보내기'는 체크 상태로 두고 '오디오 내보내기'는 체크를 해제한 후에 출력합니다.

그림 13-7 비디오 내보내기와 오디오 내보내기

08 마지막으로 오른쪽 아래를 보면 [대기열]과 [내보내기] 버튼이 있습니다.

그림 13-8 대기열 버튼과 내보내기 버튼

09 [대기열] 버튼을 클릭하면 '어도비 미디어 인코더(Adobe Media Encoder)'라는 전문 출력 프로그램으로 작업이 넘어갑니다. 프리미어 프로의 실행과 별도로 파일을 출력할 수 있기 때문에 파일을 출력하는 동안 다시 프리미어 프로에서 다른 작업을 계속할 수 있습니다. 하지만 따로 미디어 인코더 프로그램을 실행해야 합니다.

그림 13-9 대기열을 선택하면 어도비 미디어 인코더에서 파일을 출력

⑩ [내보내기] 버튼을 클릭하면 프리미어 프로 자체적으로 파일을 출력합니다. 따로 별도의 프로그램을 실행하지 않고 파일을 출력할 수 있다는 장점이 있지만, 파일을 출력하는 동안에는 아무 작업도 할 수 없습니다. 출력해야 하는 파일이 적다면 내보내기를 이용하고, 파일이 많을 때는 대기열을 이용해 효율적으로 작업합니다.

그림 13-10 내보내기를 선택하면 프리미어 프로 자체적으로 파일을 출력

⑪ 영상이 출력됐습니다. 보통 영상 파일의 이름을 별도로 설정하지 않으면 시퀀스의 이름을 따서 파일 이름이 설정됩니다. '시퀀스 07'을 출력했기 때문에 예시 파일의 이름도 '시퀀스 07.mp4'로 출력됐습니다.

그림 13-11 출력된 파일의 정보 가져오기

--- 좀 더 쉽고 간편하게 mp4 파일로 출력하는 방법 ---

프리미어 프로 CC 2020 버전에서는 좀 더 쉽고 간편하게 mp4 파일로 출력하는 기능이 추가됐습니다. 바로 '빠른 내보내기' 기능입니다. 이 기능을 실행하는 버튼은 프리미어 프로 화면의 오른쪽 위에 있습니다.

그림 13-12 빠른 내보내기 기능 버튼

이 기능을 실행하면 그림과 같이 대화 상자가 나타납니다. 대화 상자에서는 파일의 이름, 저장 위치, 사전 설정(해상도)을 설정할 수 있습니다. 간편한 설정으로 빠르게 mp4 파일로 출력할 수 있는 기능입니다. [내보내기] 버튼을 클릭하면 프리미어 프로 자체적으로 파일을 출력합니다.

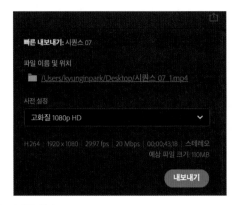

그림 13-13 빠른 내보내기 기능의 대화 상자

13.2 | 프리미어 프로에서 MOV, MP3 파일로 출력하기

유튜브의 권장 업로드 인코딩 설정은 h.264 코덱에 mp4 컨테이너[1]입니다. 이전 절에서 출력한 파일 형식입니다. 왜 이 형식을 권장할까요? 그 이유는 다른 코덱과 비교했을 때 용량이 좀 더 적으면서도 화질 또한 원본과 비교했을 때 크게 나쁘지 않기 때문입니다. 하지만 h.264 코덱은 2003년에 출시된 코덱으로, 출시된 지 오래되기도 했고, 4K, 8K 등의 UHD급 고해상도 영상을 담기에는

---

1 코덱(Codec)은 음성 또는 영상 신호를 디지털 신호를 서로 변환해주는 압축 및 복원 기술입니다. 컨테이너(Container)는 이러한 코덱을 담고 있는 보관함이라 할 수 있습니다.

적합하지 않습니다. 자연스럽게 h.264 코덱을 대체할 수 있는 HEVC 코덱(h.265)을 점차 많이 사용하고 있지만, 아직은 범용성 면에서 h.264 코덱을 많이 사용합니다.

그림 13-14 유튜브 권장 업로드 인코딩 설정 (https://support.google.com/youtube/answer/1722171)

이 책에서 살펴볼 또 다른 코덱으로 애플에서 출시한 'Apple ProRes' 코덱이 있습니다. 이 코덱은 전문적인 동영상 제작 및 후반 작업[2]에 가장 널리 사용되는 코덱입니다. 주로 파이널 컷 프로에서 고품질, 고성능의 편집에 사용되는 코덱이지만, 최신 버전의 프리미어 프로(CC 2019 이상)에서도 사용할 수 있습니다. Apple ProRes 코덱으로 영상을 출력하려면 mov 컨테이너가 필요합니다. 쉽게 말하자면 Apple ProRes 코덱은 확장자가 mov인 파일로 출력됩니다.

미디어 내보내기 기능을 이용해 파일로 출력하기

이번에는 브라우저 패널에서 바로 '미디어 내보내기' 기능을 실행하겠습니다.

01 출력하고자 하는 시퀀스나 영상 파일을 마우스 오른쪽 버튼으로 클릭한 다음 [미디어 내보내기]를 선택합니다.

그림 13-15 브라우저 패널에서 미디어 내보내기

---

2 포스트 프로덕션(Post Production)이라고 하며, 영상 편집, 사운드 편집, 시각적인 특수 효과 추가, 색 보정 작업 등이 이에 해당합니다.

02 '내보내기 설정' 대화 상자가 나타납니다. mov 파일로 출력하려면 '형식'을 'QuickTime'으로 설정합니다.

그림 13-16 내보내기 형식을 QuickTime으로 설정

03 '사전 설정'은 'Apple ProRes 422'로 설정합니다. 다양한 ProRes 코덱이 있지만, 그중에서 ProRes 422가 가장 기본적인 ProRes 코덱이므로 ProRes 422를 선택했습니다.

그림 13-17 사전 설정을 Apple ProRes 422로 설정

04 '출력 이름'의 파란색 글씨를 클릭하면 대화 상자가 나타납니다. 이 대화 상자에서 출력 파일 이름과 저장 위치를 설정합니다. 앞서 '형식'을 'QuickTime'으로 설정했기 때문에 대화 상자 속 '파일 형식'은 '비디오 파일(*.mov)'로 고정돼 있습니다. [저장] 버튼을 클릭하면 대화 상자가 닫힙니다.

그림 13-18 출력 이름 대화상자

05 [내보내기] 버튼을 클릭해 영상 파일을 mov 확장자로 출력하겠습니다. 파일이 출력된 후 저장된 위치를 열어보면 다음 그림과 같이 출력된 파일을 확인할 수 있습니다.

그림 13-19 mov 형식으로 출력된 영상 파일

미디어 내보내기 기능을 이용해 MP3 파일 형식으로 출력하기

이번에는 MP3 파일 형식으로 출력해보겠습니다. MP3는 디지털 오디오 규격으로 개발된 압축 오디오 코딩 포맷이라서 오디오만 출력되는 특징이 있습니다. 따라서 영상을 선택한 후 출력 형식을 'MP3'로 설정하면 오디오 파일로 출력됩니다.

01 이전과 마찬가지로 미디어 내보내기 기능을 실행합니다. '형식'을 'MP3'로 설정하면 그림과 같이 '사전 설정'을 선택할 수 있습니다.

그림 13-20 형식을 mp3로 설정

02 사전 설정에서 대역폭을 선택한 다음 [내보내기] 버튼을 클릭하면 mp3 파일로 출력됩니다. 출력된 mp3 파일을 재생해보면 비디오의 소리만 재생됩니다.

그림 13-21 mp3 형식으로 출력된 파일

여러 개의 영상 파일을 일괄로 출력해야 할 때가 있습니다. 물론 프리미어 프로에서 하나하나 설정하고 출력할 수 있지만, 여러 번 클릭하고 설정해야 하므로 그만큼 시간이 많이 소요됩니다. 이럴 때 미디어 인코더 프로그램을 이용하면 한 번에 컴퓨터에 작업시킬 수 있습니다. 그렇기 때문에 좀 더 효율적이고 안정적으로 작업할 수 있습니다.

01 브라우저 패널에서 출력하고자 하는 파일이나 시퀀스를 다중 선택하고 마우스 오른쪽 버튼을 클릭합니다. 컨텍스트 메뉴에서 [미디어 내보내기]를 클릭합니다.

그림 13-22 시퀀스를 다중 선택하고 미디어 내보내기 선택

02 내보내기 설정이 조금 달라졌습니다. 왼쪽에 모니터 역할을 하는 패널이 나타나지 않습니다. 아무래도 여러 개의 시퀀스를 선택했기 때문에 어느 특정한 시퀀스 화면을 보여주지는 않습니다. '형식'을 'H.264'로 설정합니다. '사전 설정'은 '소스 일치 – 높은 비트 전송률'로 선택하고 바로 아래쪽에 위치한 [대기열] 버튼을 클릭합니다.

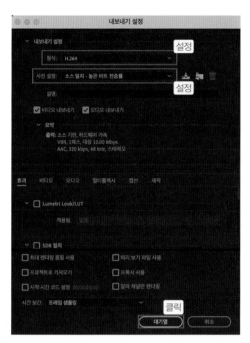

그림 13-23 내보내기 설정 후 [대기열] 버튼 클릭

03 어도비 미디어 인코더 프로그램이 실행됩니다. 이 프로그램의 오른쪽에 있는 '대기열' 패널을 보면 출력할 작업 목록이 차곡차곡 쌓여 있는 것을 볼 수 있습니다. 일괄적으로 출력하는 터라 '형식', '사전 설정', '출력 파일'이 파란색 글씨로 나타납니다. 프리미어 프로의 내보내기 설정처럼 파란색 글씨를 클릭하면 해당 옵션을 다시 수정할 수 있습니다. 설정을 변경할 필요가 없다면 바로 패널의 오른쪽 상단에 있는 [대기열 시작] 버튼을 클릭해 출력 작업을 시작합니다.

그림 13-24 어도비 미디어 인코더의 대기열 패널

04 출력 작업이 시작되면서 미디어 인코더의 오른쪽 하단에 위치한 '인코딩' 패널에 출력 진행 상황이 표시됩니다. 경과 시간과 남은 시간이 표시되고 진행률을 그래프로 보여주기 때문에 진행 과정을 쉽게 확인할 수 있습니다.

그림 13-25 어도비 미디어 인코더 인코딩 패널

05 출력 작업이 끝난 후 앞서 출력 파일에 지정한 경로로 이동해보면 파일이 저장된 모습을 확인할 수 있습니다. 프리미어 프로에서 출력할 시퀀스를 다중 선택하고 대기열로 내보낸 후 미디어 인코더에서 [대기열 시작] 버튼만 눌렀습니다. 몇 번 안 되는 클릭으로 간편하게 여러 개의 영상 파일을 출력할 수 있었습니다. 예제에서는 내보내기 할 때 '형식'을 'H.264'로 지정했지만, 다른 형식으로 지정하면 mp4 형식의 파일이 아닌 'mov(QuickTime)'나 'mp3(MP3)' 파일로도 일괄 출력할 수 있습니다.

그림 13-26 어도비 미디어 인코더를 이용해 일괄 출력한 파일

13.4 부분 구간 출력과 썸네일용 이미지 캡처하여 출력하기

이번 절에서는 영상의 부분 구간을 따로 설정한 다음 그 구간만 출력하는 방법을 살펴보겠습니다. 영상의 특정 부분만 다른 사람과 공유할 때 이 기능을 활용할 수 있습니다. 또한 인스타그램에 영상을 업로드할 때도 이 기능을 활용할 수 있습니다. 인스타그램에서는 영상을 올릴 때 최대 1분까지 지원되므로 이 기능을 이용해 1분씩 끊어서 출력하면 유용합니다.

01 영상의 부분 구간을 설정하겠습니다. 타임라인에서 플레이헤드를 마우스 오른쪽 버튼으로 클릭합니다. 먼저 [시작 표시]를 클릭해 시작하는 구간을 만듭니다. 구간이 만들어지면 구간이 회색으로 표시됩니다.

그림 13-27 타임라인에서 시작 표시를 선택해 구간을 설정

02 현재는 시작하는 구간만 설정된 상태입니다. 구간이 끝나는 지점으로 플레이헤드를 이동시킵니다. 예제에서는 플레이헤드를 10초 지점으로 옮겼습니다. 그리고 플레이헤드를 마우스 오른쪽 버튼으로 클릭해 [종료 표시]를 클릭합니다.

그림 13-28 타임라인에서 종료 표시를 선택해 구간을 설정

03 구간이 만들어졌습니다. 타임라인의 상단 영역에서 회색으로 표시된 부분이 구간으로 설정된 영역입니다. 이 영역은 마우스로 드래그해 재설정할 수 있습니다. 영역을 좀 더 늘릴 수도 있고 좀 더 짧게 만들 수도 있습니다.

그림 13-29 마우스로 드래그해 구간 영역을 재설정

04 설정된 영역을 지울 때는 회색 영역 부분을 마우스 오른쪽 버튼으로 클릭한 다음 [시작 및 종료 지우기]를 선택합니다. 시작 및 종료 지우기를 선택하면 모든 영역이 삭제됩니다. 또는 시작하는 지점만 삭제할 때는 [시작 지우기], 종료하는 지점만 삭제할 때는 [종료 지우기]를 선택해 자유롭게 구간을 설정할 수 있습니다.

그림 13-30 설정된 구간 영역을 지우는 시작 및 종료 지우기

05 영역을 설정했으니 이번에는 영상을 파일로 출력하기 위해 내보내기 기능을 실행해보겠습니다. 단축키를 이용해 실행해 볼까요? Ctrl + M(command + M) 키를 누르면 '내보내기 설정' 창이 나타납니다.

그림 13-31 내보내기 설정 창

06 조금 달라진 점이 있습니다. 내보내기 설정 창의 왼쪽 아래 영역을 보면 '소스 범위'가 '시퀀스 인/아웃'으로 설정돼 있습니다. 또한, 시작 지점과 종료 지점이 앞서 설정했던 범위로 설정돼 있습니다. [대기열] 버튼이나 [내보내기] 버튼을 클릭해 영상 파일로 출력하는 과정으로 넘어갑니다.

그림 13-32 구간 설정(시퀀스 인/아웃)된 파일

07 출력된 파일을 재생해보면 앞서 설정한 10초 분량만 파일로 출력된 것을 확인할 수 있습니다.

그림 13-33 정해진 구간만 출력된 파일

08 이렇게 원하는 구간만 영상 파일로 출력하는 기능도 있지만, 영상의 특정 프레임을 이미지로 출력하는 기능도 있습니다. 이 기능을 이용하면 유튜브용 영상 썸네일을 만들 때 이용할 수 있습니다. 프로그램 패널에서 모니터 아래에 있는 기능 버튼을 보면 카메라 아이콘 모양으로 된 [프레임 내보내기] 버튼이 있습니다. 단축키는 Shift+E입니다.

그림 13-34 프레임 내보내기

09 플레이헤드를 출력하고자 하는 프레임에 위치시킵니다. 그리고 [프레임 내보내기] 버튼을 클릭하거나 단축키(Shift+E)를 누릅니다. '프레임 내보내기' 창이 나타나면 '이름'과 '형식'을 지정할 수 있습니다. 형식으로는 'JPEG' 또는 'PNG'를 선택할 수 있습니다. 저장 위치는 '경로'에 표시됩니다. 만약 저장 위치를 수정하고자 한다면 [찾아보기] 버튼을 클릭해 원하는 위치를 설정합니다. '프로젝트로 가져오기' 옵션에 체크하면 이미지 파일을 만든 후 해당 이미지 파일을 자동으로 프로젝트로 가져옵니다. 마지막으로 [확인] 버튼을 클릭합니다.

그림 13-35 프레임 내보내기 창

10 출력된 이미지가 프로젝트로 자동으로 들어왔습니다. 프로젝트 패널에서 해당 이미지 파일을 확인할 수 있습니다. 이 이미지 파일을 드래그하면 타임라인에 배치할 수 있습니다. 또는 마우스 오른쪽 버튼을 클릭하면 메뉴가 나타나는데, 컨텍스트 메뉴에서 [원본 편집]을 선택하거나 [Adobe Photoshop에서 편집]을 선택하면 어도비사의 프로그램인 포토샵에서 이미지를 수정할 수 있습니다. 다만 포토샵으로 수정하려면 포토샵이 같은 컴퓨터에 설치돼 있어야 합니다.

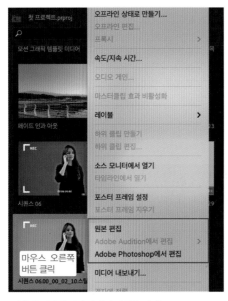

그림 13-36 출력된 이미지 파일을 편집

13.5 YouTube 스튜디오에서 동영상 업로드하기

YouTube 스튜디오를 사용해 동영상을 업로드하는 방법을 알아보겠습니다. 가장 기본적인 기능이지만, 가장 중요한 내용이기도 하므로 한 번 차근차근 살펴보기 바랍니다.

01 유튜브에 로그인한 상태에서 YouTube 스튜디오를 실행합니다. YouTube 스튜디오를 실행하려면 오른쪽 상단의 프로필을 클릭한 다음 [YouTube 스튜디오]를 선택합니다.

그림 13-37 YouTube 스튜디오 실행하기

02 YouTube 스튜디오 화면에서 오른쪽 상단을 보면 [만들기] 버튼이 있습니다. 이 버튼을 클릭한 다음 [동영상 업로드]를 선택합니다.

그림 13-38 [만들기] – [동영상 업로드] 선택

03 동영상 업로드 창이 나타납니다. 여기에서 [파일 선택] 버튼을 클릭해 저장된 영상 파일을 선택합니다. 또는 파일을 드래그 앤 드롭해 업로드할 수도 있습니다. 파일을 선택할 때는 여러 개의 파일을 선택해 동시에 업로드할 수도 있습니다. [파일 선택] 버튼을 클릭해 파일을 업로드합니다.

그림 13-39 동영상 업로드 창

04 동영상 파일을 선택한 후 영상이 업로드되면 다음 그림과 같이 세부정보를 입력할 수 있는 창으로 전환됩니다. '제목'은 필수 항목이기 때문에 반드시 입력해야 합니다. '설명'은 선택사항이지만, 영상의 세부 정보를 입력할 수 있습니다. 특히 '설명'란에 타임 스탬프를 입력하면 동영상에 챕터를 추가할 수 있습니다.

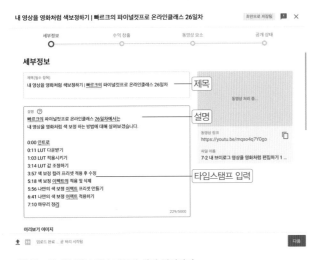

그림 13-40 세부정보에서 제목과 설명 입력하기

05 특히 '설명'란에 타임 스탬프를 입력하면 동영상에 챕터를 추가할 수 있습니다. 챕터를 추가하면 영상을 시청할 때 챕터별로 이동하면서 손쉽게 원하는 챕터를 시청할 수 있습니다. 타임 스탬프는 '00:00(분:초)' 형태로 입력합니다. 주의할 점은 0초부터 시작해야 한다는 점입니다. 항상 '0:00'부터 시작해야 영상에 타임 스탬프가 적용됩니다.

그림 13-41 타임스탬프 기능을 적용한 영상의 모습

클릭을 부르는 제목 만들기

유튜브에서 사람들이 영상을 시청하는 과정을 생각해보면 제목에는 영상과 관련한 핵심 키워드가 들어가야 합니다. 보통 유튜브 검색창에 검색어를 입력해서 자신이 원하는 주제를 다룬 영상을 찾습니다. 당연한 이야기이지만 유튜브 검색 엔진은 검색창에 사람들이 입력한 키워드가 있는 영상들을 노출합니다. 따라서 제목에는 핵심 키워드가 들어가야 합니다.

사람들이 원하는 핵심 키워드를 찾는 방법 중 하나는 유튜브 홈 화면에 있는 검색창에 해당 주제를 한 번 입력해보는 것입니다. 검색어를 입력하면 아래쪽에 예상 검색어 목록이 나타나는데 사람들이 많이 검색하는 키워드를 먼저 보여줍니다. 예를 들어 '프리미어 프로'를 검색창에 입력하면 다음 그림과 같이 검색창 아래에 예상 검색어들이 나타납니다.

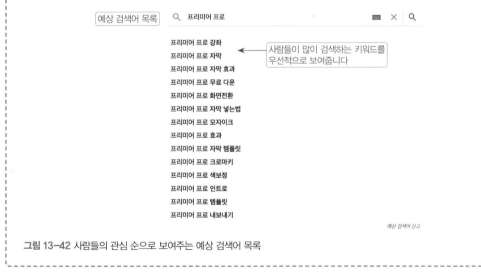

그림 13-42 사람들의 관심 순으로 보여주는 예상 검색어 목록

또한 제목과 썸네일에 들어가는 문구를 조금 다르게 할 필요가 있습니다. 썸네일은 시각적으로 이미지를 보여주기 때문에 되도록 문구를 최소화하는 것이 좋습니다. 유튜브에 표시되는 썸네일 이미지는 크기가 작기 때문에 텍스트가 많을수록 구별하기가 쉽지 않습니다. 대신 제목 부분에서 영상의 내용을 미리 짐작할 수 있게 좀 더 자세히 적습니다.

그림 13-43 썸네일의 텍스트는 최소화하고 제목에 핵심 키워드 입력하기

06 스크롤을 아래로 내리면 '미리보기 이미지(썸네일)'를 업로드할 수 있습니다. 보통은 영상 속의 특정 장면이 자동으로 지정되는데, 사용자가 다른 이미지로 변경해 업로드할 수 있습니다. 미리보기 이미지 아래에서는 '재생 목록'을 지정할 수 있습니다. 저는 시리즈로 올리는 영상이 많다 보니 재생 목록을 자주 이용하는데, 채널을 구독하는 분들도 이 재생 목록을 많이 이용합니다.

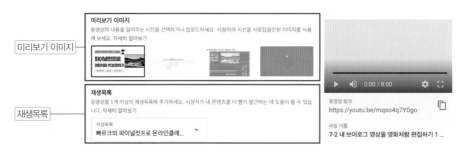

그림 13-44 미리보기 이미지 및 재생 목록

썸네일을 만드는 방법은 다양합니다. 영상 속 장면을 캡처해 썸네일 이미지로 추가할 수 있지만, 영상 속 인물의 행동이나 표정을 따로 편집한 이미지로 썸네일을 만들기도 합니다. 또한 사용하는 툴 역시 포토샵을 사용할 수도 있고, 파워포인트를 이용해 만들 수도 있습니다.

초보자에게는 '미리캔버스(www.miricanvas.com)' 사이트를 추천합니다. 미리캔버스 사이트에서는 전문 디자이너가 직접 제작한 템플릿을 제공하는데, 여러분만의 이미지를 업로드해서 간편하게 이미지를 바꿀 수 있습니다. 또한 텍스트를 클릭해 내용을 수정함으로써 퀄리티 높은 나만의 유튜브 썸네일을 간편하게 만들 수 있습니다.

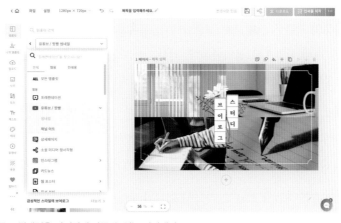

그림 13- 45 유튜브 썸네일을 간편하게 만들 수 있는 미리캔버스

또한 이미지의 배경을 제거할 수 있는 사이트로 '리무브 BG(www.remove.bg)'를 추천합니다. 로그인하지 않은 상태에서도 이미지를 업로드하면 배경이 제거된 이미지를 간편하게 내려받을 수 있습니다. 로그인하지 않은 상태에서는 원본 이미지보다 해상도가 낮은 이미지만 내려받을 수 있다는 제약이 있지만, 로그인하면 고해상도 이미지를 내려받을 수 있습니다. 이렇게 배경이 제거된 이미지를 활용해 유튜브 썸네일을 다채롭고 재미있게 꾸밀 수 있습니다.

그림 13-46 이미지에서 배경을 손쉽게 제거하는 remove.bg

07 스크롤을 아래로 내리면 '시청자층'을 설정하는 옵션이 나타납니다. 유튜브에서는 아동을 대상으로 하는 영상이나 아동이 출연하는 영상에 대한 엄격한 기준이 있습니다. 따라서 영상을 올리는 크리에이터는 본인의 영상이 아동용 영상인지 아닌지 설정해야 합니다. 유튜브에서 아동용 콘텐츠의 기준은 다음과 같습니다.

- 주요 시청자층이 아동인 콘텐츠
- 아동이 주요 시청자층은 아니지만, 아동 시청자층을 대상으로 하는 배우, 캐릭터, 활동, 게임, 노래, 스토리가 나오거나 그 밖의 아동용 주제를 다루는 콘텐츠

여기에서 아동의 기준은 연령으로 구분합니다. 유튜브가 미국 법을 기준으로 하다 보니 아동의 연령을 만 13세 미만으로 정의합니다. 업로드하는 콘텐츠의 설정을 올바르게 하지 않으면 유튜브에서 불이익을 받을 수 있으니 주의하기 바랍니다.

이와는 반대로 콘텐츠에 연령 제한을 적용하는 옵션도 있습니다. 주로 만 18세 미만의 시청자에게 적합하지 않은 동영상을 업로드할 때는 이 옵션에 체크해야 합니다. 연령 제한 동영상은 유튜브 노출이 제한되며 광고가 영구적으로 비승인될 수 있으니 주의하기 바랍니다.

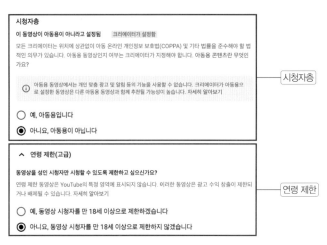

그림 13–47 시청자층 설정 및 연령 제한 옵션

08 한때 유튜버들의 뒷광고 논란이 이슈가 되기도 했습니다. 업체로부터 후원을 받았는데 이를 시청자들에게 정확하게 고지하지 않은 채 직접 구입하여 쓴 것처럼 콘텐츠를 제작한 것이 큰 문제가 됐습니다. '자세히 보기'를 클릭하면 '유료 프로모션'에 체크하는 옵션이 있습니다.

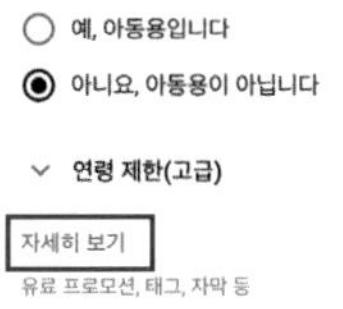

○ 예, 아동용입니다

◉ 아니요, 아동용이 아닙니다

∨ 연령 제한(고급)

자세히 보기
유료 프로모션, 태그, 자막 등

그림 13-48 유료 프로모션, 태그, 자막 등을 설정할 때는 '자세히 보기' 클릭

'유료 프로모션'이 옵션을 선택하면 유튜브 영상을 처음 재생했을 때 화면 왼쪽 하단에 '유료 광고표시'라는 메시지가 나타납니다.

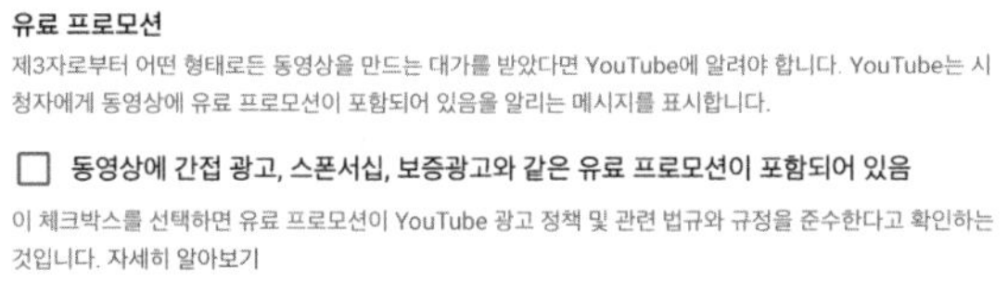

유료 프로모션

제3자로부터 어떤 형태로든 동영상을 만드는 대가를 받았다면 YouTube에 알려야 합니다. YouTube는 시청자에게 동영상에 유료 프로모션이 포함되어 있음을 알리는 메시지를 표시합니다.

☐ 동영상에 간접 광고, 스폰서십, 보증광고와 같은 유료 프로모션이 포함되어 있음

이 체크박스를 선택하면 유료 프로모션이 YouTube 광고 정책 및 관련 법규와 규정을 준수한다고 확인하는 것입니다. 자세히 알아보기

그림 13-49 유료 프로모션 옵션

09 '태그'를 입력하면 시청자가 콘텐츠를 검색하는 데 도움을 줄 수 있습니다. 유튜브 검색이 잘되게 하려면 태그를 많이 입력해야 한다고 주장하는 사람이 있습니다. 유튜브에서 공식적으로 밝힌 바에 따르면 유튜브 동영상을 검색할 때 동영상의 제목, 미리보기 이미지, 설명은 동영상을 검색하는 데 중요한 메타데이터지만, 태그 정보는 제한적으로 사용된다고 합니다. 일반적으로 사용자가 맞춤법을 잘못 입력했을 때 이를 바로잡는 수준으로 태그가 활용되고, 오히려 과도하게 태그를 추가하면 스팸, 현혹 행위, 사기에 대한 유튜브 정책 위반으로 제재를 받을 수 있으니 주의하기 바랍니다.

태그

태그는 동영상의 콘텐츠에 일반적으로 맞춤법이 틀리는 단어가 있을 경우 유용합니다. 그 외에 시청자가 동영상을 찾는 데 있어 태그가 하는 역할은 제한적입니다. 자세히 알아보기

빠르크 ✕   영상편집 ✕   빠르크의3분강좌 ✕   ✕

파이널컷프로 강좌 ✕

각 태그의 뒤에 쉼표를 입력하세요.   29/500

그림 13-50 태그 입력

10 '언어 및 자막(CC)'에서는 동영상을 업로드하는 과정에서 자막을 추가할 수 있습니다. '동영상 언어'는 '한국어'로 설정돼 있습니다. '자막 면제 인증서[3]'는 필요한 경우에만 설정합니다. 국내에서 동영상을 업로드하는 경우 '없음'으로 두고 업로드합니다.

그림 13-51 언어 및 자막 설정

11 '녹화 날짜 및 위치'는 동영상을 촬영한 시기와 위치를 추가합니다. 이 정보를 추가하면 위치별로 동영상을 검색할 수 있습니다. 여러분의 동영상이 특정 날짜와 위치를 포함하고 있다면 이 옵션을 설정해 검색 가능성을 좀 더 높일 수 있습니다.

그림 13-52 녹화 날짜 및 위치

12 '라이선스 및 배포'에서는 영상을 퍼갈 수 있는지 설정할 수 있습니다. '퍼가기 허용'에 체크하지 않으면 영상을 다른 사이트로 퍼갈 수 없습니다. 유튜브에 들어와야만 내 영상을 재생할 수 있습니다. 이외에도 영상을 업로드했을 때 구독자에게 이를 알릴 것인지 설정할 수 있는 '구독 피드에 게시하고 구독자에게 알림 전송' 체크 옵션도 있습니다.

그림 13-53 라이선스 및 배포

---

3 자막 면제 인증서는 2012년 이후 미국에서 방영된 프로그램이나 영상물의 경우 유튜브 영상에 자막을 제공해야 한다는 미국 방송 규정에 따라 만들어진 항목입니다. 국내 영상에는 해당되지 않으므로 '없음'으로 합니다.

13 '카테고리'에서는 영상의 잠재적인 시청자들에게 더욱 효과적으로 다가가기 위한 설정을 할 수 있습니다. 유튜브에서는 15개의 카테고리를 제공합니다. 여러분의 영상이 어느 카테고리에 적합한지 설정하면 해당 카테고리를 주로 시청하는 사람들에게 노출될 확률이 높아집니다. 제 채널은 한동안 '교육'과 '영화/애니메이션' 카테고리에서 방황하다가 최근에는 '노하우/스타일'로 방향을 잡고 계속해서 콘텐츠를 업로드하고 있습니다. 채널에서 주로 업로드되는 콘텐츠가 '영상을 만드는 방법'이니 '노하우' 쪽에 좀 더 어울린다고 판단했습니다. 여러분이 주로 올리는 콘텐츠를 생각해보고 카테고리를 설정하는 것이 좋습니다.

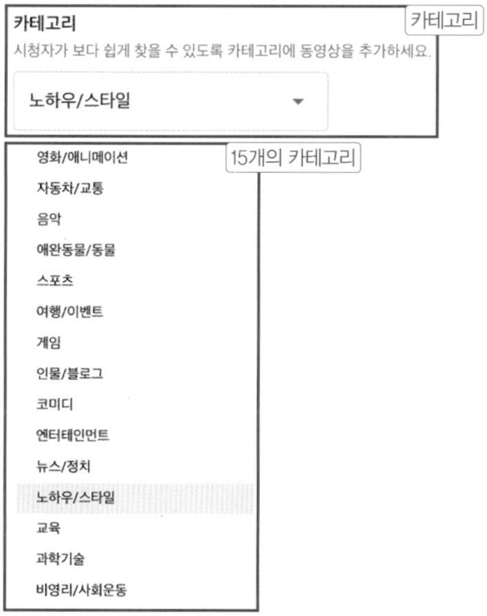

그림 13-54 카테고리 설정하기

14 '댓글 및 평가'에서는 시청자들이 댓글을 확인할 수 있는 옵션을 설정할 수 있습니다. 논란이 있는 주제가 예상된다면 아예 댓글을 '댓글 사용 안 함'으로 설정해 댓글을 달 수 없게 할 수 있습니다. 혹은 크리에이터가 검토 후 허용한 댓글만 나타나게 하려면 '검토를 위해 모든 댓글 보류'로 설정합니다. 저는 보통 '부적절할 수 있는 댓글은 검토를 위해 보류'로 설정해둡니다. 이렇게 하면 스팸으로 의심되는 댓글이나 부적절한 언어가 담긴 댓글을 검토할 수 있습니다. 또한 '동영상에 좋아요 및 싫어요를 표시한 시청자 수 표시'에 체크해 좋아요와 싫어요 수를 공개하거나 숨길 수 있습니다.

댓글 및 평가

댓글 표시 여부 및 방법을 선택하세요.

댓글 공개 상태	정렬 기준
부적절할 수 있는 댓글은 검토를... ▼	인기순 ▼

☑ 동영상에 좋아요 및 싫어요를 표시한 시청자 수 표시

그림 13-55 댓글 및 평가

15 오른쪽 아래에 있는 [다음] 버튼을 클릭하면 다음 단계인 '수익 창출' 화면으로 넘어갑니다. 여기에서는 동영상으로 수익을 창출할 방법을 선택할 수 있습니다. 수익 창출을 하려면 사전에 'YouTube 파트너 프로그램'의 승인을 받아야 합니다. 수익 창출 신청 단계는 다음 장에서 다뤄보겠습니다.

그림 13-56 수익 창출 페이지

수익 창출 페이지에서 설정할 수 있는 광고 유형은 크게 5가지가 있습니다.

광고 형식	게재 위치	플랫폼
디스플레이 광고 	추천 동영상 오른쪽과 동영상 추천 목록 상단에 광고가 게재됩니다. 화면 크기에 따라 광고가 플레이어 하단에 게재될 수도 있습니다.	데스크톱
오버레이 광고	반투명 오버레이 광고가 동영상 하단 20% 부분에 게재됩니다. 이미지 광고나 텍스트 광고 형태로 표시됩니다.	데스크톱

광고 형식	게재 위치	플랫폼
스폰서 카드 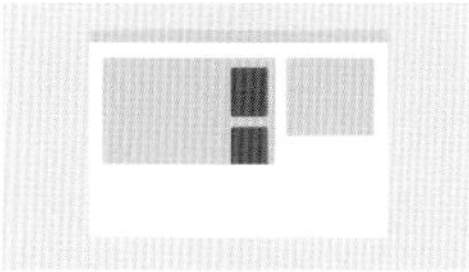	스폰서 카드에는 동영상에 포함된 제품 등 동영상과 관련이 있는 콘텐츠가 표시됩니다. 이 광고는 카드의 티저가 몇 초간 표시됩니다. 동영상 오른쪽 상단의 아이콘을 클릭해 카드를 탐색할 수 있습니다.	데스크톱 및 휴대기기
건너뛸 수 있는 동영상 광고 	건너뛸 수 있는 동영상 광고는 일정한 시간(5초)이 지난 후 건너뛸 수 있습니다. 동영상을 처음 재생하거나 종료할 때, 혹은 중간에 삽입됩니다.	데스크톱, 휴대기기, TV, 게임 콘솔
건너뛸 수 없는 동영상 광고 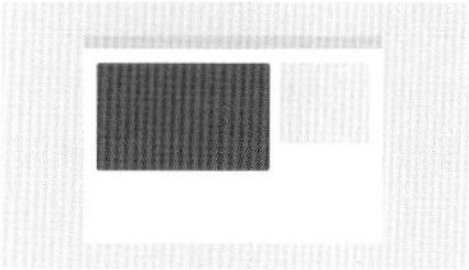	건너뛸 수 없는 동영상 광고는 끝까지 시청해야 동영상을 볼 수 있습니다. 동영상을 처음 재생하거나 종료할 때, 혹은 중간에 삽입됩니다.	데스크톱 및 휴대기기

'동영상 광고 배치' 옵션에서는 어느 시점에 광고를 보여줄지 설정할 수 있습니다. 동영상의 시작 전과 재생 중, 종료 후에 광고를 배치할 수 있습니다. 이때 '동영상 재생 중(미드롤)'은 8분을 초과하는 영상에서만 광고를 게재할 수 있습니다.

동영상 광고 배치 ⑦

ⓘ 8분을 초과하는 동영상만 재생 중에 광고를 게재할 수 있습니다.

☑ 동영상 시작 전(프리롤)

☑ 동영상 재생 중(미드롤)
기본적으로 미드롤은 시청자 경험과 크리에이터 수익 창출 가능성의 균형을 맞출 수 있는 자연스러운 광고 시점에 배치됩니다.
자세히 알아보기

미드롤 관리

☑ 동영상 종료 후(포스트롤)

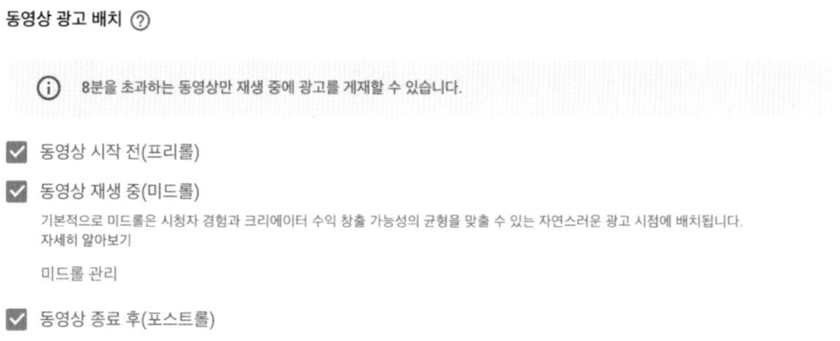

그림 13-57 동영상 광고 배치

⑯ [다음] 버튼을 클릭하면 다음 단계인 '광고 적합성' 화면으로 전환됩니다. 동영상에 광고를 추가할 때 동영상의 내용이 광고 게재에 부적합한 내용을 담고 있다면 광고가 추가되지 않습니

다. 크리에이터가 자체적으로 판단했을 때 문제가 없다고 생각되면 '해당 사항 없음'을 체크합니다. 유튜브에서는 크리에이터가 이렇게 제출한 내용을 검토하는데, 제출한 내용과 검토 내용의 정확성이 높을 경우 수익 창출이 바로 활성화됩니다.

그림 13-58 광고 적합성을 자체적으로 판단하여 제출

⌐--- 수익 창출에 불이익을 받을 수 있어요 ---

유튜브 콘텐츠의 이런 내용은 수익 창출에 불이익을 받을 수 있습니다. 동영상의 콘텐츠, 제목, 설명 또는 키워드에 다음 내용을 포함하지 않게 주의해야 합니다.

① 부적절한 언어: 심한 욕설의 잦은 사용

② 성인용 콘텐츠: 실제 영상과 컴퓨터 생성 영상을 모두 포함한 성적 행위, 언어 또는 표현

③ 폭력: 상처, 손상, 상해를 보여주는 상황

④ 충격적인 콘텐츠: 시청자에게 혼란, 혐오감, 또는 충격을 줄 수 있는 상황

⑤ 기분 전환용 약물 콘텐츠: 기분 전환용 약물 복용 관련 콘텐츠

⑥ 증오성 또는 경멸적 콘텐츠: 특정 집단 또는 개인에 대한 증오심, 경멸, 괴롭힘

⑦ 총기 관련 콘텐츠: 실제 또는 가짜 총기를 보여주거나 이에 대한 논의

⑧ 민감한 사건: 전쟁, 사망, 참사를 다루는 최근의 문제

⑨ 논란의 소지가 있는 문제: 사용자를 불안하게 만드는 주제

17 이어서 [다음] 버튼을 클릭해 다음 단계로 넘어갑니다. 다음 단계인 '동영상 요소'에서는 시청자와 상호작용할 수 있는 기능을 제공합니다. '최종 화면 추가'에서는 동영상이 끝난 후에 이어서 볼 만한 추천 영상이나 구독 버튼을 추가할 수 있습니다. '카드 추가'에서는 동영상 재생 도중에 관련 콘텐츠를 홍보할 수 있습니다.

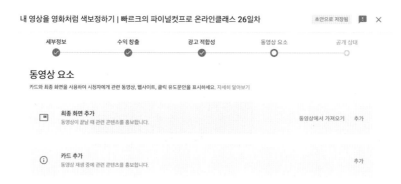

그림 13-59 동영상 요소

최종 화면 추가하기

01 최종 화면은 유튜브 영상이 끝날 때 나타나는 화면입니다. 여기에는 이어서 보면 괜찮은 추천 영상이나 재생 목록을 제시할 수 있습니다. 또한 구독을 쉽게 하기 위해 자신의 프로필 사진을 띄울 수 있습니다.

그림 13-60 최종 화면 예시

02 최종 화면 추가를 누르게 되면 영상 종료 20초 전부터 각 요소들을 표시할 수 있습니다. 삽입할 수 있는 요소로는 동영상, 재생 목록, 구독, 채널, 링크 등이 있습니다. 초보자 입장에서 쉽게 추가할 수 있도록 처음에는 템플릿을 제공합니다. 원하는 형태를 클릭합니다.

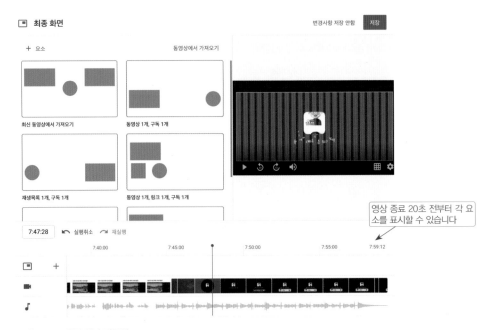

그림 13-61 최종 화면 템플릿

03 저는 아래쪽에 위치한 '동영상 1개, 재생 목록 1개, 구독 1개' 템플릿을 이용합니다. 최종 화면 추가의 왼쪽 상단 패널 스크롤을 아래로 내린 후 해당 템플릿을 클릭합니다.

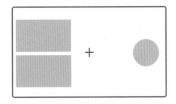

그림 13-62 최종 화면 추천 템플릿

04 아래쪽 타임라인에 3가지 요소가 나타납니다. 색깔로 상태를 표시합니다. 파란색은 현재 클릭하여 선택된 요소를 뜻합니다. 회색은 설정이 완료된 요소를 뜻합니다. 빨간색은 설정하지 않아서 사용자가 추가해야 하는 요소를 뜻합니다. 각 요소는 타임라인에서 가장자리를 드래그해 어느 시점에 나타낼지 손쉽게 설정할 수 있습니다. 최대 길이가 영상 종료 20초 전이기 때문에 적당한 길이로 드래그해 나타냅니다.

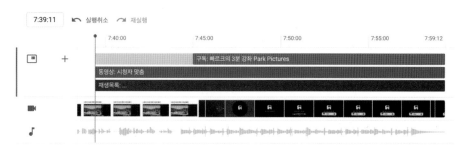

그림 13-63 타임라인 길이 조정하기

05 타임라인에서 동영상을 클릭하면 '최근 업로드된 동영상', '시청자 맞춤', '특정 동영상 선택' 중에서 선택할 수 있습니다. 저는 '특정 동영상 선택'으로 채널 내에 있는 다른 영상을 선택해 최종 화면에 그 영상이 추천될 수 있게 설정합니다. '특정 동영상 선택'을 누르면 영상을 선택하는 창이 나타납니다. 창에서 특정 동영상을 선택하면 추가됩니다.

그림 13-64 동영상 요소

06 '재생목록' 역시 채널 내에서 본인이 만든 재생목록을 선택하는 창이 나타납니다. 이를 클릭해 재생목록을 최종 화면에 추가할 수 있습니다.

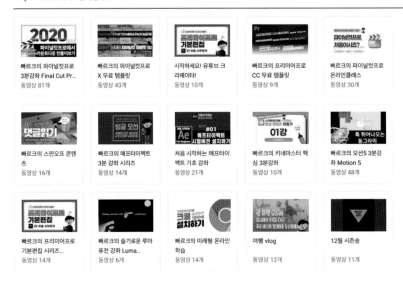

그림 13-65 재생 목록 추가하기

07 각 요소를 추가한 후 타임라인에서 시간을 설정합니다. 가장자리를 드래그하여 시간을 설정할 수 있습니다. 표시할 수 있는 최대 길이가 20초이기 때문에 늘리기보다는 줄여야 합니다.

그림 13-66 표시 시간 설정하기

08 오른쪽 미리보기 화면에서 각 요소를 드래그해 배치를 변경할 수 있습니다. 다만 각 요소가 차지하는 기본 크기가 있습니다. 기본 크기는 변경할 수 없기 때문에 각 요소의 기본 크기를 고려해 서로 겹치지 않게 배치합니다. 요소가 서로 겹치면 붉은색으로 표시되기 때문에 쉽게 파악할 수 있습니다.

그림 13-67 최종 화면 배치하기

09 마지막으로 오른쪽 상단에 있는 [저장] 버튼을 클릭하면 저장이 완료됩니다. 저장이 완료되더라도 이후에 다시 최종 화면을 수정할 수 있습니다.

그림 13-68 저장하기

10 '최종화면'과 다르게 '카드'는 동영상의 재생 중 관련 콘텐츠를 보여줄 수 있습니다. 카드를 추가한 영상은 영상의 오른쪽 상단에 다음과 같은 화면이 나타납니다.

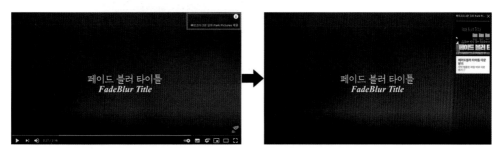

그림 13-69 동영상 재생 중 관련 콘텐츠를 보여주는 카드

11 카드 유형은 '동영상', '재생 목록', '채널', '링크' 등을 추가할 수 있습니다.

카드 유형을 선택하여 시작:

동영상	+
재생목록	+
채널	+
링크	+

그림 13-70 추가할 수 있는 카드 유형

12 '동영상'과 '재생목록'을 추가하고자 한다면 선택할 수 있는 창이 나타납니다. 선택 창에서 추가하고자 하는 '동영상'이나 '재생목록'을 선택하면 다음 그림과 같이 나타납니다. 선택 사항으로 맞춤 메시지와 티저 텍스트를 넣을 수 있는데 입력하지 않아도 됩니다. 타임라인에서는 카드가 나타나는 시점만 설정하면 됩니다.

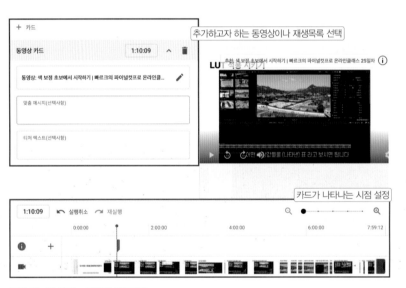

그림 13-71 카드 – 동영상 추가하기

13 추가가 완료됐다면 오른쪽 상단에 있는 [저장] 버튼을 클릭해 저장합니다. 저장하면 해당 영상에 카드가 추가됩니다.

ⓘ 카드   변경사항 저장 안함 저장 클릭

그림 13-72 카드 저장하기

18 마지막 단계는 '공개 상태' 설정입니다. 유튜브에는 3가지 공개 설정이 있습니다.

❶ 공개: 누구나 내 동영상을 시청할 수 있습니다.

'인스턴트 Premieres 동영상으로 설정'에 체크하면 시청자와 함께 같은 시간에 시청할 수 있습니다. 영상이 실시간으로 공개되며, 시청자들과 영상을 함께 보면서 채팅을 통해 의견을 주고받을 수 있습니다.

❷ 일부 공개: 동영상의 링크 주소를 알고 있는 사람만 시청할 수 있습니다.

보통 영상을 처음 올렸을 때 수익 상태가 정상적으로 작동되는지, 저작권 침해에 문제 되지 않는지 등을 테스트하기 위해 '일부 공개' 상태로 올리고, 문제가 없으면 '공개'로 전환하기 바랍니다.

❸ 비공개: 나와 내가 선택한 사람만 동영상을 시청할 수 있습니다.

그림 13-73 공개 상태 설정

19 '예약'은 동영상을 미리 올려놓은 상태에서 특정 날짜와 시각에 동영상을 공개할 수 있는 기능입니다. 이때 'Premieres 동영상으로 설정'에 체크하면 예약을 걸어놓은 시각에 영상이 공개됩니다. 해당 시간 전까지는 구독자의 피드에 해당 동영상의 공개 보기 페이지가 나타납니다. 알림 수신을 선택한 시청자에게는 영상 공개 30분 전에 시청 알림이 전송되며, 공개가 시작될 때 두 번째 알림이 전송되어 시청자에게 시작을 알립니다. Premieres 동영상은 처음 2분 동안 카운트다운이 표시되며, 댓글 및 실시간 채팅으로 시청자와 소통할 수 있습니다.

공개 상태

게시할 시기와 동영상을 볼 수 있는 사람을 선택하세요.

○ **저장 또는 게시**
  동영상을 공개, 일부 공개 또는 비공개로 설정합니다.

◉ **예약**
  동영상을 공개로 설정할 날짜를 선택합니다.

  | 2021. 1. 18. ▾ | 오후 6:00 ▾ | 시간대 ⓘ |

  공개 보기 페이지가 만들어지고 이 날짜까지 카운트다운이 표시됩니다.

  ☑ Premieres 동영상으로 설정 ⓘ

  ＋ PREMIERES 동영상 설정

그림 13-74 예약 기능과 Premieres 동영상으로 설정 기능

20 동영상을 예약 상태로 올리면 다음과 같은 메시지가 나타납니다.

그림 13-75 동영상 예약됨을 알리는 메시지

14장

YouTube 스튜디오로
성장하는 채널 관리하기

YouTube 스튜디오는 유튜브의 시작과 끝이라고 해도 과언이 아닐 만큼 유튜브 채널을 운영하는 크리에이터들이 자주 이용하는 기능입니다. 크리에이터는 YouTube 스튜디오를 이용해 채널에 동영상을 업로드하고 동영상을 관리합니다. 시청자들이 동영상에 어떤 반응을 보였는지 분석해주고, 댓글을 통한 소통 역시 YouTube 스튜디오에서 이뤄집니다. 이 YouTube 스튜디오의 기능을 잘 알고 있으면 채널을 좀 더 성장시키고자 하는 크리에이터에게 많은 도움이 됩니다. 이번 장에서는 YouTube 스튜디오에서 채널을 관리하고 분석하는 방법과 실질적으로 채널을 운영하는 방법을 이야기하고자 합니다.

14.1 YouTube 스튜디오 둘러보기

YouTube 스튜디오는 유튜브에 업로드한 영상을 관리하고 채널을 설정하는 기능을 제공합니다. 먼저 YouTube 스튜디오에 접속하는 방법을 살펴보겠습니다.

01 웹 브라우저의 주소창에 studio.youtube.com을 입력하거나 유튜브에서 화면 오른쪽 상단에 있는 자신의 프로필을 클릭한 다음 [YouTube 스튜디오]를 선택합니다.

그림 14-1 YouTube 스튜디오 접속 방법

02 YouTube 스튜디오를 실행한 모습은 다음 그림과 같습니다. 스튜디오의 왼쪽에는 메뉴가 있습니다. 메뉴 종류로는 대시보드, 콘텐츠, 재생 목록, 분석, 댓글, 자막, 저작권, 수익 창출, 맞춤설정, 오디오 보관함 등이 있습니다(메뉴는 업데이트에 따라 달라질 수 있습니다). 이 메뉴들을 사용해 동영상과 채널을 관리할 수 있습니다. YouTube 스튜디오의 오른쪽 화면에는 메뉴의 세부 설정이 표시됩니다.

그림 14-2 YouTube 스튜디오의 첫 화면

03 상단에 있는 '채널에서 검색하기'라고 쓰인 검색창을 클릭해보겠습니다. 이 검색창에서는 여러분의 채널에 올라온 동영상을 검색할 수 있습니다. 키워드를 입력하면 내 채널에 올라가 있는 동영상 제목을 검색해 표시합니다.

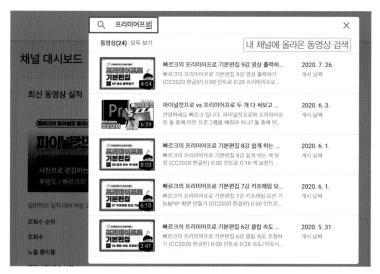

그림 14-3 상단에 있는 검색창에서 동영상 검색

04 오른쪽 상단을 보면 ❶동영상을 빠르게 업로드할 수 있는 아이콘과 ❷실시간 스트리밍을 시작하는 아이콘, 그리고 ❸채널에 게시물을 작성할 수 있는 아이콘이 있습니다.

그림 14-4 업로드, 실시간 스트리밍, 게시물 작성 아이콘

대시보드(Dashboard) 페이지

01 YouTube 스튜디오를 실행했을 때 가장 먼저 나타나는 페이지는 '대시보드(Dashboard)'입니다. 채널 대시보드에는 여러분의 채널에 최근에 올렸던 동영상이나 구독자 수, 시청 시간 등 최근 활동이 요약돼 있습니다. 최근에 올린 동영상의 분석 또한 관련 링크를 클릭하면 자세한 정보를 확인할 수 있습니다. 유튜브에서 공식적으로 제공하는 매뉴얼이나 뉴스 등의 공지사항도 확인할 수 있습니다.

그림 14-5 대시보드 페이지

콘텐츠 페이지

01 다음으로 '콘텐츠' 페이지를 살펴보겠습니다. 콘텐츠 페이지에는 여러분이 올린 동영상과 실시간 스트리밍 방송이 모두 표시됩니다. 여기에서는 콘텐츠의 공개 상태(공개, 미등록, 비공개)를 설정할 수 있고, 유튜브 콘텐츠 프로그램에 참여해 수익을 창출하고 있다면 동영상마다 수익 창출 여부를 체크할 수 있습니다. 그 밖에 콘텐츠를 업로드하거나 게시한 날짜, 조회수, 댓글 수, 좋아요 비율을 확인할 수 있습니다.

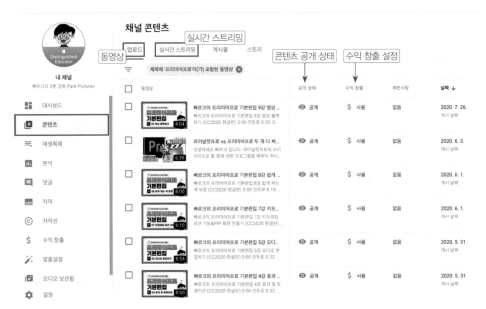

그림 14-6 콘텐츠 페이지

02 이러한 기본 목록은 '필터 표시줄'을 클릭해 필터링할 수 있습니다. 공개 상태, 설명, 수익 창출, 아동용, 연령 제한, 저작권 침해 신고, 제목, 조회 수 등을 선택해 조건에 맞춰 채널에 올라온 영상을 검색할 수 있습니다.

그림 14-7 콘텐츠 페이지의 필터

03 동영상에 마우스를 가져가면 콘텐츠의 세부 메뉴가 표시됩니다. ❶세부 정보는 동영상의 세부 정보를 수정합니다. ❷분석은 해당 동영상의 분석 페이지로 이동합니다. ❸댓글에서는 동영상에 달린 댓글을 검토하는 등의 작업을 할 수 있습니다. 수익 창출을 사용할 경우 ❹수익 창출 메뉴가 나타납니다. 그 외의 기능은 ❺옵션에서 설정할 수 있습니다.

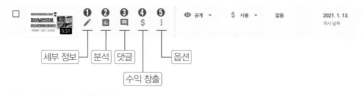

그림 14-8 콘텐츠의 세부 메뉴

재생목록 페이지

01 '재생 목록' 페이지에서는 내 재생 목록을 만들어 관리할 수 있습니다. 재생 목록은 공개 상태를 설정할 수 있습니다. 모두가 내 재생 목록을 볼 수 있게 하거나(공개), 특정 링크를 알고 있는 사람만 재생 목록을 볼 수 있게 하거나(일부 공개), 나 혼자만 볼 수 있게(비공개) 설정할 수 있습니다.

채널 재생목록

새 재생목록

☰ 필터

재생목록	공개 상태	최종 업데이트	동영상 개수
빠르크의 파이널컷프로 온라인클래스 설명 추가	👁 공개	2021. 1. 13.	22
빠르크의 프리미어프로CC 무료 템플릿 설명 추가	👁 공개	2020. 12. 28.	8
빠르크의 스핀오프 콘텐츠 설명 추가	👁 공개	2020. 12. 17.	16
빠르크의 파이널컷프로 3분강좌 Final Cut Pro X 애플 파이널컷 프로를 3분 강좌로 만나보세요! 영상 편집 프로그램으로 대중성과 전문성을 동시에 누릴 수 있는 파이널 컷 프로를 사용하는 방...	👁 공개	2020. 12. 15.	79
빠르크의 파이널컷프로 3분 강좌 [자막 편집] 설명 추가	👁 일부 공개	2020. 12. 7.	8

그림 14-9 재생 목록 페이지

재생 목록을 이용하면 동영상을 그룹으로 묶을 수 있습니다. 특정 주제의 재생 목록을 만들고, 재생 목록의 주제에 맞게 영상을 추가하면 시청자가 쉽게 콘텐츠에 접근할 수 있는 시청 환경을 만들 수 있습니다. 제 채널에는 여러 프로그램의 영상이 있는데, 프로그램별로 재생 목록을 만들어 시청자들에게 제공하고 있습니다. 따라서 시청자들은 제 채널을 이리저리 탐색하지 않고 재생 목록을 한 번만 클릭해도 쉽게 관련 콘텐츠를 둘러보고 원하는 영상을 시청할 수 있습니다.

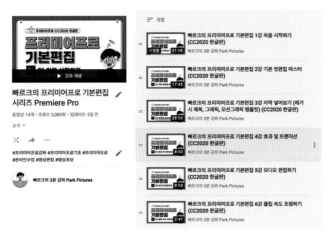

그림 14-10 재생 목록의 예

02 새로운 재생 목록은 [YouTube 스튜디오] - [재생 목록] 페이지에서 오른쪽 위에 있는 [새 재생 목록]을 클릭해 만들 수 있습니다.

그림 14-11 새 재생 목록 만들기

03 '재생 목록 제목'을 입력하고 '공개 상태'를 설정한 다음 [만들기] 버튼을 클릭하면 재생 목록이 생성됩니다.

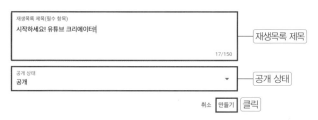

그림 14-12 재생 목록의 제목 및 공개 상태 설정

04 생성된 재생 목록에 영상을 추가하려면 유튜브 영상의 오른쪽에 있는 [더보기] 버튼을 클릭한 다음 [재생 목록에 저장]을 클릭합니다.

그림 14-13 영상 더보기 - 재생 목록에 저장

05 생성한 재생 목록이 나타나고 원하는 재생 목록에 체크하면 해당 영상이 재생 목록에 추가됩니다. 따로 저장 버튼이 없기 때문에 체크한 다음 오른쪽 위에 있는 [닫기] 버튼을 클릭합니다.

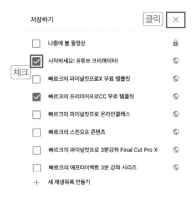

그림 14-14 재생 목록을 체크해 선택하기

06 [YouTube 스튜디오] – [콘텐츠] 페이지에서 내가 업로드한 영상을 일괄로 재생 목록에 추가하는 방법도 있습니다. 추가하고자 하는 영상 콘텐츠를 선택한 다음 상단 메뉴에서 [재생 목록에 추가]를 클릭합니다. 그리고 추가하고자 하는 재생 목록을 선택한 다음 [닫기]를 누르면 선택한 재생 목록에 영상이 추가됩니다.

그림 14-15 [YouTube 스튜디오] – [콘텐츠] 페이지에서 재생 목록에 일괄 추가하기

07 [YouTube 스튜디오] – [재생 목록] 페이지로 이동한 다음 재생 목록에 마우스를 갖다 대면 수정 아이콘('YouTube에서 수정')이 나타납니다. 아이콘을 클릭하면 재생 목록 수정 화면이 나타납니다.

그림 14-16 재생 목록 수정 아이콘

08 재생 목록의 [정렬] 버튼을 클릭하면 날짜순 또는 인기순으로 재생 목록 내 영상을 정렬할 수 있습니다. 재생 목록에서 가장 위쪽에 위치한 영상부터 순서대로 노출됩니다.

그림 14-17 재생 목록 정렬 옵션

또한 목록으로 표시된 영상의 왼쪽 아이콘을 드래그해 순서를 변경할 수 있습니다.

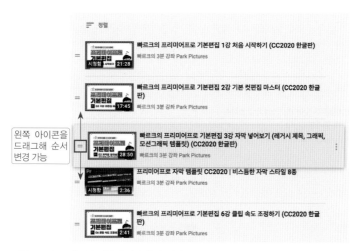

그림 14-18 드래그를 이용해 영상 순서 정렬

09 이렇게 생성한 재생 목록은 [공유] 기능을 이용해 주요 SNS로 공유하거나 URL 링크를 복사해 다른 사람에게 알릴 수 있습니다.

그림 14-19 재생 목록 공유 기능

분석 페이지

01 '분석'에서는 측정 항목과 보고서를 통해 내 채널의 전체적인 동영상 조회 수, 시청 시간, 구독자 증가 수를 확인할 수 있습니다. 분석 페이지의 상단을 보면 '개요', '도달범위', '참여도', '시청자층', '수익' 탭이 있습니다.

- [도달범위] 탭: 내 채널의 영상 콘텐츠가 유튜브 사용자들에게 얼마나 노출됐는지 볼 수 있습니다.

- [참여도] 탭: 노출된 영상을 보고 시청자들이 어떤 반응을 보였는지를 보여줍니다.

- [시청자층] 탭: 내 영상을 본 시청자들에 대한 정보를 알려줍니다. 연령대와 성별을 확인할 수 있습니다.

- [수익] 탭: 내 영상 콘텐츠가 얻은 수익을 보여줍니다. 채널이 수익 창출 상태일 때만 표시됩니다.

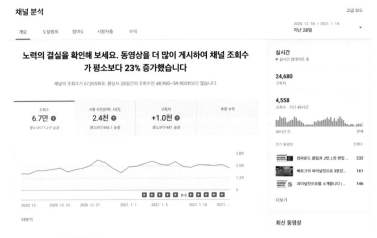

그림 14-20 분석 페이지

02 오른쪽 상단에서는 기간 옵션을 설정할 수 있습니다. 원하는 기간을 설정해 특정 기간의 채널 상태를 분석할 수 있습니다.

그림 14-21 분석 페이지에서 분석 기간 설정

댓글 페이지

01 '댓글' 페이지에서는 내 동영상에 달린 댓글을 확인하고 답글을 달 수 있습니다. '게시됨' 탭과 '검토 대기 중' 탭이 있습니다.

- ▪ [게시됨] 탭: 이미 공개된 댓글을 확인할 수 있습니다.
- ▪ [검토 대기 중] 탭: 승인을 기다리고 있는 댓글을 확인할 수 있습니다.

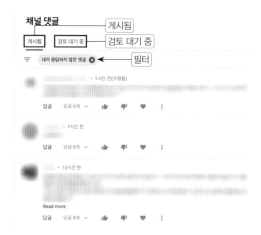

그림 14-22 댓글 페이지

[게시됨], [검토 대기 중] 탭 아래에 있는 '필터'에서는 다양한 필터링 설정을 통해 댓글을 확인할 수 있습니다.

- 검색: 특정 키워드가 포함된 댓글을 확인할 수 있습니다. 예를 들어 '프리미어'로 검색하면 '프리미어'가 포함된 댓글만 나타납니다.

- 질문 포함: 댓글 내용 중 질문이 포함된 댓글만 확인할 때 사용합니다. 질문을 남겼는데 답변을 하지 못하고 넘어가는 경우가 있는데, 이 필터링을 통해 따로 확인할 수 있습니다.

- 공개 구독자: 댓글을 남긴 사용자 중 구독 정보를 공개하고 내 채널을 구독한 사람들의 댓글만 확인할 수 있습니다.

- 채널 회원 상태: 유튜브의 수익 창출 기능 중 채널 멤버십을 사용한다면 이 기능을 통해 내 채널 멤버십을 이용하는 사람들이 남긴 댓글만 확인할 수 있습니다.

- 구독자 수: 댓글을 남긴 사용자들의 구독자 수에 따라 댓글을 확인할 수 있습니다. 설정할 수 있는 단위로 '100', '1천', '1만', '10만', '100만', '1000만'이 있습니다. '1만'을 클릭하면 구독자 수가 1만 명 이상인 유저들의 댓글만 나타납니다.

- 응답 상태: '내가 응답한 댓글'과 '내가 응답하지 않은 댓글'로 나눠 확인할 수 있습니다.

- 필터 없음을 기본값으로 설정: 댓글 페이지를 처음 열었을 때 필터링 없이 모든 댓글을 확인할 수 있습니다.

그림 14-23 댓글 필터링 옵션

02 [검토 대기 중] 탭을 클릭하면 '자동 보류'[1] 되거나 '스팸일 수 있는 댓글'[2], '부적절할 수 있음'으로 분류된 댓글들을 확인할 수 있습니다. 해당 댓글을 승인하면 공개된 댓글로 전환됩니다. 휴지통 모양의 아이콘을 클릭하면 댓글이 삭제됩니다. 깃발 모양의 아이콘은 댓글을 스팸으

---

1 영상 댓글 설정을 '검토를 위해 모든 댓글 보류'로 설정하면 댓글이 모두 '자동 보류'됩니다.
2 댓글 내용 중 URL 웹 링크 주소가 있는 경우 '스팸일 수 있는 댓글'로 인식하는 경향이 있습니다.

로 신고합니다. 특정 사용자를 내 채널에서 차단시키는 기능[3]도 있습니다. 또한 여러 댓글을
선택해 일괄로 승인, 삭제, 스팸 신고를 할 수 있습니다.

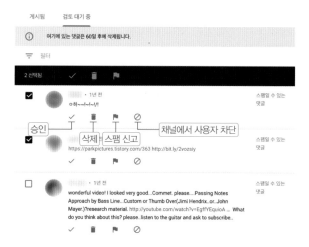

그림 14-24 검토 대기 중에서 할 수 있는 작업

자막 페이지

01 '자막' 페이지에서는 내 동영상에 자막을 추가할 수 있습니다.

채널 자막

동영상		언어	수정일	제목 및 설명	자막
색 보정 초보에서 시작하기 ㅣ 빠르크의 파이널... 색 보정 작업에 대해 살펴보겠습니다. 색 보정은 크게 2가지 작업이 있습니다. 흰색을 흰색 답...		1 ∨	2021. 1. 16.	-	-
멀티캠 편집 실습하기 ㅣ 빠르크의 파이널컷... 멀티캠 편집의 핵심은 영상의 오디오 씽크 (Sync)를 맞추는 일입니다. 씽크만 잘 맞으면...		1 ∨	2021. 1. 16.	-	-
컴파운드 클립과 J컷, L컷 편집 기법 ㅣ 빠르... 오늘 파이널컷프로 온라인클래스 23일차에서는 컴파운드 클립과 J컷, L컷 편집 기법에 대해...		1 ∨	2021. 1. 15.	-	-
사진으로 편집하는 영상 - 회전, 앵커포인트... 회전과 앵커포인트, 불투명도 속성에 대해 알아 보겠습니다. 오늘 강좌에서는 이 3개의 속성들...		1 ∨	2021. 1. 13.	-	-
사진으로 편집하는 영상 - 포지션, 스케일 ㅣ... 사진으로 영상을 편집할 때 포지션, 스케일, 회 전, 앵커포인트, 불투명도 와 같은 속성을 이해...		1 ∨	2021. 1. 14.	-	-
영상의 속도 템포 조정하기 ㅣ 빠르크의 파이... 영상의 속도를 조정하는 기능에 대해 살펴보겠 습니다. 시간을 자유롭게 조정하여 2배속, 4배...		1 ∨	2021. 1. 11.	-	-

그림 14-25 자막 페이지

---

3 차단된 사용자에게는 차단됐다는 알림이 전송되지 않습니다.

02 채널의 기본 언어를 '한국어'로 지정하면 여러분이 올린 동영상에는 자동으로 한글 자막이 추가됩니다. 다만 이 한글 자막은 크리에이터의 음성을 분석해 자동으로 생성된 자막이라서 정확하지 않은 자막을 제공할 가능성이 높습니다. 따라서 따로 한국어 자막을 추가하는 것이 좋습니다. 동영상 목록에서 '언어' 섹션의 오른쪽에 있는 [펼침] 버튼을 클릭한 다음 '자막'의 [추가] 버튼을 클릭합니다.

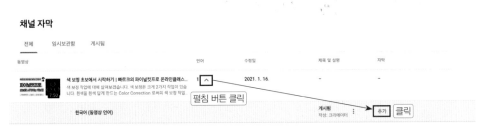

그림 14-26 동영상에 자막 추가하기

03 자막을 추가하는 방법으로는 '파일 업로드(SRT 형식 추천)', '자동 동기화', '직접 입력'이 있습니다. 자동 동기화는 동영상을 보면서 자막을 입력하는 방법이고, 직접 입력은 동영상의 대본을 직접 입력하거나 붙여넣으면 자막 타이밍이 자동으로 설정되는 방법입니다.

그림 14-27 자막 추가 화면

VREW는 인공지능 기술을 활용해 자동으로 자막을 인식하고 추가해주는 프로그램입니다. 자막 작업을 해야 한다면 이 프로그램을 이용하기를 권장합니다.

- VREW 공식 홈페이지: https://vrew.voyagerx.com/ko/

그림 14-28 VREW 공식 홈페이지

VREW는 무료로 활용할 수 있으며 영상 속의 음성을 자동으로 분석해서 자막으로 나타냅니다. 간혹 인공지능이 잘못 인식한 자막만 따로 수정하면 됩니다. 자막을 모두 수정한 다음 [파일] – [다른 형식으로 내보내기] – [자막 파일]을 클릭하면 SRT 형식으로 자막 파일을 생성할 수 있습니다.

그림 14-29 VREW에서 자막 파일(SRT 형식) 내보내기

04 다시 YouTube 스튜디오의 자막 추가 화면으로 돌아와서 [파일 업로드]를 클릭한 다음 방금 생성한 SRT 자막 파일을 선택해 업로드합니다. 이때 '타이밍 포함'으로 업로드하면 자막이 타이밍에 맞춰 나타납니다. 예시 그림처럼 자막이 처음부터 바로 나오지 않고 인트로 영상 이후 4초 10프레임부터 음성이 나오는 타이밍에 맞춰 표시됩니다. [게시] 버튼을 누르면 저장됩니다.

그림 14-30 한국어 자막 파일 업로드

05 이렇게 한국어 자막을 올리면 다른 나라 언어로 바로 번역해주는 '자동 번역' 기능을 활용할
수 있습니다. YouTube 스튜디오의 채널 자막 페이지(그림 14-25)에서 동영상 파일의 제목
을 클릭하면 그림과 같이 '동영상 자막' 페이지로 넘어갑니다. 여기에서 [언어 추가] 버튼을 클
릭합니다.

그림 14-31 언어 추가 버튼

06 다양한 언어가 제공되는데 그중에서 [영어]를 선택하겠습니다.

그림 14-32 자동 번역 기능을 활용해 영어 자막 추가하기

07 영어 자막이 추가되고 제목 및 설명과 자막에 각각 [추가] 버튼이 생겼습니다. 우선 '제목 및 설명' 아래에 있는 [추가] 버튼을 클릭해보겠습니다.

그림 14-33 동영상 자막에서 제목 및 설명 추가

08 왼쪽에는 '원본 언어'가 표시됩니다. 이 부분의 텍스트를 드래그해 복사할 수 있습니다. 구글 번역(translate.google.com)을 이용하면 좀 더 쉽게 영어로 번역할 수 있습니다.

오른쪽에는 '영어'(번역하여 제공하고자 하는 언어) 정보를 입력합니다. '제목'은 필수 항목이므로 입력해야 합니다. '설명'은 생략할 수 있지만 그래도 입력합니다. 모든 작업이 완료되면 오른쪽 아래에 있는 [게시] 버튼을 클릭합니다.

그림 14-34 영어 제목과 영어 설명 추가하기

09 제목 및 설명에 영어를 추가하면 언어가 '영어'로 설정된 시청자에게는 다음과 같이 영어로 된 제목과 설명이 표시됩니다.

그림 14-35 영어로 입력한 동영상의 제목 및 설명

10 언어는 유튜브 페이지에서 오른쪽 상단에 있는 프로필 계정을 클릭한 다음 [언어]를 선택해 변경할 수 있습니다(YouTube 스튜디오 페이지에서는 언어를 변경할 수 없습니다). 한국어가 아닌 다른 언어로 유튜브가 어떻게 표시되는지 궁금하다면 자신의 프로필을 클릭한 다음 언어 설정을 변경해보세요.

그림 14-36 유튜브 언어 설정 변경하기

11 '제목 및 설명'이 '게시됨'으로 바뀌었고, '작성: 크리에이터'로 크리에이터가 작성했다고 나옵니다. 이번에는 같은 줄의 오른쪽에 있는 '자막'의 [추가] 버튼을 클릭합니다.

그림 14-37 영어 자막 추가하기

12 자막 입력창이 나타납니다. 이미 한국어 자막을 업로드했기 때문에 외국어 자막을 추가할 경
    우 '자동 번역' 기능이 활성화됩니다. 이 버튼을 클릭하면 이미 업로드한 한국어 자막을 해당
    외국어 언어로 번역해줍니다. [게시] 버튼을 클릭하면 자막이 저장됩니다.

그림 14-38 자동 번역 기능을 이용해 영어 자막 만들기

13 유튜브에서 해당 영상을 재생해보겠습니다. 톱니바퀴 아이콘을 클릭하면 자막을 설정할 수
    있는데, 앞서 추가한 한국어 자막과 영어 자막이 나타나는 모습을 볼 수 있습니다. 또한 이렇
    게 자막을 입력해 놓으면 다른 나라의 언어로도 자동 번역이 제공됩니다. 전 세계의 많은 사
    람이 여러분의 영상을 시청하는 데 진입 장벽이 낮아지는 효과가 있습니다.

그림 14-39 외국어 자막을 제공하는 유튜브 영상

수익 창출 페이지

01 여러분이 수익을 창출하고 있다면 '수익 창출' 페이지도 표시됩니다. 동영상에 광고를 추가해
    수익을 창출하거나 상품, 멤버십, 슈퍼 챗을 이용해 수익을 창출할 수 있습니다. 수익을 창출
    하고 있지 않다면 수익 창출 요건이 표시됩니다. 수익을 창출하려면 구독자 1,000명 이상과
    4,000시간 이상의 누적 재생 시간이 필요합니다. 이 요건을 충족한다면 수익 창출을 신청할
    수 있습니다.

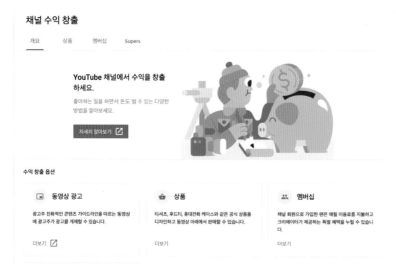

그림 14-40 수익 창출 페이지

수익을 창출하려면 YouTube 파트너 프로그램에 가입해야 합니다. 이 프로그램에 가입된 크리에이터만 유튜브 영상을 통해 광고 수익을 받을 수 있습니다. 프로그램에 가입하려면 프로그램 사용에 대한 동의와 함께 구독자 1,000명 이상 및 지난 1년간 누적된 시청 시간 4,000시간 이상이 돼야 합니다. 구독자와 시청 시간 조건을 충족했다면 YouTube 파트너 프로그램에 신청할 수 있습니다.

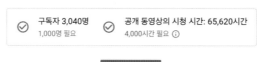

그림 14-41 조건을 충족한 경우 신청하기 버튼이 활성화됨

신청 버튼을 누르면 다음과 같이 3단계에 걸쳐 수익 창출 상태를 완료할 수 있습니다.

채널 수익 창출

1단계 시작 전
파트너 프로그램 약관을 검토합니다
YouTube 파트너 프로그램 약관을 읽고 동의하세요. 이 계약을 통해 파트너는 수익을 올릴 수 있습니다.

시작

2단계 시작 전
Google 애드센스에 가입합니다
애드센스 계정을 새로 만들거나 채널에 기존 계정을 연결합니다. 수익을 창출하고 수익금을 지급받으려면 애드센스 계정이 필요합니다.

시작

3단계 시작 전
검토를 받습니다
YouTube에서 채널이 YouTube 수익 창출 정책을 준수하는지 검토합니다. 보통 한 달 내에 결과를 이메일로 알려드립니다. 1, 2단계를 완료하면 이 단계가 자동으로 시작됩니다.

YouTube 파트너 프로그램에 가입하면 동영상의 수익 창출을 지원해 드립니다.

그림 14-42 채널 수익 창출 단계

1단계: 파트너 프로그램 약관을 검토하는 단계는 약관에 동의를 하면 완료됩니다. 어렵지 않게 진행할 수 있는 단계입니다.

2단계: Google 애드센스 계정을 새로 만들거나 기존 애드센스 계정이 있다면 연결할 수 있습니다. 유튜브의 수익은 애드센스 계정을 통해 들어오는데, 계정이 없다면 2단계에서 새로 신청할 수 있습니다. 다만 애드센스 계정 역시 승인 작업을 거쳐야 하므로 애드센스 프로그램 정책[4]에 부합하지 않는다면 가입이 거절될 수 있습니다. 또한 구글 계정 하나당 하나의 애드센스 계정만 허용하기 때문에 2개 이상의 애드센스 계정을 만든다면 승인이 거부될 수 있습니다.

3단계: 검토 단계입니다. 기계가 아닌 사람이 직접 검토하기 때문에 보통 이 단계에서 시간이 많이 소요됩니다. 시간이 많이 소요될 뿐만 아니라 심지어 이 단계에서 수익 창출을 거부당할 수도 있습니다. 거부당하면 관련 내용을 이메일로 받을 수 있는데 이메일의 내용을 다시 한번 읽어보고 해당 부분을 보완해 다시 신청할 수 있습니다. YouTube 정책 및 커뮤니티 가이드라인[5]을 충족하지 않는다면 거부될 가능성이 높습니다. 따라서 신청 전에 채널에 가이드라인을 위배하는 콘텐츠가 있는지 살펴보고 신청하기 바랍니다.

---

4 채널 내에 중복되는 콘텐츠나 다른 사람의 콘텐츠를 재사용한 콘텐츠가 많다면 정책 위반에 해당합니다.
5 스팸, 현혹 행위, 사기, 과도한 노출 및 성적인 콘텐츠, 아동 보호, 유해하거나 위험한 콘텐츠, 증오심 표현, 괴롭힘 및 사이버 폭력 등

맞춤설정 페이지

01 '맞춤설정'은 다른 사람들이 여러분의 채널에 처음 접속했을 때 나타나는 화면을 설정할 수 있는 곳입니다. 레이아웃, 브랜딩, 기본 정보 탭에서 각각 표시할 정보를 설정할 수 있습니다. 채널의 핵심 정보를 담고 있는 곳입니다.

그림 14-43 맞춤설정을 통해 구성한 채널의 메인 페이지

❶ 맞춤설정 – [레이아웃] 탭

'주목할 만한 동영상'에서는 채널 홈페이지의 상단에서 보여줄 동영상을 추가할 수 있습니다. 채널을 구독하지 않은 사람을 대상으로 보여줄 짧은 동영상이나 재방문 구독자를 대상으로 추천 동영상을 설정할 수 있습니다. 여기에는 짧은 분량의 영상을 추가하는 것을 추천해 드립니다.

채널 맞춤설정

레이아웃   브랜딩   기본 정보   채널 보기   취소   게시

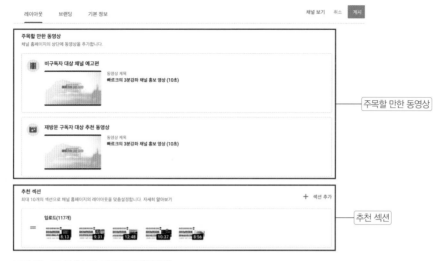

주목할 만한 동영상
채널 홈페이지의 상단에 동영상을 추가합니다.

비구독자 대상 채널 예고편
동영상 제목
빠르크의 3분강좌 채널 홍보 영상 (10초)
〔주목할 만한 동영상〕

재방문 구독자 대상 추천 동영상
동영상 제목
빠르크의 3분강좌 채널 홍보 영상 (10초)

추천 섹션
최대 10개의 섹션으로 채널 홈페이지의 레이아웃을 맞춤설정합니다. 자세히 알아보기   + 섹션 추가
〔추천 섹션〕

업로드(117개)

그림 14-44 맞춤설정 페이지의 레이아웃

'추천 섹션'에서는 채널 홈페이지에서 보여줄 영상을 설정할 수 있습니다. 일반적으로 업로드(최근에 올린 영상 순으로 표시), 인기 업로드(채널에서 가장 조회 수가 높은 영상순으로 표시), 재생 목록으로 구성합니다.

추천 섹션
최대 10개의 섹션으로 채널 홈페이지의 레이아웃을 맞춤설정합니다. 자세히 알아보기   + 섹션 추가

업로드(252개)

인기 업로드(252개)

여러 재생목록: Final Cut Pro X & Apple Motion 5(5개)

여러 재생목록: Premeire Pro & Adobe After Effects(4개)

단일 재생목록: 빠르크의 파이널컷프로 온라인클래스(30개)

그림 14-45 채널 홈페이지에서 보여줄 영상을 설정하는 추천 섹션

❷ 맞춤설정 – [브랜딩] 탭

'프로필 사진'에서는 프로필 사진을 설정할 수 있습니다. 예전에는 구글 계정 설정에서 프로필 사진을 변경해야 했 는데, 지금은 유튜브에서 프로필 사진을 변경하면 구글 계정에 반영되는 식으로 편의성이 높아졌습니다. 유튜브 에서 권장하는 프로필 사진 규격을 참조해 업로드합니다.

'배너 이미지'는 채널 상단에 표시되는 이미지입니다.

그림 14-46 배너 이미지의 예 (빠르크의 3분 강좌 채널)

이미지를 등록할 때 규격화된 이미지 크기가 있으니 이에 주의해서 올려야 합니다. 최근에는 캔바(Canva)[6], 미리캔버스(Miricanvas)[7] 등에서도 유튜브 채널 아트 템플릿을 제공하므로 이런 서비스를 이용해 쉽게 아트 템플릿을 제작하고 업로드할 수 있습니다.

'동영상 워터마크'는 동영상 플레이어의 오른쪽 모서리 부분에 표시되는 이미지입니다.

그림 14-47 동영상 워터마크의 예

표시 시간을 설정할 수 있는데, 기간을 '전체 동영상'으로 설정하면 동영상의 처음부터 끝까지 오른쪽 하단에 설정한 이미지가 표시됩니다. 시청자가 이 버튼을 이용해 여러분의 채널을 좀 더 쉽게 구독할 수 있습니다.

그림 14-48 맞춤 설정 페이지의 [브랜딩] 탭

6　https://www.canva.com/

7　https://www.miricanvas.com/

❸ 맞춤설정 – [기본 정보] 탭

채널의 기본 정보를 입력할 수 있습니다. '채널 이름 및 설명'에는 다른 사람들에게 노출할 채널의 이름을 설정합니다.

┄┄ 채널 이름에는 채널의 성격이 들어가야 합니다 ┄┄┄┄┄┄┄┄┄┄┄

채널 이름은 가게의 이름과 같습니다. 가게 이름만 들어도 그 가게가 어떤 서비스를 제공하는지 알 수 있다면 성공입니다. 마찬가지로 유튜브 채널도 채널의 이름을 들었을 때 그 채널에서 시청자가 무엇을 얻을 수 있을지 쉽게 이해할 수 있다면 채널의 구독자가 빨리 늘어날 수 있습니다.

채널을 운영하는 초창기에는 여러분의 채널 이름 뒤에 무엇을 하는지 나타낼 수 있는 단어를 추가하는 것을 추천합니다. 제가 운영하는 '빠르크의 3분 강좌' 채널도 뒷부분에 '파이널컷프로', '영상편집 튜토리얼' 등의 키워드가 들어간다면 어떤 채널인지 좀 더 이해하기 쉽겠죠?

어느 정도 구독자가 모이고 채널 브랜드가 사람들에게 각인됐다면 그때 채널의 이름을 좀 더 단순하게 하는 방법을 추천합니다. 요약하자면 채널 초창기에는 채널의 이름을 조금 자세하게 쓰고 어느 정도 안정되면 채널의 이름을 단순하고 심플하게 변경하는 식입니다.

채널의 URL 주소가 나타나는데, 이 주소를 조금 더 기억하기 쉽게 '맞춤 URL'을 이용해 변경할 수 있습니다. 이외에도 '링크'를 통해 SNS 페이지나 다른 웹사이트로 시청자들이 접속할 수 있게 버튼을 추가할 수 있습니다. 또한 '연락처 정보'를 기입할 수 있는데, 이 정보는 시청자들이 여러분에게 연락할 수 있는 통로가 됩니다.

그림 14-49 맞춤 설정 페이지의 기본 정보

오디오 보관함 페이지

02 마지막으로 '오디오 보관함'에서는 동영상에 사용할 수 있는 무료 음악과 음향 효과를 제공합니다.

'보관함 검색 또는 필터링' 기능을 이용해 장르, 분위기, 길이, 저작자 표시 여부를 설정해 다양한 음악을 효율적으로 검색할 수 있습니다. 오른쪽에 있는 추가된 날짜에 마우스를 가져가면 [다운로드] 버튼이 활성화됩니다. 이를 클릭하면 오디오를 쉽게 내려받아 사용할 수 있습니다.

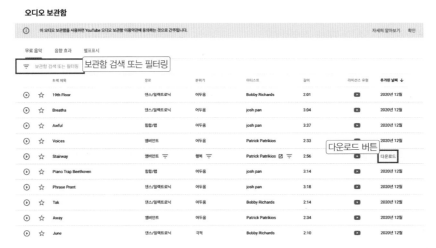

그림 14-50 오디오 보관함 페이지

--- 유튜브에서 제공하는 음악의 저작권은?

유튜브에서 제공하는 음악은 유튜브에 올리는 동영상에 추가해도 저작권 침해 사례에 해당하지 않으므로 안심하고 사용해도 됩니다. 또한, 이 음악들은 수익을 창출하는 동영상에서도 무료로 사용할 수 있습니다. 다만 일부 음원은 저작자 정보를 표시해야만 사용할 수 있습니다. 라이선스 부분을 클릭한 다음 해당 라이선스 정보를 복사하고, 동영상을 올릴 때 세부 정보에 해당 라이선스를 정보를 붙여넣어서 사용할 수 있게 합니다.

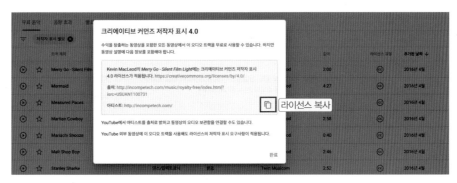

그림 14-51 저작자를 표시해야 하는 라이선스의 유튜브 음원

14.2 YouTube 스튜디오 분석 기능으로 채널 및 동영상 분석하기

유튜브에 올린 영상이 모두 조회 수도 잘 나오고 사람들 반응도 좋다면 좋겠지만, 현실은 그렇지 않습니다. 대부분 크리에이터가 의욕을 가지고 채널을 시작하지만, 낮은 조회 수와 생각보다 따라오지 않는 반응에 실망하여 채널을 접습니다. 동영상 한 편을 편집하는 데 생각보다 많은 시간과 노력이 들기 때문에 단기적인 성과에 일희일비하기보다 지속적이고 장기적인 관점으로 채널을 성장시키려는 전략이 필요합니다.

YouTube 스튜디오에서 제공하는 분석 기능을 이용하면 채널의 현재 지점을 분석하고 어떤 방향으로 동영상을 업로드하면 좋을지 방향을 잡을 수 있습니다. YouTube 스튜디오에서 채널과 관련한 많은 데이터 항목을 제공하기 때문에 어떤 데이터에 주목하고, 이를 어떻게 이용할 것인지 아는 것은 매우 중요한 부분입니다. 저자가 직접 운영하는 유튜브 채널 '빠르크의 3분 강좌' 분석 자료를 통해 채널을 분석하는 방법을 익혀보겠습니다.

조회 수도 중요하지만, 시청 지속 시간이 가장 중요합니다

YouTube 스튜디오에서 '분석' 페이지로 접속해보면 여러분의 채널을 분석한 '개요'가 나옵니다. 개요 페이지에서는 채널 성장에 필요한 필수 정보를 요약해 제공해줍니다. 어디서부터 시작할지 감이 안 잡힌다면 우선 조회 수, 시청 시간, 구독자 등 여러분의 시선을 확 사로잡는 통계 데이터를 살펴보는 것도 좋습니다.

그림 14-52 채널 분석 개요 페이지

'빠르크의 3분 강좌' 채널에는 12월 말부터 약 한 달 동안 하루에 하나의 영상(1일 1영상)을 업로드 했습니다. 확실히 영상이 매일 같은 시간대(오후 6시)에 올라오고 볼만한 콘텐츠가 주기적으로 업로드되니 조회 수가 높아졌습니다. 개요 페이지의 문구를 통해 평소보다 24% 증가했음을 알 수 있습니다.

가장 고무적인 부분은 '시청 시간'이 늘었다는 것입니다. 시청 시간은 유튜브 알고리즘에서도 채널의 품질을 판단하는 중요 기준으로, 유튜브의 핵심 성공 측정항목입니다. 생각해보면 유튜브도 플랫폼이기 때문에 자신들의 플랫폼에 사람들을 오래 머무르게 하는 영상을 좋은 콘텐츠로 인식합니다. 사람들이 영상을 재생하고 오랫동안 지속해서 본다면 유튜브 알고리즘도 그 영상을 다른 사람들에게 추천할 가능성이 커집니다.

최근 28일 동안 '시청 시간'이 가장 높았던 날은 '2021년 1월 4일 월요일'입니다. 마우스를 그래프 쪽으로 가져가면 시청 시간이 표시됩니다. 아래쪽에 마우스를 가져가면 이날 올린 콘텐츠를 확인할 수 있습니다. 이날 올린 콘텐츠는 '오프닝 타이틀 만들기'인데, 사람들이 이 콘텐츠가 올라온 날에 유독 이 영상을 관심 있게 지속해서 봤다는 이야기입니다.

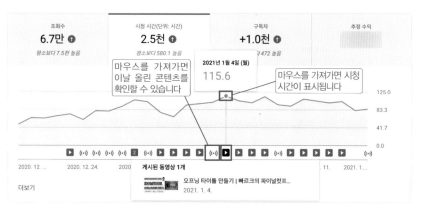

그림 14-53 시청 시간이 높았던 날의 특징 분석하기

시청 시간과 함께 살펴봐야 할 데이터는 '평균 시청 지속 시간'입니다. 상단의 [참여도] 탭을 누르면 평균 시청 지속 시간을 확인할 수 있습니다. 제 채널은 평균 시청 지속 시간이 2분 12초입니다. 이 수치는 전체 올린 영상의 평균값입니다. 개별 영상마다 시청 지속 시간은 다르지만, 전체적으로 상승했다는 것은 채널이 성장하고 있다는 지표입니다.

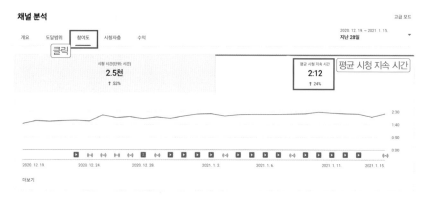

그림 14-54 참여도 탭에서 평균 시청 지속 시간 확인

[분석] 페이지에서 ❶동영상 제목을 클릭하면 대화 상자가 나타납니다. 대화 상자에서 ❷[동영상 분석으로 이동]을 클릭해보겠습니다.

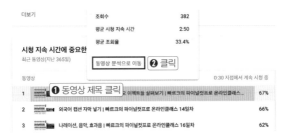

그림 14-55 개별 동영상 분석 화면으로 넘어가기

상단의 [참여도] 탭을 클릭하면 개별 영상의 '시청 시간'과 '평균 시청 지속 시간'을 확인할 수 있습니다.

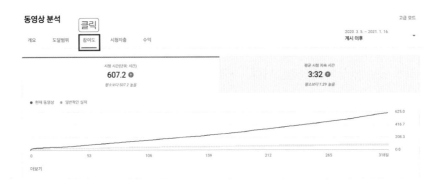

그림 14-56 동영상 분석에서 상단에 있는 [참여도] 탭 선택

좀 더 아래쪽으로 내려보면 해당 영상의 '시청 지속 시간'에 대한 세부적인 정보를 확인할 수 있습니다. 시청 지속 시간 그래프는 왼쪽에서 오른쪽으로 봐야 합니다. 시청 시간이 길어짐에 따라 시청을 지속하고 있는지를 주의해서 봐야 합니다. 되도록 차트 그래프가 수평을 유지하는 것이 좋습니다. 점진적인 감소는 시청자가 시간이 지나면서 관심을 조금씩 잃어간다는 뜻입니다. 간혹 그래프가 솟아오른 부분이 있는데, 이 부분은 시청자들이 해당 구간을 다시 반복하여 재생할 때 나타납니다. 가장 좋지 않은 형태는 영상의 초반부에서 급격한 하락 구간이 생기는 것입니다. 이는 시청자들이 영상을 틀자마자 끈다는 뜻으로 해석할 수 있습니다. 이런 현상이 지속된다면 시작 부분이 시청자들의 기대를 만족시키지 못한다는 것이므로 영상의 앞부분을 좀 더 신경 써서 제작할 필요가 있습니다.

그림 14-57 영상의 시청 지속 시간 이해하기

내 영상을 보는 사람들은 누구일까? 내 채널 시청자 분석하기

문득 내 영상을 보는 사람들이 누구일지 궁금해집니다. 내 영상을 주로 시청하는 사람이 누구인지 정확하게 파악한다면 시청자가 원하는 콘텐츠의 주제나 내용을 선정할 수 있습니다. 이런 정보는 상단에 있는 [시청자층] 탭을 클릭하면 확인할 수 있습니다. 제 채널의 '순 시청자 수'는 '2.6만' 명으로 구독자 수와 비슷한 수치입니다. '시청자당 평균 조회 수'는 '2.6'으로 보통 시청할 때 2~3개 정도 본다고 해석할 수 있습니다. 구독자는 '1.0천'으로 평균적인 수치에 비해 2배 넘게 성장했습니다. 1일 1영상 업로드에 성과가 있었습니다.

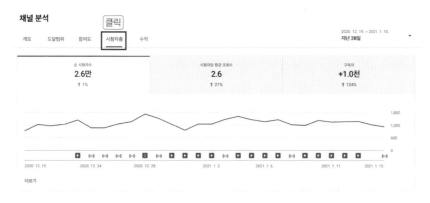

그림 14-58 [시청자층] 탭에서 시청자에 대한 정보 분석하기

'내 시청자가 YouTube를 이용하는 시간대'에서는 내 채널의 시청자들이 언제 유튜브를 이용하는 지 정보를 파악할 수 있습니다. 제 채널의 영상은 주로 오후 저녁 시간대에 활발하게 이용하는 것을 파악할 수 있습니다. 이런 정보는 영상을 주로 어느 시간대에 업로드해야 할지 방향을 잡는 데 도움이 됩니다. 물론 유튜브에서는 게시 시간이 장기적으로 동영상의 실적에 직접적인 영향을 주지 않는다고 이야기하지만, 사람들이 주로 보는 시간대에 업로드하는 것이 아무도 안 보는 시간대에 올리는 것보다 더 좋습니다.

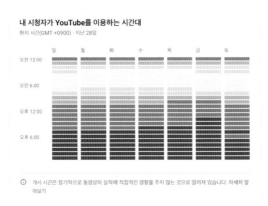

그림 14-59 내 시청자가 유튜브를 이용하는 시간대

이어서 '구독자 시청 시간'을 살펴보겠습니다. '구독 안함'의 비중이 '56.4%'로 '구독 중'의 비중인 '43.6%'보다 더 높습니다. 순 시청자가 '2.6만' 명이므로 이를 계산해보면 구독하지 않은 시청자가 약 1만4천6백 명, 구독하고 보는 시청자가 약 1만1천3백 명입니다. 대부분의 채널이 구독하지 않고 보는 사람들이 많을 것입니다. 개인적으로 유튜브에 추가됐으면 하는 기능이 구독을 안 한 사람은 영상을 일부분만 볼 수 있게 하고, 구독을 누른 사람에게만 전체 영상을 모두 볼 수 있게 하는 것입니다. 유튜버들이 영상 속에서 반복해서 '구독 좋아요'를 외치는 것은 구독을 누르지 않고 영상을 보는 사람들이 그만큼 많다는 이야기이기도 합니다.

그림 14-60 구독자 시청 시간

'연령 및 성별'에서는 구독자의 연령과 성별을 살펴볼 수 있습니다. 제 채널은 만 25-44세의 젊은 남성들이 많이 보는 채널입니다. 남성의 비율이 무려 '80%'입니다. 연령대는 만 25-34세가 '38.9%', 만 35-44세가 '30.3%'로 저와 비슷한 나이 또래의 시청자들이 제 채널을 시청하는 것으로 나타났습니다. 새로운 영상을 기획하거나 제작할 때 참고할 수 있는 자료입니다.

그림 14-61 연령 및 성별

'내 시청자가 시청한 다른 동영상'에서는 시청자들이 주로 어느 부분에 관심이 있는지, 어느 크리에이터의 영상을 보고 있는지 확인할 수 있습니다. 제 채널이 '파이널 컷 프로'를 주로 다루는 채널이다 보니 영상 편집이나 맥북 등과 같은 애플 기기를 다루는 크리에이터들의 영상을 많이 보고 있음을 확인할 수 있습니다.

그림 14-62 내 시청자가 시청한 다른 동영상

시청자들은 나를 어떻게 찾을까? 트래픽 소스와 재생 위치 분석하기

여러분들의 영상을 시청자는 어떻게 찾을까요? 혹은 유튜브의 어느 위치에서 추천받았을까요? 이런 부분을 파악하려면 '트래픽 소스'와 '재생 위치'를 분석하고, 어디에서 시청 시간을 높일 수 있을지 전략을 짤 수 있어야 합니다.

상단에 있는 [도달범위] 탭을 클릭해보겠습니다. '노출수'가 '122.3만'으로 최근 28일 동안 61% 증가했지만, '노출 클릭률'은 '3.5%'로 '26%' 하락했습니다. 이는 유튜브에서 제 채널의 영상을 사람들에게 많이 추천했지만, 추천된 동영상을 클릭한 비율은 오히려 하락했다는 뜻입니다. 그에 비해 조회 수는 '6.7만'으로 '22%' 증가했습니다. 새롭게 유입된 시청자가 늘어났음을 알 수 있습니다.

그림 14-63 [도달 범위] 탭에서 노출수와 노출 클릭률 알아보기

'노출수 및 노출수가 시청 시간에 미치는 영향'에서는 미리보기 이미지의 노출이 조회 수와 시청 시간으로 전환된 정보를 시각적으로 한눈에 보기 좋게 표시합니다.

그림 14-64 노출수 및 노출수가 시청 시간에 미치는 영향

'노출수'는 '122.3만'으로 생각보다 꽤 많은 사람의 피드에 제 콘텐츠가 노출됐지만, '노출 클릭률'은 '3.5%'입니다. 100명에게 제 영상을 추천하면 그중에 3~4명만 제 영상을 클릭한다는 뜻입니다. 미리보기 이미지나 영상의 제목이 좀 더 사람들의 이목을 끌 필요가 있습니다. 참고로 유튜브의 평균적인 노출 클릭률은 2%에서 10% 사이입니다.

> **----- 노출 클릭률을 높이기 위한 낚시용 미리보기 이미지는 오히려 독입니다 -----**
>
> 유튜브 알고리즘은 노출 클릭률을 높이기 위한 낚시용 미리보기 이미지를 걸러내는 방법으로 평균 시청 지속 시간을 이용합니다. 노출 클릭률은 높은데 평균 시청 지속 시간이 낮다면 유튜브 알고리즘은 이를 사용자들을 낚으려는 영상으로 판별합니다. 따라서 영상의 내용과 무관한 미리보기 이미지 등을 이용해 조회 수를 높이려는 시도는 지양해야 합니다.

노출수는 늘었지만, 클릭률이 오히려 낮아진 현상을 설명하기 위한 가설 중 하나는 동영상이 인기를 얻고 있다는 것입니다. 동영상이 인기를 얻을수록 핵심 시청자 이외의 다양한 시청자에게 콘텐츠가 노출되기 때문에 클릭률은 낮아질 수 있습니다. 이때 트래픽 소스 보고서를 통해 트래픽 소스별 클릭률을 확인할 수 있습니다. 다양한 상황에서 시청자에게 미리보기 이미지와 내 영상 콘텐츠의 제목이 노출됐을 때 어떻게 실제 시청으로 이어지는지 파악할 수 있습니다.

이어서 '트래픽 소스 유형'을 살펴보겠습니다.

그림 14-65 트래픽 소스 유형

- **YouTube 검색**: YouTube 검색은 유튜브에서 내 콘텐츠를 보기 위해 직접 키워드를 검색해 영상을 시청할 때 집계됩니다. 제 채널의 경우 'YouTube 검색'이 '39.1%'로 전체 트래픽 소스 중 가장 많은 경우를 차지합니다. 유튜브에서 우연히 클릭해 시청하는 경우보다 목적을 가지고 시청하는 분이 많다는 이야기입니다.

- **탐색 기능**: 유튜브의 홈페이지, 홈 화면, 구독 피드, 기타 검색에서 유입된 트래픽을 집계합니다. 이 수치는 '13.8%'로 전체 트래픽 소스 유형 중 2위를 차지했습니다.

- **재생목록**: 내 재생목록이나 다른 사람의 재생목록 등 내 동영상이 포함된 모든 재생목록에서 발생한 트래픽을 집계합니다.

- **외부**: 유튜브 외부로 퍼간 내 동영상이 재생되거나 SNS, 채팅, 웹사이트 등에서 재생된 트래픽을 집계합니다.

- **채널 페이지**: 자신의 유튜브 채널이나 특정 주제와 관련한 페이지에서 재생된 트래픽을 집계합니다.

트래픽 소스 유형의 [더보기] 버튼을 클릭하면 트래픽 소스별로 노출수, 노출 클릭률, 조회 수, 평균 시청 지속 시간, 시청 시간 등을 확인할 수 있습니다. YouTube 검색의 노출 클릭률은 '6.9%'로 전체 평균 '3.5%'보다 더 높습니다. 유튜브 홈 화면에서 클릭하는 탐색 기능의 노출 클릭률인 '1.7%'와 비교하면 꽤 높은 수치입니다. 일반적으로 검색을 통해 들어오는 시청자는 다른 경로로 들어오는 시청자보다 시청할 의향이 큰 상태에서 유입되기 때문에 노출 클릭률이 높게 나옵니다.

트래픽 소스		노출수	노출 클릭률	조회수 ↓		평균 시청 지속 시간	시청 시간(단위: 시간)	
☐ **합계**		**1,223,090**	**3.5%**	**67,477**		**2:12**	**2,480.1**	
☐ YouTube 검색		344,168	6.9%	26,403	39.1%	1:44	769.5	31.0%
☐ 탐색 기능 ⑦		315,830	1.7%	9,288	13.8%	2:18	358.1	14.4%
☐ 재생목록		123,733	5.1%	8,226	12.2%	2:41	369.8	14.9%
☐ 외부		–	–	7,514	11.1%	1:22	172.0	6.9%
☐ 채널 페이지		269,673	1.5%	6,600	9.8%	2:39	292.0	11.8%
☐ 추천 동영상		109,173	1.8%	3,623	5.4%	4:27	269.4	10.9%
☐ 재생목록 페이지		60,513	3.1%	2,256	3.3%	2:37	98.7	4.0%
☐ **직접 입력 또는 알 수 없음**		–	–	1,465	2.2%	1:38	40.0	1.6%
☐ 최종 화면		–	–	1,180	1.8%	3:22	66.4	2.7%
☐ 알림		–	–	567	0.8%	2:29	23.6	1.0%
☐ 기타 YouTube 기능		–	–	335	0.5%	3:33	19.9	0.8%
☐ 동영상 카드 및 특수효과		–	–	20	0.0%	2:13	0.7	0.0%

그림 14-66 트래픽 소스 더보기

---- 노출 클릭률과 함께 보면 좋은 평균 조회율 ----

노출 클릭률과 시청 시간을 함께 참고하면 미리보기 이미지와 제목이 시청자에게 매력적으로 다가가는지 파악할
수 있습니다. 노출 클릭률이 낮다는 것은 미리보기 이미지와 제목이 밋밋하다는 것을 뜻하지만, 한편으로 시청 시
간이 많으면 시청자들이 영상에 대한 만족도가 높다는 것으로 풀이할 수 있습니다.

[+] 버튼을 클릭한 다음 '평균 조회율'을 추가해 함께 참고하면 시청자가 내 콘텐츠를 얼마나 오래 보고 있는지 확
인할 수 있습니다.

그림 14-67 측정 항목 추가하기 – 평균 조회율

평균 조회율은 한 영상의 전체 재생 시간 중에서 사람들이 평균적으로 시청한 시간의 비율입니다. 예를 들어 10분
짜리 영상을 평균적으로 5분 감상했다면 평균 조회율은 50%로 나타납니다. 노출 클릭률은 낮지만 평균 조회율이
높은 경우, 사람들에게 노출은 덜 된 콘텐츠지만 특정 시청자들이 클릭해 시청한 경우 오랫동안 봤다는 것을 뜻합
니다. 반대로 노출 클릭률은 높지만 평균 조회율이 낮은 경우, 사람들이 클릭은 많이 하지만 영상을 클릭한 후 바
로 이탈하는 콘텐츠일 수 있습니다. 이러한 분석 방법을 한 번 적용해보기 바랍니다.

제 채널의 트래픽 소스 1위는 'YouTube 검색'입니다. 사람들이 직접 유튜브에서 어떤 키워드를 검
색해 채널로 들어온다는 것입니다. '트래픽 소스: YouTube 검색'에서는 어떤 키워드로 검색하는
지 알 수 있습니다. 제 채널은 주로 '파이널 컷 프로'를 다루고 있기 때문에 '파이널컷 자막', '파이널
컷' 등과 같은 단어로 검색해서 제 채널을 시청하는 것을 알 수 있습니다.

그림 14-68 트래픽 소스: YouTube 검색

여러분의 채널을 대표하는 키워드는 무엇인가요? 사람들이 어떤 키워드를 검색하여 여러분의 채널로 유입할 수 있게 할까요? 키워드를 정했다면 영상 제목이나 태그 등 반복적인 메타 데이터 입력 작업을 통해 영상으로 유입될 수 있게 전략을 정해야 합니다.

--- 동영상 설명에 해시태그 사용하기 ---

동영상을 업로드할 때 '설명'에 해시태그를 추가할 수 있습니다. 이런 해시태그는 시청자가 특정 해시태그를 이용해 검색할 때 내 동영상을 찾을 수 있게 합니다.

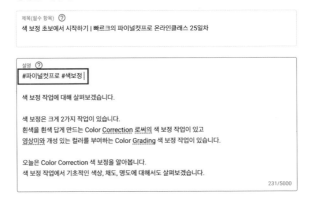

그림 14-69 동영상 설명에 해시태그 추가

동영상 '설명'에 해시태그를 추가하면 유튜브에서 해당 영상을 재생할 경우 위쪽에 작은 글씨로 해시태그가 표시됩니다.

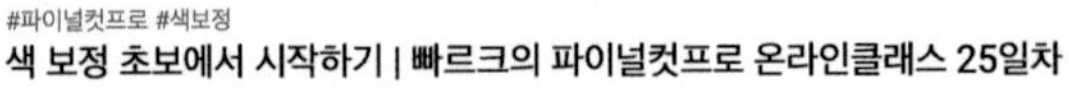

#파이널컷프로 #색보정
색 보정 초보에서 시작하기 | 빠르크의 파이널컷프로 온라인클래스 25일차

그림 14-70 해시태그를 추가한 예

주의할 점은 내 동영상 내용과 관련 있는 해시태그를 사용해야 한다는 것입니다. 조회 수를 늘릴 목적으로 관계없는 다른 주제나 사람, 사물을 넣지 않도록 합니다. 또한 해시태그를 남발할 경우 유튜브는 추가된 모든 해시태그를 무시합니다. 기준은 15개 정도로 알려져 있습니다. 몇 개의 해시태그만으로도 큰 효과를 거둘 수 있으니 핵심 키워드만 넣도록 합니다.

또한 예정된 이벤트 또는 화제의 인물을 해시태그로 사용하면 인기 있는 주제를 찾는 동영상의 시청자들에게 노출될 확률이 높아집니다. 잘 쓰면 약이 되지만 잘못 쓰면 독이 되는 해시태그, 몰라서 사용을 안 하는 일이 없도록 해야겠습니다.

14.3 유튜브 내 저작권 관리하기

유튜브 영상을 제작하고, 업로드하고, 수익을 창출하는 크리에이터라면 저작권에 관한 올바른 인식과 정보를 가지고 있어야 합니다.

전 세계적으로 20억 명 이상의 사람들이 사용하는 유튜브는 1분에 400시간이 넘는 영상물이 올라갑니다. 엄청난 양의 영상이 올라가는 상황이라 여러 문제가 발생할 수 있습니다. 그중 저작권 문제를 어떻게 해결하고 있을까요?

유튜브는 저작권 문제를 저작권을 소유하고 있는 사람에게 광고 수익 권리를 지급하는 방식으로 해결합니다. 이 방식에 동의를 한 저작권자에게는 광고 수익(일부 통계자료 포함)을 지급하고, 동의하지 않는다면 저작권자가 유튜브에 저작권 침해 신고를 할 수 있습니다.

유튜브는 자체 기술을 이용해 새로 업로드된 동영상이 기존에 업로드했던 동영상과 일치하는지 검사합니다. 만약 크리에이터가 저작권 보호를 받는 콘텐츠가 포함된 동영상이나 음악을 업로드하면 해당 동영상에 'Content ID' 소유권 주장 메시지가 표시됩니다. 이 경우 콘텐츠 재생 시 광고가 재생될 수 있으며 광고 수익은 콘텐츠의 저작권을 소유하고 있는 사람이 받습니다. 또한 저작권 소유자는 자신의 콘텐츠를 다른 사람이 사용하고 있음을 확인할 수 있습니다. 이를 확인한 저작권 소유자는 콘텐츠 삭제를 요청할 수도 있고 혹은 유튜브에 계속 게시될 수 있게 허용할 수도 있습니다.

배경 음악으로 가요나 팝송을 사용한다면 십중팔구 유튜브에서 잡아냅니다. 따라서 배경 음악으로 가요나 팝송은 피해야 하며, 저작권 무료 음원을 찾아서 사용해야 합니다. 간혹 영상 편집 프로그램에서 자체적으로 제공하는 배경 음원에서 문제가 발생할 때도 있습니다. 아래 그림은 영상 편집 프로그램에서 자체적으로 제공한 배경 음원을 사용했는데, 'Content ID 소유권 주장' 메시지가 표시된 경우입니다.

그림 14-71 Content ID 소유권 주장

이때 영상을 업로드한 사람은 이 영상을 통해 수익을 창출할 수 없습니다. 수익이 저작권 소유자에게 돌아갈 뿐 채널에 미치는 영향은 없기 때문에 크게 당황하지 않아도 됩니다. 저작권 침해 시 후속 조치로 노래를 교체하거나 음소거시킬 수 있습니다.

그림 14-72 소유권이 주장된 콘텐츠에 대한 조치

대부분은 광고 수익이 저작권 소유자에게 돌아가기 때문에 별다른 영향이 없지만, 저작권 소유자가 광고 수익을 거부하고 저작권을 침해한 크리에이터를 유튜브에 저작권 침해로 신고[8]를 할 경우 문제가 복잡해질 수 있습니다. 이 경우 저작권을 침해한 크리에이터는 저작권 위반 경고를 받습니다. 저작권 위반 경고를 처음 받으면 유튜브 내 저작권 학교를 수료해야 합니다. 저작권 위반 경고를 받으면 수익 창출 자격에 영향을 줄 수 있으며, 스트리밍 방송 중 저작권 위반으로 삭제될 경우 실시간 스트리밍 사용이 90일 동안 제한됩니다. 실제로 영화 촬영 강좌를 유튜브 스트리밍으로 진

---

8   저작권 침해 신고는 저작권 소유자만 할 수 있습니다. 제3자가 저작권 침해 신고를 하는 것은 유튜브 운영 정책상 불가능합니다.

행하던 중 강사가 영화 '기생충'의 일부분을 재생한 적이 있었는데 유튜브에서 이를 바로 잡아내서 스트리밍이 중단된 사례도 있습니다.

저작권 위반 경고를 90일 이내에 3번 받게 되면 삼진 아웃으로 계정 및 계정과 연결된 모든 채널이 삭제됩니다. 채널에 올렸던 동영상 역시 삭제되며 새로운 채널을 만들 수 없습니다. 실제로 2018년에 구독자 70만 명을 보유한 채널이 하루아침에 삭제된 경우가 있었습니다. 2016년 당시 업로드했던 〈도라에몽:노비타의 바이오 하자드〉 게임의 플레이 영상을 문제 삼아 도라에몽의 출판사인 쇼가쿠간에서 저작권법 위반 관련 신고를 14회 가량 한 것입니다. 하나의 게임을 여러 콘텐츠로 나눠서 올리는 콘텐츠 특성상 영상 단위로 신고가 들어갔고, 저작권 경고 3회 이상 누적으로 채널이 삭제된 것입니다.

저작권 위반 경고를 받았을 때 크리에이터가 할 수 있는 방법으로는 90일 후 저작권 위반 경고가 소멸될 때까지 기다리기, 철회 요청, 반론 통지 제출 등이 있습니다. 하지만 이 방법들을 이용해 저작권 위반을 해결하기까지는 많은 절차와 소명 과정을 거쳐야 합니다.

유튜브에서 밝히는 저작권의 첫 번째 규칙은 '크리에이터는 자신이 제작했거나 사용 승인을 받은 동영상만 업로드'하는 것입니다. 즉, 자신이 제작하지 않은 동영상이나 다른 사람이 저작권을 소유한 콘텐츠[9]를 승인 없이 동영상에 사용하면 안 됩니다. 대부분의 유튜브에 업로드 되는 게임, 음악, 영화, 스포츠 영상들과 같은 2차 저작물(파생 작품)은 저작권 소유자가 신고만 안 했을 뿐 저작권 위반 사유에 해당합니다.

최선의 방법은 저작권을 위반하지 않는 것입니다. 무료 라이선스로 사용이 가능한 이미지, 영상 소스, 음원, 폰트를 사용해야 합니다. 부득이하게 저작권이 있는 저작물을 사용해야 한다면 해당 저작권을 가진 저작자에게 사용에 관한 허락을 구해야 합니다. 게임의 경우 게임사, 영화라면 배급 또는 영화사, 노래라면 레코드사, 소속사 등 원작자에게 연락을 취해야 합니다.

사용에 관한 허락을 구할 때도 두루뭉술하게 허락을 구하기보다는 구체적인 계획을 세우고 콘텐츠를 어떤 목적과 용도로 사용할 것인지, 콘텐츠의 어느 부분을 사용할 것인지 명확하게 이야기해야 합니다. 그리고 저작권자에게 어떤 이익이 돌아갈 수 있을지도 밝혀야 합니다.

---

9   음악 트랙, 저작권이 보호되는 프로그램의 일부, 다른 사용자가 만든 동영상

실제로 영화 리뷰 채널을 운영하는 유명 크리에이터의 영화 리뷰 콘텐츠는 사람들이 해당 영화에 대한 관심을 갖는다거나, VOD 판매량이 늘어난다거나, 관객 수가 증가하는 등의 긍정적인 결과들로 이어졌습니다. 이에 크리에이터에게 먼저 리뷰 콘텐츠를 제안해오고, 크리에이터는 자신의 채널에 업로드할 영상 콘텐츠가 많아짐으로써 유입이 더욱 늘어나니 서로 원원하는 효과가 나타났습니다.

저작권법의 취지는 저작자의 권리를 보호하는 한편 이를 공정하게 이용해 문화 및 관련 산업의 발전에 이바지하는 것입니다. 저작권 문제는 앞으로도 제작사와 크리에이터들에겐 숙제가 될 것입니다. 다만 크리에이터의 입장에서 할 수 있는 최선의 방법은 앞으로도 유효합니다. 타인의 저작물을 사용할 때 사용에 관한 허락을 구하고 어떤 형태로든지 원작자에게 이익을 줄 수 있는 방향으로 기획하고 제작해야 한다는 것입니다.

14.2 채널을 운영하며 느낀 번 아웃(Burn Out), 낮아지는 자존감에 대처하는 방법

유튜브 채널을 운영하는 것은 사실 어려운 일입니다. 채널을 약 4년 넘게 운영하면서 느낀 점은 채널을 운영하면서 느끼는 스트레스를 슬기롭게 관리해야 한다는 점입니다. 유명 유튜브 크리에이터도 스트레스로 인한 '번 아웃 증후군(Burn Out Syndrome)'으로 몇 개월간 채널 운영을 잠시 멈추는 일이 있었습니다. 콘텐츠를 업로드하는 주기가 짧을수록 크리에이터가 번 아웃을 경험할 확률은 높아집니다. 어떻게 하면 번 아웃을 예방하고 건강한 유튜브 크리에이터 생활을 할 수 있을까요?

크리에이터는 무척 어려운 직업입니다. 기본적으로 만드는 영상 자체가 창의적이어야 합니다. 새로운 것을 만드는 과정은 참 힘든 일인데 영상 제작 작업은 더욱더 힘듭니다. 더 재미있는 것, 새로운 것, 남들이 안 하는 것, 구독자들이 좋아할 만한 것을 찾아서 만들어야 한다는 부담감 속에서 힘들게 영상을 제작합니다.

이렇게 힘들게 제작한 동영상이 사람들에게 반응이 좋으면 그동안의 수고와 노력을 보상받는 느낌입니다. 전혀 알지 못하는 사람이 내 영상을 시청한 후 '잘 봤다', '도움이 됐다', '고맙다'라고 남긴 격려의 댓글을 보면 크리에이터는 큰 힘을 얻습니다. 채널의 구독자 수와 상관없이 유튜브 채널을 운영하는 크리에이터에게는 격려와 칭찬의 댓글이 큰 힘이 됩니다.

하지만 이런 댓글도 어느 순간부터 귀찮아지고 때로는 평소 같았으면 그냥 넘어갔을 내용의 댓글이 유난히 머리에 맴돌거나 스트레스로 다가오는 순간도 있습니다. 번 아웃 증후군의 초기 증상입니다. 번 아웃 증후군은 어떤 일에 집중하던 사람이 갑자기 의욕을 잃고 무기력해지며 슬럼프에 빠지는 현상을 말합니다. 일반적으로 정신적인 극도의 스트레스와 신체적인 피곤함에 빈번하게 노출된 상태에서 발생합니다.

원인이 스트레스와 피곤이라면 해결책은 스트레스를 받지 말고 피곤하지 않게 생활하는 것이겠군요? 맞습니다. 의외로 해결책은 간단합니다. 다만 유튜브 채널을 운영하는 크리에이터 입장에서 번 아웃을 어떻게 예방하고 극복할 수 있을지 구체적인 방법이 필요합니다. 그리고 그런 방법들을 알게 됐다면 실천해야 합니다.

① 무엇을 먹는지 점검해보세요

바쁘고 귀찮다는 핑계로 즉석식품이나 설탕이 많이 들어간 음식을 많이 먹고 있는 건 아닌지 체크해야 합니다. 스트레스를 받았다는 이유로 이를 해소하기 위해 지나치게 달거나 매운 음식을 먹고 있지는 않나요? 평소 끼니를 거르거나 배달 음식으로만 먹고 있지는 않나요? 잠을 쫓기 위해 고카페인 커피나 에너지 음료에 의존해 편집하고 있지는 않은가요?

과일이나 채소 등의 자연식품을 자주 섭취해야 합니다. 물을 자주 섭취하는 것도 도움이 됩니다. 가공식품의 설탕이나 감미료 등은 잠시 여러분의 입을 즐겁게 할 수 있지만. 근본적인 해결책은 아닙니다.

② 운동이나 산책을 해보세요

유튜브 영상을 편집하다 보면 장시간 의자에 앉아있게 됩니다. 이렇게 오랫동안 한자리에 앉아 있다 보면 자연스럽게 기분이 가라앉습니다. 약간의 땀이 날 정도로 운동을 하면 스트레스도 해소되고 엔도르핀이 분비돼 행복함을 느끼게 됩니다. 의식적으로 컴퓨터와 잠시 멀어져 있는 시간이 있어야 합니다. 컴퓨터와 멀어질수록 더욱 오랫동안 편집할 힘이 생깁니다.

식사 후 가볍게 산책하는 것도 도움이 됩니다. 좋아하는 음악을 들으며 혼자 걷거나 자전거를 타는 것은 기분 전환에 좋습니다. 또한 새로운 아이디어가 떠오르는 계기가 되기도 합니다. 스마트폰 앱을 이용해 매일 산책을 하거나 운동했던 것들을 기록하고 계획해보세요. 계획했던 운동 일정을 실천했을 때 느끼는 성취감은 여러분이 채널을 운영할 때 필요한 자신감으로 돌아옵니다.

③ 힘이 되는 댓글이나 게시물을 스크린숏으로 남겨놓으세요

누군가 여러분에게 남긴 댓글에 하트나 좋아요, 혹은 답글을 달 수 있습니다. 구독자와 크리에이터의 관계가 좋다면 긍정적인 댓글이 많이 달립니다. 긍정적이고 힘이 되는 댓글들을 스크린숏으로 캡처해 여러분의 컴퓨터 폴더 한 곳에 차곡차곡 저장하길 바랍니다. 물론 유튜브에도 영상 댓글이 남아 있고 확인할 수 있지만, 스크린숏으로 남기면 더 쉽게 확인할 수 있습니다. 그리고 정신적으로 지칠 때 꺼내 읽어보세요. 다시 앞으로 나아갈 힘을 줄 것입니다.

다양한 댓글 검토 도구를 이용한 댓글 처리 방법

댓글은 시청자들과 소통할 수 있는 유용한 도구지만, 때로는 다른 사람의 관심을 끌기 위해 의도적으로 부정적인 댓글을 남기는 사람도 있습니다. 유튜브에서 제공하는 댓글 검토 도구를 이용하면 이러한 댓글을 처리할 수 있습니다.

[YouTube 스튜디오] – [콘텐츠] – [동영상 세부정보] – [자세히 보기] – [댓글 및 평가]에서 댓글 표시 여부 및 방법을 선택할 수 있습니다.

그림 14-73 댓글 및 평가 세부 설정

저는 '댓글 및 평가'를 '부적절할 수 있는 댓글은 검토를 위해 보류'로 설정합니다. 유튜브 자체적으로 걸러낸 댓글을 최종적으로 크리에이터가 판단해 표시 여부를 결정합니다. [YouTube 스튜디오] – [댓글] 페이지의 [검토 대기 중] 탭에서 보류된 댓글을 검토하고 승인할 수 있습니다.

[YouTube 스튜디오] – [설정] – [커뮤니티] 페이지의 [자동화 필터] 탭에서는 댓글 관리와 관련한 여러 기능을 설정할 수 있습니다. 동영상에 달린 댓글을 관리할 '운영자'를 지정하거나 특정 사용자를 차단할 수 있습니다. 혹은 차단된 단어를 통해 특정 단어가 포함된 댓글을 자동으로 차단할 수 있습니다.

그림 14-74 댓글 관리와 관련한 기능 설정

④ 시간을 효율적으로 써보세요

유튜브 크리에이터 작업은 정해진 시간이 없습니다. 어디까지나 크리에이터 본인이 시간을 계획하고 이를 책임지고 운영해야 합니다. 시간을 효율적으로 써야 한다는 것은 당연한 이야기이지만, 어떻게 하면 효율적으로 쓸 수 있을까요?

먼저 시간을 계획해야 합니다. 하루를 유튜브를 하는 시간과 유튜브를 하지 않는 시간으로 구분해야 합니다. 유튜브를 하는 시간에는 비슷한 작업을 몰아서 할 수 있어야 합니다. 한 번은 시청자들이 남긴 댓글에 반응을 남기는 일을 하고, 그다음 날은 영상에 사용할 미리보기 썸네일 이미지만 작업하는 식으로 계획합니다. 어떤 날은 촬영에만 신경을 써서 이 영상을 어떤 식으로 편집할 것인지 시간 계획을 세웁니다.

유튜브를 하지 않는 시간을 계획하는 것도 매우 중요합니다. 깨끗한 실내 공기를 위해 지속해 환기를 하는 것처럼 여러분의 새로운 아이디어와 작업 능률을 위해 유튜브와 멀어지는 시간이 있어야 합니다. 산책이나 운동을 하거나 소중한 사람들과 시간을 보내세요. 식사를 직접 준비해보면서 음식을 만드는 기쁨을 느껴보세요. 좋아하는 음악을 듣거나 독서를 해보세요. 특히 독서는 새로운 관점을 가질 수 있기 때문에 생각하지 못했던 창의적인 아이디어를 떠올리는 계기가 됩니다.

⑤ 남과 나를 비교하는 마음이 든다면 이렇게 생각해보세요

채널을 운영하다 보면 유튜브가 어느 순간부터 숫자로 다가오기 시작합니다. 구독자 수, 조회 수, 댓글 수, 그리고 수익 등의 숫자로 영향력을 매기는 유튜브의 알고리즘에 그 원인이 있습니다. 채널을 더 성장시키고 싶은 마음에 본인의 리듬을 생각하지 않고 무리를 하면 자연스럽게 몸과 마음이 지칩니다. 특히 남과 비교하는 마음은 채널 운영을 더욱더 힘들게 합니다.

나는 열심히 만들었는데 생각보다 안 나오는 조회 수와 내 영상은 미지근한 반응이 대부분인데 왠지 다른 사람 콘텐츠는 대충 만든 것 같은데 조회 수도 잘 나오고 사람들의 반응도 많은 것을 보면 허탈감이 들기도 합니다.

유튜브의 알고리즘은 시청자들이 원하는 것을 시청자들에게 추천해줍니다. 어찌 보면 여러분이 우연히 보고 허탈감을 느꼈던 그 영상도 유튜브 알고리즘이 추천해 준 영상입니다. 그 영상을 제작한 크리에이터들도 여러분만큼 콘텐츠를 열심히 만드는 사람이었고 우연한 계기로 유튜브 알고리즘이 그 영상을 많은 사람에게 추천하고 여러분의 피드에 추천해준 것입니다.

저는 유튜브 채널이 디지털 공간에 가꾸는 텃밭과 같다고 생각합니다. 텃밭을 가꾸는 사람들은 새벽부터 부지런히 움직입니다. 씨앗을 심었다고 해서 바로 열매가 나오진 않습니다. 시간이 지나야 하고, 심어둔 씨앗이 자라기 좋게 주변 환경을 가꾸고 관리해야 합니다. 작은 씨앗에서 싹이 트고 꽃을 피우고 열매가 맺기까지 시간과 기다림이 필요합니다. 내가 가꾼 텃밭에서 거둔 작물들을 먹고 주변 이웃들과 나눈다면 더 보람 있을 겁니다. 텃밭을 가꾸듯이 내 채널에 주기적으로 콘텐츠를 업로드하면 언젠가는 사람들이 즐겨 찾아오는 채널이 될 것입니다.

15장

YouTube
실시간 스트리밍 시작하기

유튜브의 실시간 스트리밍 기능을 활용하면 시청자들과 실시간으로 소통하며 방송할 수 있습니다. 실시간 스트리밍을 이용해 온라인 교육, 콘퍼런스, 라이브 콘서트 등의 이벤트도 진행할 수 있습니다. 특히 코로나19 상황 이후 많은 분이 유튜브 실시간 스트리밍 기능을 어떻게 사용하는지에 관한 관심이 높아졌습니다.

실시간 스트리밍 방송을 하는 방법은 생각보다 어렵지 않습니다. 유튜브 채널이 있다면 여러분이 가지고 있는 PC나 스마트폰[1]을 이용해 실시간 스트리밍 방송을 할 수 있습니다. 빠르고 간단하게 스트리밍을 하는 방법부터 OBS 스튜디오와 같은 인코더 소프트웨어를 이용하는 방법이 있습니다. 이번 장에서 유튜브 실시간 스트리밍을 시작하는 방법을 살펴보겠습니다.

그림 15-1 유튜브 실시간 라이브 스트리밍 방송

---

1 끊김 없는 실시간 스트리밍 방송을 하려면 네트워크의 연결 상태가 좋아야 합니다. 무선 기기라면 Wi-Fi 신호가 강해야 하고, PC에서는 이더넷 케이블로 연결하는 방법을 추천합니다.

유튜브에서 실시간 스트리밍을 진행하려면 채널을 인증[2]하는 과정이 필요합니다. 전화번호를 입력하면 SMS 또는 음성 통화를 통해 인증 코드가 전송되고, 전송된 인증 코드를 입력합니다. 이런 과정이 필요한 이유는 스팸 및 악용을 예방하기 위함입니다. 전화번호로 채널이 인증된 사용자만 실시간 스트리밍 서비스, 미리보기 이미지 추가, 길이가 15분 이상인 동영상을 업로드할 수 있습니다. 계정 인증이 완료된 채널은 다음 그림과 같은 메시지가 나타납니다.

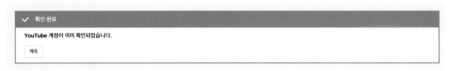

그림 15-2 채널 계정 인증 확인 메시지

PC로 실시간 스트리밍 방송을 한다면 웹캠이 필요합니다. 노트북은 대부분 전면 화면에 웹캠이 내장돼 있습니다. 그래서 노트북은 별도로 웹캠을 구매하지 않아도 바로 실시간 스트리밍을 시작할 수 있지만, PC에서는 별도의 웹캠을 구매해야 합니다.[3] 웹캠은 종류와 가격대가 다양한데, 인터넷 방송에 활용하려면 적어도 해상도가 FHD 1920×1080 이상인 제품을 추천합니다.

미러리스 카메라와 DSLR 카메라를 웹캠으로 이용하고 싶은 분들이라면 카메라 제조사에서 웹캠 스트리밍을 지원하는 모델[4]인지 확인해야 합니다. 지원이 안 된다면 별도의 카메라 캡처보드 장비를 이용해 미러리스나 DSLR 카메라를 웹캠처럼 활용할 수 있습니다.

스마트폰을 이용한 실시간 스트리밍 방송은 채널의 구독자가 1,000명 이상일 때 가능합니다. 초기 구독자를 모으기 힘든 유튜브의 특성에 비춰보면 진입장벽이 높습니다. 이런 경우에는 네이버에서 출시한 '프리즘 라이브 스튜디오' 애플리케이션을 이용해 우회하여 실시간 스트리밍 방송을 할 수 있습니다. 프리즘 라이브 스튜디오를 이용한 방법은 다음 절에서 자세히 살펴보겠습니다.

실시간 스트리밍의 방송 유형을 정리해보면 다음 표와 같습니다.

---

2   www.youtube.com/verify 혹은 [YouTube 스튜디오] – [설정] – [채널] – [기능 사용 자격 요건]에서 인증 작업을 할 수 있습니다.

3   최근에 일체형 PC가 출시되고 있는데, 이러한 유형의 PC는 웹캠이 내장돼 있어 별도로 웹캠을 구매하지 않아도 됩니다.

4   캐논(Canon)사의 EOS 웹캠 유틸리티나 소니(Sony)사의 Imaging Edge Webcam 소프트웨어를 이용해 PC와 미러리스 및 DSLR 카메라를 연결할 수 있습니다.

표 15-1 실시간 스트리밍 방송 유형

	모바일	웹캠	인코더
사용 시점	이동하면서 방송을 진행하고자 할 때	PC에서 간편하게 방송을 시작하고자 할 때	좀 더 다양한 화면 구성으로 방송을 할 때
준비도	빠르고 간단함	빠르고 간단함	별도 설정 필요
사용 툴	YouTube 앱	YouTube 웹	OBS 스튜디오, 네이버 프리즘 라이브 스튜디오 등
최소장비	카메라가 있는 휴대기기	웹캠이 있는 컴퓨터	컴퓨터, 카메라, 인코더(SW/HW)
기타	구독자 1,000명 미만 시 프리즘 라이브 앱을 이용해 우회하여 실시간 방송 가능	일체형 PC, 노트북 등 웹캠 내장된 기기에서는 별도로 웹캠을 구매하지 않아도 됨	인코더를 활용한 다채로운 화면 구성 및 연출 가능

15.2 실시간 스트리밍 방송하기

YouTube 실시간 스트리밍 방송은 모바일, 웹캠, 인코더를 이용한 세 가지 유형으로 나눠볼 수 있습니다. 각 유형별로 실시간 스트리밍 방송을 시작하는 방법을 알아보겠습니다.

YouTube 앱을 활용한 실시간 스트리밍 방송 (모바일)

YouTube 앱을 이용해 바로 실시간 스트리밍을 진행[5]할 수 있습니다. 모바일로 라이브 스트리밍을 진행할 경우 크게 3단계 과정으로 방송을 하게 됩니다.

라이브 방송 설정 → 썸네일 설정 및 공유 → 스트림 방송

01 모바일에 설치된 YouTube 앱을 실행합니다. 계정이 로그인된 상태에서 진행하겠습니다. 앱의 아래쪽에는 메뉴 아이콘이 있습니다. 하단 가운데에 위치한 '+'(만들기) 아이콘을 선택합니다.

---

5   모바일 유튜브 앱을 이용해 실시간 스트리밍을 하려면 구독자가 1,000명 이상이어야 합니다. 구독자 조건을 달성하지 못했을 때는 자격 요건 미달로 방송을 진행할 수 없습니다.

그림 15-3 유튜브 앱 하단의 메뉴 아이콘

02 만들기 팝업 창에서 [실시간 스트리밍 시작]을 선택합니다.

그림 15-4 실시간 스트리밍 시작

03 첫 번째 단계로 라이브 방송 설정을 하는 단계입니다. 방송의 제목과 설명을 추가할 수 있습니다. 공개 상태는 처음에는 테스트를 위해 '일부 공개'로 설정합니다.

그림 15-5 제목 및 설명 입력과 공개 상태 설정하기

04 아동용 동영상 여부에 반드시 체크해야 합니다. 아동이 출연하거나 아동을 대상으로 한 라이브 방송은 아동용 영상으로 체크하고, 그렇지 않다면 아동용이 아님을 선택합니다. 이 부분을 체크해야 다음 단계로 진행할 수 있습니다. 체크한 후 아래에 있는 [다음] 버튼을 선택합니다.

그림 15-6 아동용 동영상 여부 체크하기

05 갑작스럽게 카운트다운(3, 2, 1, 찰칵!)이 시작되면서 사진이 촬영됩니다. 실시간 스트리밍을 처음 하는 입장에선 다소 당황스러울 수 있지만, 이것은 라이브 스트리밍 방송에 사용할 썸네일 이미지를 촬영한 것입니다.

그림 15-7 라이브 스트리밍 방송용 썸네일 촬영

06 썸네일 촬영을 마친 후 썸네일을 수정하거나 실시간 스트림 주소를 다른 사람들에게 공유할수 있습니다. 공유한 주소를 통해 사람들이 들어오면 대기 중인 시청자로 집계됩니다.

그림 15-8 라이브 스트리밍 방송 썸네일 수정 및 공유 버튼

07 시청자들이 대기하고 있고, 라이브 방송을 시작할 준비가 됐다면 아래에 있는 [실시간 스트리밍 시작] 버튼을 선택해 라이브 방송을 시작합니다. 모바일로 방송을 진행할 때는 가로 모드로 할지 세로 모드로 할지 물어보는 창이 나타납니다. 본인에게 편한 설정을 선택합니다.

그림 15-9 실시간 스트리밍 시작 버튼

08 방송을 진행하는 크리에이터에게는 다음과 같은 화면이 스마트폰에 표시됩니다. 왼쪽 상단에는 방송을 시작하고 경과된 시간, 동시간 시청자 수, 좋아요 수 등의 스트림 통계가 표시됩니다. 하단에는 카메라 전/후면을 전환할 수 있는 버튼, 채팅 기능, 필터 기능이 제공됩니다. 오른쪽 아래의 [더보기] 버튼을 누르면 마이크 음소거, 채팅 중단하기 등의 옵션을 선택할 수 있습니다. 방송을 종료하려면 오른쪽 위에 있는 [종료] 버튼을 누릅니다.

그림 15-10 라이브 방송 진행 화면

09 방송이 끝난 후 방송 통계 정보가 표시됩니다.

- **재생횟수**: 이 방송을 사람들이 클릭한 횟수를 말합니다

- **최대 동시 시청자 수**: 실시간 라이브 방송을 동시에 접속하여 본 사람의 수를 말합니다.

- **총 시청 시간**: 방송을 본 사람들의 시청 시간을 합산한 수치입니다

- **평균 시청 시간**: 한 사람당 평균 시청 시간을 뜻합니다.

- **신규 구독자**: 라이브 방송을 통해 신규 구독 버튼을 누른 사람입니다.

- **길이**: 라이브 방송의 총 길이입니다.

그림 15-11 라이브 방송을 종료하면 나오는 통계

10 라이브 방송은 종료 후 내 채널에 동영상으로 업로드됩니다. 해당 영상을 공개해 다시 보기 서비스를 제공할 수 있습니다.

그림 15-12 종료된 라이브 방송은 자동으로 업로드됨

프리즘 라이브 스튜디오를 활용한 실시간 스트리밍 방송 (모바일)

앞서 살펴본 YouTube 앱을 활용한 실시간 스트리밍 방송은 구독자가 1,000명 이상일 때만 시작할 수 있습니다. 구독자가 1,000명 미만이라면 네이버에서 출시한 '프리즘 라이브 스튜디오'를 활용해 실시간 스트리밍 방송을 진행할 수 있습니다.

프리즘 라이브 스튜디오 앱은 구글 플레이스토어와 애플 앱스토어에서 무료로 내려받을 수 있습니다.

- 구글 플레이스토어: https://play.google.com/store/apps/details?id=com.prism.live
- 애플 앱스토어: https://apps.apple.com/app/id1319056339

그림 15-13 프리즘 라이브 스튜디오

01 프리즘 라이브 스튜디오 앱을 실행하면 로그인 화면이 나옵니다. 네이버, 페이스북, 구글, 애플 계정을 이용해 로그인할 수 있습니다. 또는 아래에 있는 '이메일로 계정 생성'을 선택해 계정을 만들 수도 있습니다. 원하는 방법을 이용해 로그인합니다.

그림 15-14 프리즘 라이브 스튜디오 로그인 및 계정 생성

02 프리즘 라이브는 크게 3가지 모드가 있습니다.

- [LIVE] – 라이브 방송 진행 모드
- [VIDEO] – 동영상 촬영 모드
- [PHOTO] – 사진 촬영 모드

화면을 오른쪽으로 드래그해 [LIVE] 모드로 설정합니다.

그림 15-15 [LIVE] 모드로 설정

03 [Ready] 버튼을 터치하면 글자가 [Go Live]로 변경됩니다. 하지만 아직 연결된 채널이 없기 때문에 버튼이 활성화되지 않습니다. '채널을 선택하세요'를 눌러 방송을 보낼 채널을 선택합니다.

그림 15-16 [Ready] 버튼을 터치했을 때의 변화

04 방송을 내보낼 플랫폼을 연결합니다. 다양한 플랫폼을 선택한 후 해당 플랫폼의 계정으로 로그인하면 자동으로 연결됩니다. 복잡한 설정 없이 간편하게 연결할 수 있다는 것이 장점입니다. 유튜브 방송을 하기 위해 [YouTube]를 선택합니다.

그림 15-17 방송 플랫폼 연결하기

05 [YouTube]를 선택했을 때 두 가지 옵션이 나타납니다. [YouTube로 연결] 버튼을 선택합니다.

그림 15-18 YouTube로 연결 선택

06 '계정 선택' 화면에서 유튜브 방송 채널이 있는 구글 계정을 선택합니다.

그림 15-19 유튜브 방송 채널이 있는 구글 계정 선택

07 실시간 스트림 방송을 시작하기 전에 방 제목이나 공개 상태, 화질 옵션 등을 미리 설정할 수 있습니다.

그림 15-20 실시간 스트림 방송 설정하기

❶스트림 방송의 방 제목을 입력합니다.

❷실시간 스트림 방송의 썸네일(미리보기) 이미지를 추가하거나 삭제합니다.

❸공개 상태를 변경합니다.

그림 15-21 공개 상태 변경

❹화질 옵션을 설정합니다. 해상도와 프레임 속도를 지정할 수 있습니다. 고화질의 실시간 스트림 방송을 위한 추천 해상도는 1080p입니다. 프레임 속도는 숫자가 클수록 더욱 부드러운 영상을 제공할 수 있습니다.

그림 15-22 화질 옵션 설정하기

❺공유 옵션을 이용해 페이스북, 트위터 등 주요 SNS에 실시간 스트림 방송을 미리 공유할 수 있습니다. 또한 링크 복사 기능을 이용해 URL 주소를 복사할 수 있습니다.

그림 15-23 공유 옵션 설정하기

❻필터 기능을 사용할 수 있습니다. 영상을 좀 더 화사하게 내보낼 수 있습니다.

그림 15-24 필터 기능

❼방송을 시작하는 버튼입니다.

❽스티커 기능을 사용할 수 있습니다. 다양한 스티커를 제공하는데, 라이브 방송을 할 때 그래픽 효과처럼 사용할 수 있습니다.

그림 15-25 스티커 기능

설정을 마친 후 [Go Live] 버튼을 클릭해 방송을 시작합니다. 앞서 방송을 내보낼 플랫폼으로 유튜브를 선택했기 때문에 링크를 통해 접속하면 시청자들은 여러분의 유튜브 채널로 접속해 방송을 시청하게 됩니다. 또한 방송을 시작하기 전에 유튜브 이외에 다른 플랫폼에 연결하면 한 번의 설정으로 여러 플랫폼에 동시에 송출할 수 있습니다.

그림 15-26 프리즘 라이브 스튜디오 방송 화면

방송을 종료한 후 실시간 라이브 스트리밍 영상을 따로 스마트폰에 저장하거나 공유할 수 있습니다. 또한 유튜브를 통해 실시간 스트리밍한 방송은 유튜브에 자동으로 저장됩니다. 그래서 언제든지 다시 유튜브에서 보거나 이를 공유해 시청자들에게 다시 보기 서비스를 제공할 수 있습니다.

그림 15-27 프리즘 라이브 스튜디오 방송 종료 후 메뉴

웹캠을 활용한 실시간 스트리밍 방송 (PC)

웹캠이 연결된 PC가 있다면 바로 유튜브로 접속해 실시간 스트리밍 방송을 시작할 수 있습니다.

01 유튜브(www.youtube.com)에 접속한 다음 오른쪽 위에 있는 [만들기] 버튼[6]을 클릭하고 [실시간 스트리밍 시작]을 클릭합니다.

그림 15-28 유튜브 접속 후 실시간 스트리밍 시작

02 왼쪽 상단에서 [웹캠] 탭을 클릭합니다.

그림 15-29 [웹캠] 탭 선택하기

03 웹캠 스트림 정보를 입력하는 창이 나타납니다. 우선 실시간 스트림의 제목을 입력합니다. 제목을 입력한 후 공개 상태를 '공개', '일부 공개', '비공개' 중에서 선택합니다.

그림 15-30 웹캠 스트림 정보 – 제목 및 공개 상태

04 실시간 스트리밍 방송이 아동용 동영상인지 아닌지 체크합니다. 이 부분은 반드시 설정해야 하는 옵션입니다. 아동용 동영상이 아닌 경우 '아니요, 아동용이 아닙니다'에 체크합니다.

---

6 유튜브에 로그인 상태일 때만 만들기 버튼이 나타납니다.

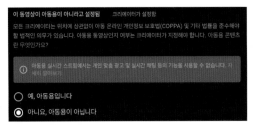

그림 15-31 아동용 동영상 여부 체크

05 '옵션 더보기'를 클릭해 실시간 스트림 방송의 부가적인 정보를 입력할 수 있습니다. 동영상에 들어가는 '설명'과 카테고리를 설정하고, 방송에 사용할 웹캠과 마이크[7]를 지정할 수 있습니다.

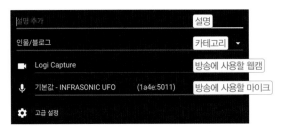

그림 15-32 옵션 더보기에서 세부 정보 입력 및 기기 설정

06 정보 입력 및 설정을 완료했다면 [다음] 버튼을 클릭합니다.

그림 15-33 다음으로 넘어가기

07 카운트다운이 시작되면서 웹캠을 이용해 썸네일(미리보기) 이미지를 촬영합니다. 촬영을 마친 썸네일에 마우스를 올리면 '미리보기 이미지 다시 찍기', '맞춤 미리보기 이미지 업로드'를 선택해 썸네일 이미지를 다시 찍거나 변경할 수 있습니다. 준비한 썸네일 이미지가 있다면 [맞춤 미리보기 이미지 업로드]를 선택합니다.

---

7   기본적으로 시스템 설정에서 지정한 웹캠과 마이크를 사용합니다. PC에 별도의 장비가 연결돼 있다면 목록을 클릭해 변경할 수 있습니다.

그림 15-34 썸네일 이미지 다시 찍기 및 업로드하기

08 하단에 '공유' 메뉴가 있습니다. 방송을 시작하기 전에 미리 SNS에 실시간 스트림 방송을 홍보할 수 있습니다. 또는 공유 링크를 복사해 시청자들에게 알릴 수 있습니다.

그림 15-35 실시간 스트림 공유

09 [시작] 버튼을 클릭하면 웹캠을 활용한 실시간 스트림 방송을 시작할 수 있습니다.

그림 15-36 실시간 스트림 방송을 시작

10 실시간 스트림 방송이 시작되면 오른쪽에 있는 채팅창을 통해 시청자들과 소통하며 방송을
    할 수 있습니다.

그림 15-37 웹캠을 활용한 실시간 스트림 방송

11 하단 [스트림 종료] 버튼을 클릭하면 실시간 스트림 방송을 종료할 수 있습니다. 방송을 종료
    하면 실시간 스트림 방송의 통계 정보 창이 나타납니다.

그림 15-38 실시간 스트림 방송 종료

실시간 스트림 방송을 예약하려면 어떻게 하나요?

실시간 스트림 방송을 미리 예약해두고 시청자들에게 예고할 수 있습니다. 미리 방송을 예약해두면 시청자들이 정해진 시간에 준비하고 들어올 수 있기 때문에 더 많은 시청자가 방송을 시청할 수 있습니다. 이때 사용할 수 있는 기능이 '나중에 스트리밍하도록 예약' 기능입니다. '웹캠 스트림' 정보를 입력할 때 예약 기능에 체크해 사용할 수 있습니다.

그림 15-39 나중에 스트리밍하도록 예약

예약해둔 방송은 어떻게 접근해 시작해야 할까요? [실시간 스트리밍 시작] – [관리] 탭을 선택하면 '관리' 페이지에 예약된 방송 목록이 나타납니다. 방송 제목을 클릭합니다.

그림 15-40 [실시간 스트리밍 시작] – [관리] 페이지

방송 제목을 클릭하면 '스트림 미리보기' 창이 나타납니다. 아래에 있는 [시작] 버튼을 누르면 예약을 걸어둔 방송 시간에 맞춰 시작할 수 있습니다.

그림 15-41 스트림 미리보기 창에서 예약 방송 시작하기

인코더를 활용한 실시간 스트림 방송 (OBS 스튜디오)

앞서 살펴본 웹캠 스트림 방식은 웹캠이 설치된 상태에서 바로 시작할 수 있는 간편한 스트림 방식입니다. 하지만 웹캠에서 오는 화면만 방송에 나가다 보니 다양한 화면을 사용할 수 없습니다. 예를 들면 컴퓨터 화면이나 프레젠테이션 슬라이드를 보여주며 설명해야 하는 실시간 방송을 하기에는 웹캠 스트림은 한계가 있습니다.

이런 문제점을 해결하면서 좀 더 다양한 요소를 실시간 방송에 활용하는 방법이 인코더를 이용하는 방식입니다. 인코더를 이용하면 여러 대의 카메라를 이용하거나 자막이나 이미지, 동영상을 재생할 수 있습니다.

인코더는 하드웨어 인코더와 소프트웨어 인코더 두 종류가 있습니다. 하드웨어 인코더는 물리적인 방식을 이용하다 보니 안정적이고, 대형 이벤트 실시간 스트림 방송에 이용됩니다. 가격대가 다양하기 때문에 예산을 고려해 구입해야 합니다. 소프트웨어 인코더는 초기 비용이 하드웨어 인코더보다 저렴하며 소규모의 실시간 스트림 방송을 할 때 적합합니다. 특히 오픈소스로 공개돼 있어서 무료로 내려받을 수 있는 'OBS 스튜디오'는 대표적인 소프트웨어 인코더로 많은 사람이 사용하고 있습니다. OBS 스튜디오의 사용 방법을 이해하면 다른 소프트웨어 인코더도 무리 없이 사용할 수 있습니다.

01 OBS 스튜디오 홈페이지(https://obsproject.com/ko)에 접속해 운영체제[8]에 맞는 OBS 스튜디오를 내려받습니다. 내려받은 파일을 더블 클릭해 설치 작업을 진행합니다.

그림 15-42 OBS 스튜디오 홈페이지에서 설치 프로그램 내려받기

---

8 OBS 스튜디오는 윈도우, macOS, 리눅스 등 다양한 운영체제에서 사용할 수 있습니다.

02 OBS 스튜디오를 실행하고, 화면의 오른쪽 아래에 있는 [설정] 버튼을 클릭합니다.

그림 15-43 [설정] 버튼 클릭

03 [방송] 탭을 클릭합니다. OBS 스튜디오와 유튜브 채널을 서로 연결하는 데 가장 중요한 역할을 하는 '스트림 키'를 입력해야 합니다. '스트림 키 받기' 버튼을 클릭하면 간편하게 유튜브에서 스트림 키를 관리하는 페이지로 이동합니다.

그림 15-44 [방송] – [스트림 키 받기]

04 유튜브 계정에 로그인한 다음 여러분의 채널에서 [실시간 스트리밍] – [스트림] 페이지로 이동합니다. 여기에서 '스트림 키(인코더에 붙여넣기)'[9]를 보면 [복사] 버튼이 있습니다. [복사] 버튼을 클릭해 키를 복사합니다.

---

9 스트림 키(Stream Key)는 숫자와 영어가 섞여 있는 11자리의 코드입니다. 스트림 키는 여러분의 채널을 인증하는 일종의 암호이므로 노출되지 않도록 보안에 유의해야 합니다.

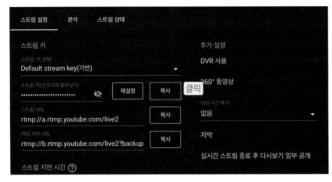

그림 15-45 '스트림 키(인코더에 붙여넣기)' 복사

05 다시 OBS 스튜디오의 설정으로 돌아옵니다. 복사한 스트림 키를 OBS 스튜디오의 '스트림 키' 입력 폼에 붙여넣습니다. 키를 붙여넣은 후 아래에 있는 [확인] 버튼을 클릭해 스트림 키 입력을 완료합니다.

그림 15-46 스트림 키 붙여넣기

06 이번에는 '소스 목록'에서 방송에 활용할 소스를 설정해야 합니다. 소스 목록 아래에 있는 [+] 버튼을 누르거나 소스 목록 창을 마우스 오른쪽 버튼으로 클릭해 소스를 추가할 수 있습니다.

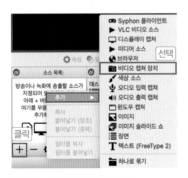

그림 15-47 소스 목록 추가하기

07 먼저 웹캠 화면을 추가해보겠습니다. 소스 목록에서 [비디오 캡쳐 장치]를 클릭합니다. 소스의 이름을 설정하는 창이 나타납니다. 소스의 이름을 '웹캠'으로 변경하고 [확인] 버튼을 클릭합니다.

그림 15-48 소스의 이름 설정

08 속성을 설정하는 창에서 '장치' 목록을 클릭해 소스로 사용할 장치를 선택합니다. 장치가 정상적으로 연결되면 미리보기 화면에 표시됩니다. 아래에 있는 [확인] 버튼을 클릭합니다.

그림 15-49 속성 설정 창

09 '소스 목록'에 '웹캠' 소스가 추가됐습니다. 그리고 화면에 '웹캠' 화면이 표시됩니다. 검은색 부분이 출력되는 영상입니다. '웹캠' 화면을 드래그해 자유롭게 위치시키고 크기도 조정할 수 있습니다.

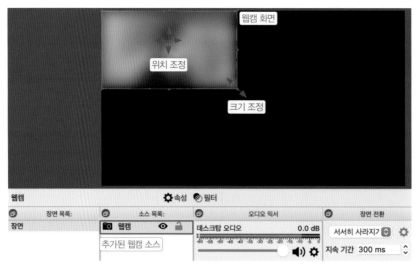

그림 15-50 소스 목록에 추가된 웹캠 소스

10 이번에는 프레젠테이션 프로그램 화면을 소스로 추가하겠습니다. 소스 목록에서 추가 버튼을
    클릭한 다음 [윈도우 캡처]를 선택합니다.

그림 15-51 소스 목록에서 윈도우 캡처 추가

11 '새로 만들기' 창에서 소스의 이름을 '프레젠테이션 화면'으로 설정합니다.

그림 15-52 프레젠테이션 화면의 이름 설정

⑫ '윈도우' 목록을 클릭해 화면으로 내보내고자 하는 프로그램을 선택할 수 있습니다. 현재 파워포인트를 미리 실행해둔 상태이므로 프로그램 목록에서 파워포인트(Microsoft PowerPoint)를 선택할 수 있습니다.

그림 15-53 윈도우 목록에서 프로그램 선택

⑬ 상단 화면 영역에서 '프레젠테이션 화면'의 크기와 위치를 드래그해 조정합니다. 검은색 여백부분이 나타나지 않게 화면에 모두 나올 수 있게 크기를 맞춰줍니다.

그림 15-54 프레젠테이션 화면의 크기 맞추기

14 소스 목록은 가장 상단에 있는 소스부터 보여줍니다. 따라서 '웹캠' 소스가 가려져서 보이지 않습니다. 소스 목록에서 '프레젠테이션 화면'을 가장 아래쪽에 배치할 수 있게 순서를 조정합니다. 화살표 버튼을 이용해 순서를 조정하면 '웹캠' 소스가 상단에 나타납니다.

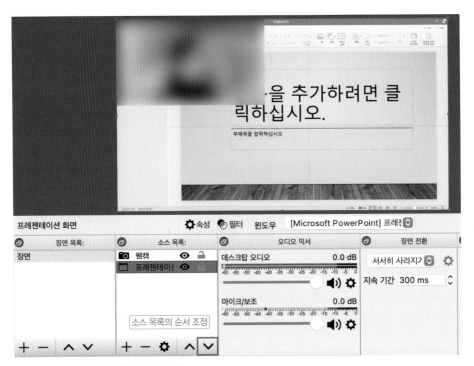

그림 15-55 프레젠테이션 화면의 순서 조정

15 '웹캠' 화면을 오른쪽 아래에 배치합니다. 크기도 프레젠테이션 화면을 가리지 않게 조정합니다.

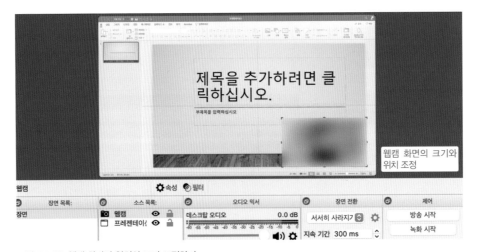

그림 15-56 웹캠 화면의 위치와 크기 조정하기

시작하세요! 빠르크의 유튜브 영상 편집 with 프리미어 프로

16 '웹캠' 소스와 '프레젠테이션 화면' 소스를 추가한 방법과 같은 방법으로 이번에는 '마이크' 소스를 추가해보겠습니다. 마이크는 오디오를 입력받는 장치이기 때문에 [오디오 입력 캡쳐]를 선택해 소스를 추가합니다.

그림 15-57 오디오 입력 캡쳐로 마이크 추가

17 소스의 이름을 '마이크'로 설정한 후 장치를 연결하고 [확인] 버튼을 누르면 '소스 목록'에 '마이크'가 추가됩니다. 이제 마이크를 통해 소리가 입력됩니다.

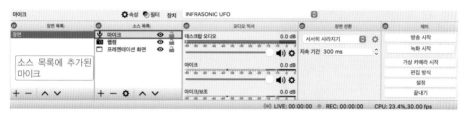

그림 15-58 소스 목록에 추가된 '마이크'

18 소스 목록에 '이미지'와 '텍스트'를 추가해 오른쪽 상단에 구독을 유도하는 문구를 추가했습니다. 구독을 유도하는 문구 이외에도 채널을 나타내는 이미지나 텍스트를 삽입할 수 있습니다.

그림 15-59 소스 목록의 구성 예

19 준비가 완료됐으면 오른쪽 아래에 있는 [방송 시작] 버튼을 클릭합니다.

그림 15-60 방송 시작 버튼 클릭

20 유튜브에서 [실시간 스트리밍 시작] – [스트림] 페이지로 이동해보면 방송이 나가는 화면이 나타납니다. OBS 스튜디오에서 구성한 화면이 그대로 보이는 것을 확인할 수 있습니다. 유튜브에서는 채팅을 통해 시청자들과 소통할 수 있습니다. 또한 프레젠테이션 화면을 조정하여 방송을 진행할 수 있습니다.

그림 15-61 [스트림] 페이지에서 방송 중인 화면 확인

21 유튜브에서 [실시간 스튜디오] – [스트림] 페이지에 오른쪽 위에 있는 [스트림 종료] 버튼을 클릭해 방송을 종료할 수 있습니다.

그림 15-62 스트림 종료 버튼

실시간 방송 중에 하이라이트 구간을 만들어 따로 업로드할 수 있어요

실시간 방송을 하던 중 재미있는 이벤트나 따로 영상 클립으로 만들었으면 좋겠다고 생각되는 구간이 있을 수 있습니다. 이때 '하이라이트 동영상 만들기' 기능을 사용하면 방송을 진행하는 도중에 바로 영상 클립을 만들 수 있습니다. [실시간 스튜디오] – [스트림] 페이지에서 오른쪽 위에 있는 [하이라이트 동영상 만들기] 버튼을 클릭합니다.

그림 15-63 하이라이트 동영상 만들기

[하이라이트 만들기] 화면이 나타납니다. 여기에서 원하는 구간을 설정한 다음 동영상의 제목이나 설명, 공개 설정 등의 기본적인 정보를 입력한 후 [만들기] 버튼을 클릭하면 하이라이트 영상을 업로드할 수 있습니다.

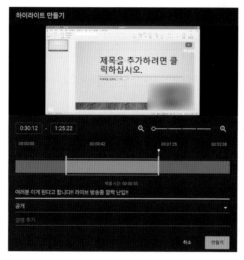

그림 15-64 하이라이트 만들기

종료된 실시간 스트림 방송은 [YouTube 스튜디오]에서 관리할 수 있습니다. [콘텐츠] 페이지에서 [실시간 스트리밍] 탭을 클릭하면 그동안 실시간 스트리밍했던 방송 목록이 나타납니다. 업로드한 동영상을 관리하듯이 동영상의 세부 정보 수정 및 공유, 삭제를 할 수 있습니다.

그림 15-65 실시간 스트림 방송 관리

동영상의 공개 상태를 '공개'로 설정하면 채널에 동영상이 나타납니다. 실시간 스트림 방송을 한 후 시청자들에게 다시 보기 서비스를 제공할 수 있습니다.

그림 15-66 채널에 공개된 실시간 스트림 방송 클립

유튜브 라이브는 실시간으로 진행된다고 해도 지연 시간(딜레이)이 발생합니다. 이러한 지연 시간은 [스트림 설정]의 '스트림 지연 시간'에서 설정할 수 있습니다.

- **기본 지연 시간(약 30초 지연)**
  - 시청자와 실시간으로 상호작용하지 않는 뉴스나 단방향 콘텐츠에 적합합니다.
  - 영상의 품질은 다른 옵션보다 가장 좋습니다.
  - 실제 방송과 송출 화면의 간격이 크기 때문에 버퍼링이 가장 작습니다.

- **짧은 지연 시간(약 15초 지연)**

  – 시청자와 적절한 상호작용이 필요한 경우에 사용할 수 있습니다.

  – 영상의 품질이 다소 좋으며 버퍼링 역시 적당합니다.

  – 무난하게 사용하고자 할 때 사용할 수 있는 옵션입니다.

- **매우 짧은 지연 시간(약 5초 지연)**

  – 시청자와 매우 활발한 상호작용이 필요한 게임, 1인 실시간 방송에 적합합니다.

  – 영상의 품질은 보통입니다.

  – 실제 방송과 송출 화면의 간격이 짧아 버퍼링이 가장 높습니다.

  – 자막, 고해상도(1440p, 4K)를 지원하지 않습니다.

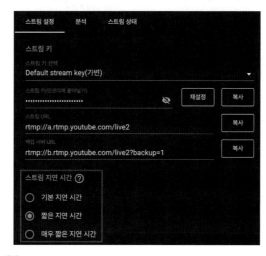

그림 15-67 스트림 지연 시간 설정

실시간 스트림 방송에서 채팅 창에 대한 설정을 수정할 수 있습니다. [실시간 스트리밍 시작] – [스트림] 페이지에서 [수정] 버튼을 클릭합니다.

그림 15-68 스트림 페이지에서 [수정] 버튼 클릭

[설정 수정] 창이 나타납니다. 두 개의 탭 중에서 [실시간 채팅] 탭을 선택합니다. 여기에서는 실시간 채팅에 관한 옵션을 설정할 수 있습니다.

- 실시간 채팅 사용 설정: 체크하면 실시간 스트림 중 채팅 기능을 사용할 수 있습니다.

- 저속 모드 사용 설정: 사용자가 채팅 메시지를 입력한 후 일정 시간이 지나야 다시 메시지를 입력할 수 있게 합니다. 최소 1초에서 최대 300초까지 설정할 수 있습니다.

- 실시간 채팅 다시 보기 허용: 다시 보기 영상을 볼 때 실시간 스트림의 채팅 원본을 표시합니다.

그림 15-69 [실시간 채팅] 탭에서 채팅과 관련한 설정 수정

알아두면 편집 속도가 빨라지는
프리미어 프로 핵심 단축키

키보드 단축키 대화 상자에서 프리미어 프로의 단축키를 확인할 수 있습니다. 다음 방법으로 '키보드 단축키' 대화 상자를 실행합니다.

- 윈도우: 주 메뉴에서 [편집] – [키보드 단축키]를 선택합니다.
- macOS: 주 메뉴에서 [Premiere Pro] – [키보드 단축키]를 선택합니다.

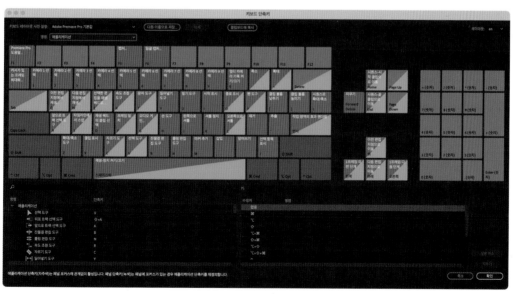

그림 A-1 키보드 단축키 대화 상자

'키보드 단축키' 대화 상자에서 프리미어 프로의 단축키를 확인할 수 있으며, 색상별로 구분돼 있습니다. 보라색과 녹색은 단축키가 할당된 키입니다. 반면 회색은 단축키가 아직 할당되지 않은 키입니다. 보라색으로 음영 표시된 키는 패널을 선택하지 않고도 사용할 수 있습니다. 녹색으로 음영 표시된 키는 특정 패널을 선택했을 때만 단축키로 작동하게 할당된 키입니다.

예를 들어 단축키 V는 보라색과 녹색이 모두 표시된 단축키입니다. 패널을 선택하지 않아도 '선택' 기능을 수행하는 단축키입니다. 또한 '레거시 타이틀 패널'과 '캡처 패널'에서도 '선택' 기능을 수행할 수 있게 단축키가 할당됐습니다.

단축키 M은 마커를 추가하는 기능의 단축키이고, 보라색으로만 표시돼 있습니다. 타임라인에서는 단축키 M을 이용해 마커를 추가할 수 있지만, 다른 패널에서는 단축키를 눌러도 단축키가 할당된 패널이 없기 때문에 사용할 수 없습니다.

프리미어 프로의 단축키는 종류가 정말 많습니다. 모두 외울 수도 없고 쓰는 단축키도 사실 제한적입니다. 그런데도 최소한으로 알아두면 좋은 단축키와 편집 속도를 높일 수 있는 단축키를 모아 표로 정리했습니다.

macOS에서는 Ctrl 키를 command 키로, Alt 키를 option 키로 변경해서 사용하면 됩니다. 단, 이 규칙이 적용되지 않는 단축키는 별도로 표기했습니다.

		기능	단축키
프로젝트	1	새 프로젝트	Ctrl + Alt + N
	2	새 시퀀스	Ctrl + N
	3	프로젝트 저장하기	Ctrl + S
	4	파일 가져오기	Ctrl + I
	5	미디어 내보내기	Ctrl + M
재생	6	재생/일시 정지	Space bar
	7	뒤로 재생하기	J(2번 누르면 2배속, 3번 누르면 4배속, 4번 누르면 8배속)
	8	재생 정지하기	K
	9	앞으로 재생하기	L(2번 누르면 2배속, 3번 누르면 4배속, 4번 누르면 8배속)
편집	10	복사/붙여넣기	Ctrl + C / Ctrl+V
	11	특성 붙여넣기	Ctrl + Alt + V
	12	지우기	Delete
	13	모두 선택	Ctrl + A
	14	모두 선택 해제	Ctrl + Shift + A
	15	실행 취소	Ctrl + Z
	16	실행 취소 해제	Ctrl + Shift + Z
	17	키보드 단축키 설정	Ctrl + Alt + K
플레이헤드 이동	18	1프레임씩 뒤로 / 앞으로	← / →
	19	5프레임씩 뒤로 / 앞으로	Shift + ← / Shift + →
	20	다음 편집 포인트 이동	↓
	21	이전 편집 포인트 이동	↑
	22	시퀀스 시작 클립으로	Home
	23	시퀀스 마지막 클립으로	End

		기능	단축키
클립편집	24	삽입하기	, (쉼표)
	25	덮어쓰기	. (마침표)
	26	제거하기	; (세미콜론)
	27	추출하기	' (작은따옴표)
	28	속도 변경	Ctrl + R
	29	비디오 트랜지션 적용하기	Ctrl + D
	30	텍스트 추가하기	Ctrl + T
	31	클립 볼륨 높이기 / 줄이기	] / [
	32	오디오 게인	G
	33	플레이헤드 앞부분 클립 삭제	Q
	34	플레이헤드 뒷부분 클립 삭제	W
도구	35	선택 도구	V
	36	잔물결 편집 도구	B
	37	앞으로 트랙 선택 도구	A
	38	뒤로 트랙 선택 도구	Shift + A
	39	속도 조정 도구	R
	40	자르기 도구	C
	41	손 도구	H
	42	확대 / 축소 도구	Z
타임라인	43	작업 영역 확대 / 축소	= / −
	44	작업 영역 시퀀스 맞추기	₩
	45	플레이헤드에서 클립 자르기	Ctrl + K
	46	작업 영역 효과 렌더링	Enter
마커	47	시작 표시(인 점) / 종료 표시(아웃 점)	I / O
	48	시작 및 종료 지우기	Ctrl + Shift + X (option + X)
	49	마커 추가	M
	50	모든 마커 지우기	Ctrl + Alt + Shift + M (option + command + M)

프리미어 컴포저로
유튜브 영상 편집 끝내기

미스터 홀스(Mister Horse) 사에서 출시한 프리미어 컴포저(Premiere Composer)는 프리미어 프로 CC의 텍스트 프리셋, 이펙트, 트랜지션, 효과음 등을 손쉽게 추가해 누구나 쉽게 편집할 수 있게 도와주는 플러그인(plug-in)입니다. 회원가입 후 무료 버전을 설치해 이용해도 충분히 퀄리티가 높은 효과들을 사용할 수 있습니다. 프리미어 컴포저를 설치하는 방법부터 적용하는 방법까지 한 번 살펴보겠습니다.

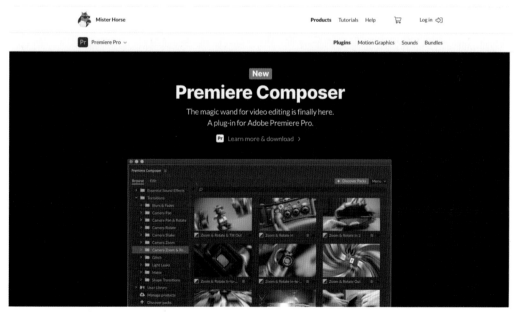

부록 B-1 손쉽게 효과를 추가할 수 있는 프리미어 컴포저

프리미어 컴포저(Premiere Composer) 설치하기

프리미어 컴포저는 미스터 홀스의 공식 홈페이지(https://misterhorse.com/products-for-premiere-pro)에서 내려받을 수 있습니다. 홈페이지의 상단 메뉴에서 [Products] - [Products for Premiere Pro]를 클릭합니다. 프리미어 컴포저는 macOS와 윈도우 버전을 지원합니다. 사용하는 운영체제에 맞는 설치파일을 내려받습니다.

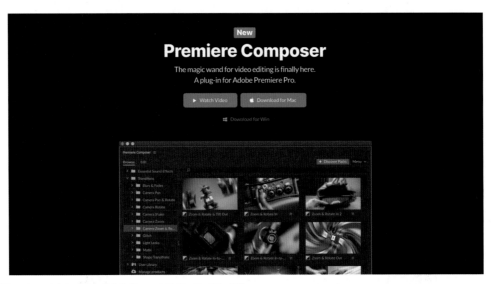

부록 B-2 프리미어 컴포저 내려받기(macOS와 윈도우 버전 지원)

설치파일을 내려받은 다음 실행하면 다음과 같이 미스터 홀스의 계정을 입력하는 창이 나타납니다. 계정이 없다면 [Create new account] 버튼을 클릭한 후 계정을 생성할 수 있습니다. 이메일 주소를 이용해 계정을 만들 수 있는데, 이때 입력한 이메일 주소로 인증 확인 메일이 발송됩니다. 이 점에 유의해 현재 사용하고 있는 이메일 주소로 계정을 생성합니다. 인증 확인 절차가 끝난 후 다시 로그인 창으로 돌아와 계정을 입력하고 비밀번호를 입력해 로그인을 완료합니다.

부록 B-3 계정 생성 및 로그인 창

로그인 후 상단에 있는 [Premiere Pro] 탭을 클릭하고 [Plugins]의 'Premiere Composer'와 [Packs]의 'Starter Pack' 2개 모두 [Install] 버튼을 클릭해 설치합니다. 오른쪽 아래에 있는 [Install All] 버튼을 눌러도 됩니다. 만약 업데이트 버전이 있을 경우 제품 관리 창에 [Update] 버튼이 활성화 됩니다. 그때 업데이트를 진행해도 됩니다. 업데이트는 무료로 할 수 있습니다.

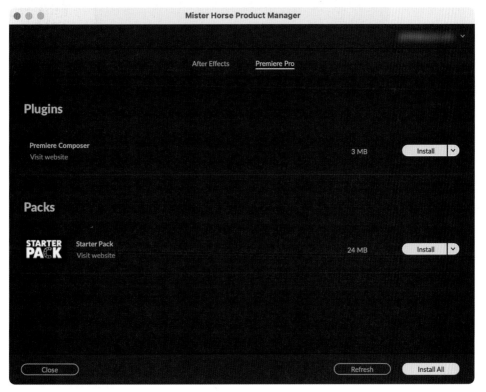

부록 B-4 제품 관리 창에서 설치하기

제품 설치가 완료된 후 프리미어 프로에서 '프리미어 컴포저'를 활성화합니다. 프리미어 프로를 실행한 다음 상단 메뉴에서 [창] – [확장명] – [Premiere Composer]를 클릭해 활성화합니다.

부록 B-5 프리미어 프로에서 프리미어 컴포저 활성화하기

프리미어 컴포저가 따로 패널 형태로 나타납니다. 'Starter Pack'을 설치한 상태이므로 카테고리에서 'Starter Pack'을 열어보면 그림과 같이 'Text Boxes', 'Text Presets', 'Transitions', 'Sounds' 등 하위 카테고리가 나타납니다. 카테고리의 이름처럼 프리미어 컴포저를 통해 '텍스트 박스', '텍스트 효과', '전환 효과', '사운드'를 제공하며 사용자는 이를 선택해 추가하면 됩니다.

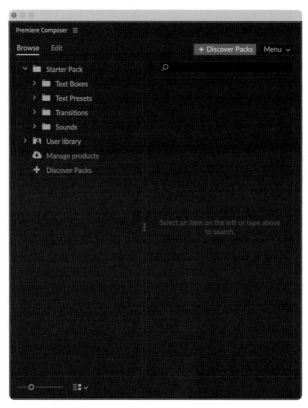

부록 B-6 프리미어 컴포저 패널

전환 (Transition) 효과 넣어보기

우선 프리미어 컴포저를 통해 전환(Transition) 효과를 추가해보겠습니다. 영상 클립 사이를 자연스럽게 연결해주는 전환 효과를 손쉽게 추가할 수 있습니다.

❶ 플레이헤드를 전환 효과를 삽입하려는 위치(영상 클립 사이)로 이동시킵니다.

❷ 프리미어 컴포저 패널에서 [Transitions] 카테고리를 펼칩니다.

❸ 'Zoom In' 효과를 선택합니다. 효과를 선택하면 오른쪽 미리보기를 통해 어떤 효과인지 살펴볼 수 있습니다.

❹ [Add] 버튼을 클릭하면 해당 전환 효과가 추가됩니다.

부록 B-7 프리미어 컴포저로 전환 효과 추가하기

'Zoom In' 전환 효과가 추가됐습니다. 효과를 추가해보면 V2, V3 트랙에 각각 그래픽 클립이 추가되고, 이를 통해 전환 효과가 나타나는 것을 확인해 볼 수 있습니다. 이렇게 간단하게 전환 효과를 추가할 수 있음은 물론 A2 오디오 트랙에는 효과음도 함께 들어간 것을 들을 수 있습니다. 간단한 클릭 한 번으로 손이 많이 가는 작업을 단숨에 연출했습니다.

부록 B-8 추가된 'Zoom In' 전환 효과

텍스트 프리셋 효과 추가하기

이번에는 텍스트 프리셋 효과를 추가해보겠습니다. 전환 효과를 넣었을 때와 유사한 방법으로 추가할 수 있습니다.

❶ 텍스트 프리셋을 추가하려는 위치에 플레이헤드를 이동시킵니다.

❷ 프리미어 컴포저 패널에서 [Text Presets] 카테고리를 펼칩니다.

❸ 'Positions & Rotate & Scale Character' 이펙트를 선택합니다.

❹ 오른쪽 아래에 있는 [Add] 버튼을 클릭해 추가합니다.

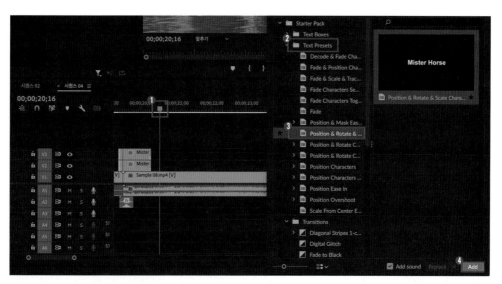

부록 B-9 텍스트 프리셋 효과 추가하기

선택한 텍스트 프리셋이 V2 트랙에 추가됐습니다. 프리셋을 추가한 후 이를 수정해 다양한
스타일로 연출할 수 있습니다. 일반적으로 프리미어 프로의 효과 컨트롤 패널에서 수정할 수
있지만 '프리미어 컴포저' 패널에서 더욱 간편하게 수정할 수 있습니다.

❺ 수정하고자 하는 텍스트 프리셋을 클릭해 선택합니다.

❻ 프리미어 컴포저 패널에서 'Text'의 내용을 수정해 입력합니다.

❼ 'Text Properties'에서 폰트를 수정합니다.

부록 B-10 텍스트 프리셋 효과의 내용 및 폰트 수정하기

텍스트의 위치는 '프리미어 컴포저' 패널에서 'Position'의 'X'와 'Y' 좌푯값을 변경해 원하는 위치로 옮길 수 있습니다. 하지만 개인적으로 가장 편한 방법을 추천하자면 '효과 컨트롤' 패널에서 [비디오] – [모션] – [위치]를 클릭하면 화면에서 바로 핸들을 드래그해 위치를 조정할 수 있습니다.

부록 B-11 효과 컨트롤 패널의 [모션] – [위치]를 클릭한 후 위치 조정하기

추가한 효과는 미리 보기를 했을 때 원활하게 재생되지 않습니다. 뚝뚝 끊기는 느낌이 나타나는데 이는 '미리 보기 렌더링'을 아직 하지 않은 상태이기 때문에 자연스러운 현상입니다. 이때 엔터키를 누르면 '미리 보기 렌더링'이 진행되면서 추가된 텍스트 프리셋 효과들이 자연스럽게 재생됩니다.

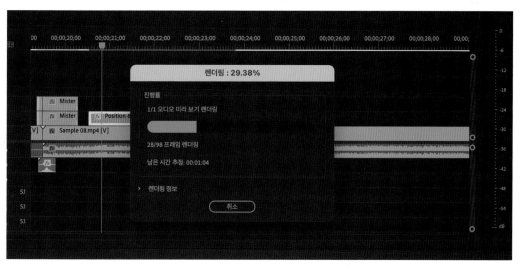

부록 B-12 미리 보기를 원활하게 해주는 미리 보기 렌더링

텍스트 프리셋은 기본적으로 3~4초 정도 나타납니다. 만약 텍스트 자막을 좀 더 오랫동안 혹은 짧은 시간 동안 화면에 나타내고 싶다면 타임라인에서 해당 클립의 가장자리를 드래그해 길이를 조정합니다.

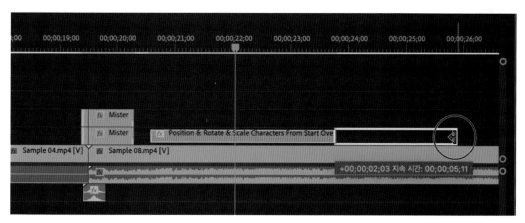

부록 B-13 자막의 길이 조정하기

텍스트 프리셋마다 스타일을 조정할 수 있는 매개변수들이 다릅니다. 조금씩 차이는 있지만 공통적으로 위치(Position), 비율(Scale), 색상(Color), 자간(Tracking), 기울기(Skew) 등은 조정할수 있습니다. 아래 그림은 기울기(Skew)에 값을 설정해 약간 기울어진 글자를 연출한 모습입니다. 또한 간단하게 체크하는 방식으로 'Motion Blur'[10] 효과를 추가했습니다.

부록 B-14 기울기(Skew)와 모션 블러(Motion Blur)를 적용한 텍스트 프리셋

프리미어 컴포저에서 나만의 폴더 구성하기

프리미어 컴포저는 mogrt 자막 템플릿 파일 및 이미지, 비디오, 오디오 파일을 추가해 나만의 폴더로 구성할 수 있습니다. 프리미어 프로에서 '그래픽' 패널을 이용해 mogrt 템플릿 파일을 추가하고 관리하는 것과 비슷한 방법으로 사용할 수 있습니다. 자주 사용하는 자막 템플릿 파일, 이미지, 비디오, 오디오 파일을 불러와 빠르게 프리미어 프로의 타임라인으로 추가할 수 있습니다.

프리미어 컴포저의 [User Library] - [Add Folder]를 클릭합니다.

---

10 애니메이션 동작을 흐릿하게 처리해 좀 더 속도감과 극적인 효과를 연출하는 방법입니다.

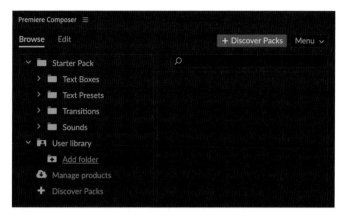

부록 B-15 프리미어 컴포저에서 폴더 추가하기

이 책에서 제공하는 예제 영상 폴더 'Sample Video'를 선택하겠습니다.

부록 B-16 폴더 선택하기

프리미어 컴포저에서 미리 보기를 빠르게 표시하기 위해 미리 보기 파일을 렌더링합니다. 이때 렌더링 파일을 어느 곳에 저장할 것인지 설정할 수 있습니다. 프리미어 컴포저에서 추천하는 설정은 '폴더 내부(Inside this folder)'입니다. 이 설정은 '프리미어 컴포저' 폴더 내부에 별도로 '_Mister Horse Previews'라는 폴더를 만들어 미리 보기 파일을 저장합니다. 추천 설정 'Inside this folder'를 선택한 후 [OK] 버튼을 클릭합니다.

부록 B-17 미리보기 파일 저장 위치 설정

프리미어 컴포저의 'User library'에 'Sample Video' 폴더 안에 있는 이미지, 비디오, mogrt 템플릿 파일이 추가됐습니다. 자주 사용하는 이미지, 비디오, 오디오, mogrt 템플릿 파일이 있다면 손쉽게 관리하고 추가할 수 있습니다.

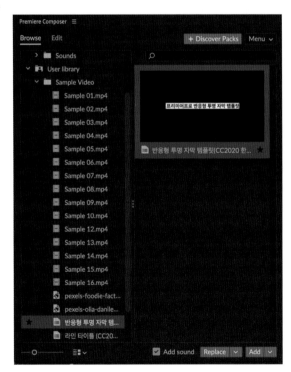

부록 B-18 사용자 라이브러리에 추가된 이미지, 비디오, mogrt 템플릿 파일

'반응형 투명 자막 템플릿'을 클릭한 후 오른쪽 아래에 있는 [Add] 버튼을 클릭했습니다. 영상 속으로 해당 자막 템플릿이 추가됐음을 확인할 수 있습니다. 또한 프리미어 컴포저에서 글자 내용과 폰트, 색상 등을 수정할 수 있습니다.

부록 B-19 추가된 mogrt 자막 템플릿 (프리미어 프로 반응형 투명 자막 템플릿)

지금까지 프리미어 컴포저의 사용 방법을 알아봤습니다. 간편한 사용 방법과 더불어 유튜브 영상 편집 시 유용하게 사용할 수 있는 전환 효과 및 텍스트 프리셋, 효과음 등이 제공됩니다. 또한 나만의 라이브러리를 구성해 자주 사용하는 비디오, 이미지, 오디오, mogrt 템플릿 파일을 편집 시 빠르게 추가할 수 있습니다. 이제 유튜브 영상을 즐겁게 편집하는 일만 남았습니다!